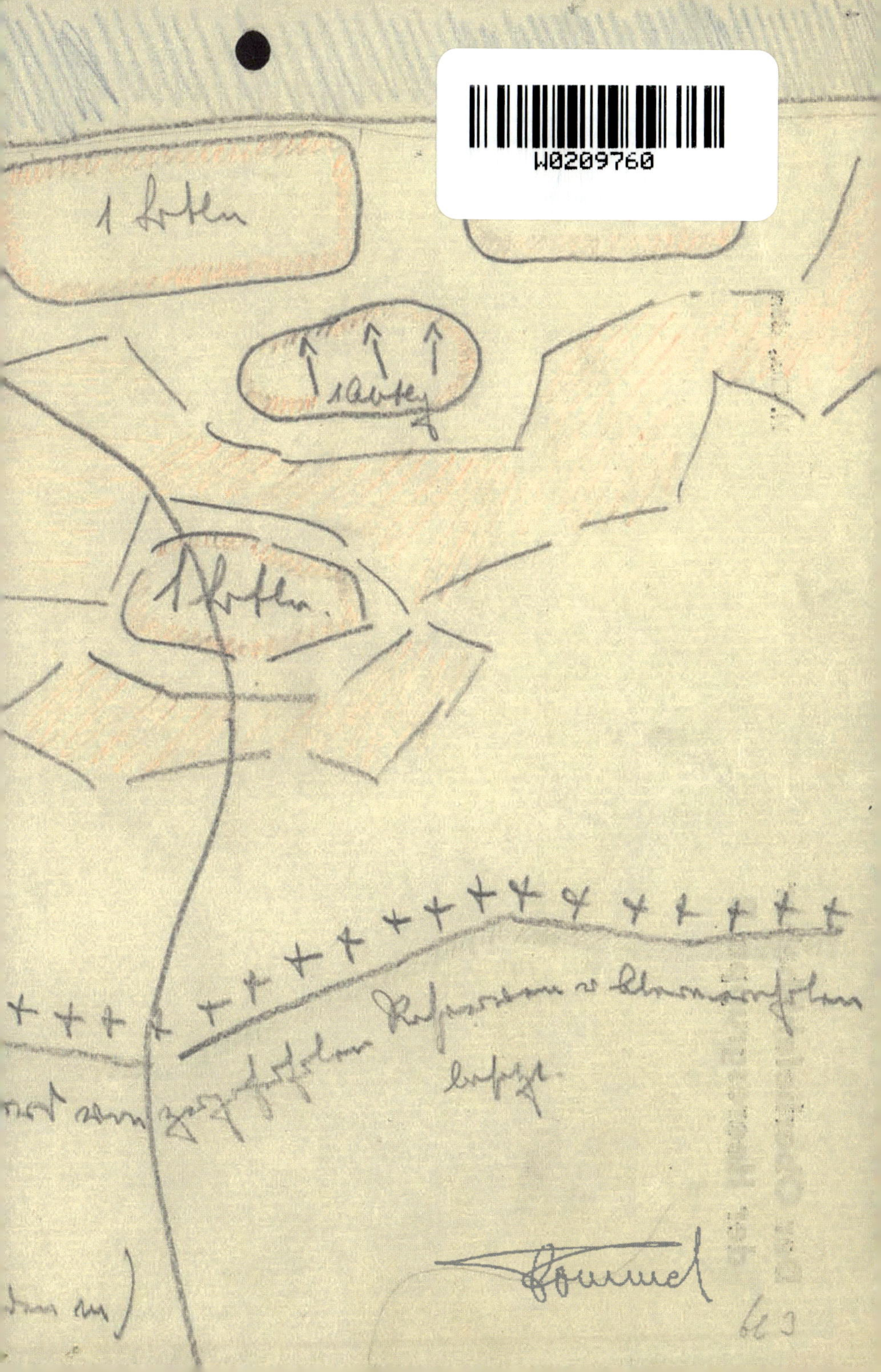

Hohenheim

Manfred Rommel

1944 – das Jahr der Entscheidung

Erwin Rommel in Frankreich

Hohenheim Verlag
Stuttgart · Leipzig

Bildnachweis: Die Abbildungen stammen aus dem Privatarchiv von Professor Dr. Manfred Rommel, Stuttgart, dem Bildarchiv der Bibliothek für Zeitgeschichte in der Württembergischen Landesbibliothek, Stuttgart, dem Bildarchiv des Hauses der Geschichte Baden-Württemberg, Stuttgart, und dem Bildarchiv der Bayrischen Staatsbibliothek, München. Wir danken für die freundliche Genehmigung zur Wiedergabe dieser Abbildungen.

Vor- und Nachsatz zeigen eine Skizze von Erwin Rommel für ein vermintes Stellungssystem in Nordfrankreich (1944).

2. Auflage 2012

Satz: Satz & mehr, Besigheim
Druck und Bindearbeiten:
CPI Clausen & Bosse, Leck
Printed in Germany

ISBN 978-3-89850-196-5

Inhalt

Vorwort

Dieses Buch behandelt einen wichtigen Abschnitt aus dem Leben meines Vaters. Heute, da alles in Frage gestellt wird, könnte man sich fragen, was ein weiteres Buch über einen deutschen General soll, der vor 66 Jahren auf Befehl Hitlers umgebracht wurde und der, ebenfalls auf Befehl Hitlers, als Volksheld aktiviert wurde, um einen sinnlosen Krieg weiterzuführen. Meines Erachtens ist so etwas noch nie vorgekommen, so daß auch aus diesem Grund die Existenz meines Vaters als ungewöhnlich und dieses Buch als gerechtfertigt bezeichnet werden kann.

Es stellte sich allerdings die weitere Frage, ob ein Text über den Krieg überhaupt noch aktuell ist, auch wenn sich aus der Landung der westlichen Alliierten 1944 in der Normandie eine der größten und entscheidenden Schlachten der Weltgeschichte entwickelt hat. Aber bei der Suche nach der Aktualität kommt es nicht auf Zeitgleichheit der Entwicklungen an, sondern auf deren Ähnlichkeit oder Unähnlichkeit. Der Glaube an den Fortschritt hält uns aufrecht, auch wenn er manchmal wenig gerechtfertigt erscheint. Jedenfalls ist das Streben nach Versöhnung und Solidarität eine nützlichere Anstrengung als das Nachtragen von alten Sünden. Das heißt nicht, daß alles, was die Erinnerung trübt, der Vergangenheit zu überlassen wäre.

Aber die Frage nach der Aktualität muß wohl im Blick darauf bejaht werden, daß immer weiter überall in der Welt versucht wird, Probleme über Kimme und Korn zu lösen. Wir Deutsche haben besonders schlechte Erfahrungen mit dieser Sichtweise gemacht und würden sie gerne eintauschen gegen einen Wettbewerb des guten Willens. Aber da unsere Liebe zum Wettbewerb voll durch den Fußball in Anspruch genommen wird, ist abzusehen, daß dabei nichts Gutes heraus käme.

Sollen deutsche Soldaten am Hindukusch militärische Taten vollbringen? Mein Vater würde wohl sagen: »Wenn schon Krieg, dann möglichst weit entfernt von der eigenen Grenze«. Aber auch dagegen gibt es ein Argument. Streiten kann man sich am besten mit Nachbarn. Als vor ein paar Jahren bei einem Gespräch ein Pekinger Politiker die guten deutsch-chinesischen Beziehungen lobte, wies ich ihn darauf hin, daß die Entfernung zwischen China und Deutschland groß sei und eine den Frieden stabilisierende Wirkung habe. Offensichtlich war bisher weder Laotse noch Konfuzius oder Mao-Tse-tung auf diesen naheliegenden Gedanken gekommen. Wäre Deutschland von Frankreich, England und Rußland so weit entfernt gewesen wie Deutschland von China, hätten wir uns mehrere Kriege erspart.

Der Terrorismus ist als neue Form des Krieges nicht zu überwinden, wenn in den bedrohten Zielorten ein paar mit Trillerpfeifen ausgestattete Wächter aufgestellt sind. Es muß auch die Infrastruktur des Terrorismus zerstört werden. Und das gelingt nur, wenn sich der Feldzug gegen die Zentren und gegen Ausbildungsstätten, Einsatzplanung, Waffenbeschaffung, Finanzierung, Anwerbung von Personal richtet. Vor allem hätte es eine Leben verlängernde und Gesundheit fördernde Wirkung, wenn Atomwaffen und ähnliche Massenvernichtungsmittel in internationalen Gewahrsam genommen würden. Wenn jeder Staat jederzeit technisch in der Lage wäre, ganze Kontinente zu verwüsten und jeder auf Kosten anderer mehr haben will als ihm gebührt, dann gute Nacht!

Präventivschläge wären nicht möglich, weil alles zu schnell abläuft, Verteidigungsbemühungen scheiterten aus dem selben Grund. Es bliebe nur die Vergeltung, die ohnehin meistens die Falschen trifft. Voltaire läßt in seinem Roman »L'ingénu« einen jungen Franzosen, der als Kind von Indianern geraubt wurde, beschreiben, wie er sich gefühlt hatte, als seine Frau von einem Bären gefressen wurde. Er habe den Bären getötet und sein Fell getragen, aber das habe ihn nicht sonderlich getröstet.

Im Februar 1944 besuchte mein Vater den 3. Zug der Heimatflakbatterie bei Ulm. Ich diente in diesem Zug als 15jähriger Luftwaffenhelfer. Er erwirkte für mich eine Dienstbefreiung bis zum nächsten Morgen. Als ich aufstand, hatte ich ein steifes Genick, was mich veranlaßte, meinen Vater zu bitten, ein Schreiben an meine Batterie zu richten, daß ich wegen Krankheit nicht kommen könne. Leider fand ich bei ihm nicht das Verständnis, daß man von Eltern erwartet. Er sagte, daß er während des ganzen Ersten Weltkriegs ein steifes Genick gehabt hätte und dennoch jeden Morgen im Schützengraben erschienen sei – und so solle ich es auch machen. Ich ärgerte mich darüber derartig, daß ich, als ich auf dem Herrlinger Bahnhof eintraf, bereits geheilt war.

Dies ist ein Detail aus unserem Familienleben. Von jetzt ab werde ich meinen Vater nicht als Papa anreden oder so familiär über ihn schreiben, sondern von Rommel oder Feldmarschall sprechen. Man soll sich nicht mehr als nötig verkindlichen, außerdem bin ich ja 81 Jahre alt, während mein Vater nur 52 Jahre alt wurde. Das ist doch ein erheblicher Altersunterschied.

Im Anhang dieses Buches findet der Leser noch zwei Reden, die ich vor einem Vierteljahrhundert gehalten habe. In der einen erinnere ich an die Verpflichtung der Deutschen, die uns die Opfer des Widerstands gegen Hitler und seinen Ungeist auferlegt haben; in der anderen gedenke ich eines großen Kollegen, des ehemaligen Leipziger Oberbürgermeisters Carl Goerdeler, der als Haupt der deutschen Widerstandsbewegung durch die nationalsozialistischen Machthaber hingerichtet worden ist.

Stuttgart, im Mai 2010 *Manfred Rommel*

Rommels letztes Gefecht

Am frühen Nachmittag des 14.Oktober 1944 ließ Hitler Rommels Haus in Herrlingen bei Ulm umstellen und ihm durch die beiden Heeresgeneräle Wilhelm Burgdorf und Ernst Maisel mitteilen, daß sich der Verdacht, er sei an der Verschwörung des 20. Juli beteiligt gewesen, erhärtet hätte. Wegen seiner Verdienste in Afrika eröffne er ihm aber einen besonderen Weg: Er stelle ihn vor die Wahl, vor dem Volksgerichtshof angeklagt zu werden oder sich durch Gift töten zu lassen. Wähle er den zweiten Weg, erhalte er ein Staatsbegräbnis und seiner Familie bleibe die bei Angehörigen von Verschwörern übliche Sippenhaft erspart, nämlich die Haft in einem Konzentrationslager. Diese Regelung gelte jedoch nicht mehr, wenn etwas über sie nach außen gelange.

Was die »übliche Sippenhaft« bedeutete, schilderte Marianne Goerdeler, deren Vater der Mittelpunkt des zivilen Widerstands war, in einem Beitrag in dem 1995 erschienenen Buch »Die Stunde Null«: »Als Angehörige von Carl Goerdeler waren wir unmittelbar nach dem 20. Juli 1944 in Haft genommen worden: zunächst in Strafgefängnissen, dann in verschiedenen Konzentrationslagern. Die Kinder meines älteren Bruders (neun Monate und drei Jahre alt) wurden ihrer Mutter weggenommen und an einen unbekannten Ort gebracht. Wir waren zunächst im Konzentrationslager Stutthof bei Danzig. Als die Russen sich im Januar 1945 näherten, wurden wir nach Buchenwald transportiert. Als dort die Amerikaner vorrückten, nach Dachau. Und als sie im April in Bayern einzudringen begannen, brachte man uns in die Dolomiten.« Erst dort wurden die Häftlinge, unter ihnen Pastor Niemöller und Generaloberst Halder, freigelassen.

Franz Ludwig Graf von Stauffenberg, einer der Söhne des Hitler-Attentäters, beschrieb im selben Buch das Schicksal der

Kinder der militärischen Widerstandskämpfer: »Nachdem Hitler die Ausrottung der Familie Stauffenberg ›bis ins letzte Glied‹ proklamiert und Himmler die angeblich altgermanische ›Sippenhaft‹ angeordnet hatte, ist das ›Kinderheim Bremen‹ zur Sammlung von Kindern der Verschwörer des 20. Juli 1944 bereitgestellt worden. Die Anlage war bestens geeignet. Sie lag zentral, am Rande des Harzgebirges, aber abgelegen von der nächsten Ortschaft, dem Städtchen Bad Sachsa Dort wußte man die Kinder sicher aufgehoben, bis eine endgültige Entscheidung über sie zu treffen sein würde.«

Rommel, der offenbar die Bedingungen einer NS-Sippenhaft ahnte, sah in der »Offerte« des »Führers« und Oberbefehlshabers der Wehrmacht eine massive Nötigung, aber bei Berücksichtigung aller Umstände entschied er, sich umbringen zu lassen. Er traf diese Entscheidung in den wenigen Minuten, die ihm eingeräumt wurden, um sich zu verabschieden. Er war vor allem davon überzeugt, daß er nicht öffentlich angeklagt, sondern heimlich umgebracht würde, denn Hitler mußte unter allen Umständen verhindern, daß die Meinung beider für den Westen zuständigen Feldmarschälle Rommel und von Kluge nach außen dringt, der Krieg müsse, jedenfalls im Westen, sofort beendet werden und daß beide bereit waren, aus eigener Verantwortung die Kampfhandlungen einzustellen, so wie die 6. Armee in Stalingrad und die deutsch-italienische Heeresgruppe in Tunis kapituliert hatten.

Nach dem Abschied von seiner Frau ging Rommel begleitet von seinem Ordonanzoffizier Hermann Aldinger und seinem 15jährigen Sohn mit den Generalen zu einem schwarzen »Mercedes« mit einem Fahrer in SS-Uniform, der vor dem Gartentor stand, verabschiedete sich mit Händedruck von Ordonanzoffizier und Sohn, blickte ihnen etwas länger als sonst in die Augen, der Fahrer riß die Wagentür auf und salutierte, Rommel stieg hinten rechts ein, die Generale stiegen zu, der Wagen fuhr los und geriet außer Sichtweite. Rommel blickte nicht zurück. Programmgemäß wurde seine Frau nach 20 Minuten telefonisch unterrichtet, daß der Feldmarschall einem Hirnschlag erlegen und im Reservelazarett Wagnerschule in Ulm aufgebahrt wäre.

Ärzte waren dort von Gestapobeamten gezwungen worden, einen falschen Totenschein auszustellen, das Personal wurde durch Drohungen zum Schweigen verpflichtet. Hitler erließ einen Tagesbefehl, dessen Lob den Toten fast erdrückte, das Beileidstelegramm Hitlers an seine Frau kam pünktlich so wie auch der große Kranz, der mit seinem Durchmesser von mindestens zwei Metern der Trauer des Führers wegen des Todes von Rommel Ausdruck verleihen sollte. Ausgewählte Soldaten aus der Ulmer Garnison mußten stundenlang den Präsentiergriff üben, mit dem ein Bataillon der Wehrmacht und der Waffen-SS den Feldmarschall nach Wallhall verabschieden sollte.

Selbst der tote Rommel diente also noch der Propaganda des Regimes. Aus diesem Grunde mußten seine Witwe und sein Sohn befürchten, irgendwann als Zeugen der wirklichen Ereignisse des 14. Oktober unauffällig beseitigt zu werden. Um zu sehen, was mit seiner Mutter geschah, desertierte der Luftwaffenoberhelfer Rommel Ende April in der Umgebung der badischen Stadt Meßkirch, dem Geburtsort des Philosophen Martin Heidegger, in englischen Schuhen mit seinerzeit in Deutschland noch unbekannten Kreppsohlen, die sein Vater aus Afrika mitgebracht hatte.

Im zwanzigsten Jahrhundert hat Deutschland zwei Weltkriege verloren, von denen der zweite besonders dadurch belastet ist, daß ein deutscher Diktator ihn ausgelöst hat. Von ihm wurde der Krieg überdies dazu benutzt, um Verbrechen zu begehen, die es heute den Deutschen unmöglich machen zu bedauern, daß dieser Krieg mit einer totalen Niederlage endete. Diese

Sachlage ist einmalig in der Weltgeschichte. Es wäre ungewöhnlich und bedenklich, wenn wir uns einerseits beim Tag der Deutschen Einheit für unsere militärischen Leistungen begeisterten und andererseits bei den Feiern zur Erinnerung an den Holocaust die vorderen Plätze einnähmen. Den moralischen Waschzwang, der uns verständlicherweise wegen des den Juden zugefügten Unrechts befallen hat, bekommen wir dadurch nicht los.

Das Ende des Zweiten Weltkrieges war eine bedingungslose Kapitulation, auf Gnade und Ungnade. Wir Deutsche verdanken es den Siegermächten, daß wir in verhältnismäßig kurzer Zeit wieder in der Gemeinschaft der Völker aufgenommen wurden und nach einigen Jahrzehnten der Trennung sogar die Wiedervereinigung des westlichen mit dem östlichen deutschen Staat erreichten. Der Konflikt zwischen den Westmächten und der Sowjetunion, der nach dem Zweiten Weltkrieg entstand, veranlaßte beide Seiten, deutsche Truppen anzufordern. Es kam in Europa zu einem dauerhaften Frieden und zu einer Gemeinschaft unter den Völkern, wie sie sich deren von ihren Regierungen in den Krieg geschickten Vorfahren nicht vorstellen konnten.

Wer im Frieden, erst recht aber im Kriege Soldat war, weiß, daß Entscheidungen im Gefecht durch Befehl getroffen werden müssen und nicht etwa in Gremien durch eine Mehrheit der an dem Gefecht Beteiligten. Das stört den in eine Demokratie hinein Geborenen und macht ihn mißtrauisch. Aber wer zur Meinung gelangt, in einer guten Demokratie sei das Militär schlecht, und wo das Militär gut ist, tauge die Demokratie nichts, ist auf eine jener »schrecklichen Vereinfachungen« hereingefallen, welche gelegentlich unsere Politik so ergiebig für Kabarettisten und Büttenredner machen. Die meisten Deutschen, die das Dritte Reich in der Soldatenuniform erlebt haben, sind tot. Der Rest folgt bald nach. Viele, die damals dabei waren, wollten am liebsten über das Dritte Reich und den Zweiten Weltkrieg nicht mehr reden. Das ist verständlich.

Für die Siegerstaaten gilt das nicht. Für sie sind ihre militärischen Erfolge Grundlagen ihres nationalen Bewußtseins und ihres Selbstvertrauens. Und jeder Krieger braucht einen Gegner. Je tüchtiger, stärker, tapferer und schlauer er ist, desto größer das Verdienst, ihn besiegt zu haben. Deshalb wird die Kriegsgeschichte Rußlands, der USA, Frankreichs, Großbritanniens und Polens immer einen Platz für die Deutschen haben, und wir werden uns damit abfinden müssen, daß das, was wir im Inneren am liebsten verschweigen würden, uns von außen über die Geschichte unserer früheren Kriegsgegner und unsere Nachbarvölker immer wieder begegnet. Wir werden uns deshalb auf die Meinung, man könne die deutsche Militärgeschichte mit ein paar Floskeln abtun und der menschlichen Denkfaulheit überantworten, nicht zurückziehen. Wir müssen uns stellen.

Das Interesse am Ersten Weltkrieg ist verblaßt. Es wird in den Hintergrund gedrängt vom Zweiten Weltkrieg, der wohl auch noch dann Aufmerksamkeit finden wird, wenn die Generationen, die ihn erlebt haben, unsere Erde verlassen haben. So lebt auch Erwin Rommel in der kollektiven Erinnerung weiter als General in der Wüste, der dem Reichskanzler Hitler diente, bis er erkannte, daß dieser Deutschland nicht retten, sondern in den Untergang, der ihm selber bestimmt war, mitnehmen wollte und daß dieser sich »Führer« nennende Reichskanzler überhaupt kein Gefühl für Menschen hatte, auch nicht für die Soldaten, die er, ungerührt und sinnlos, noch in den letzten Monaten vor seinem Selbstmord in den Tod schickte.

Erwin Rommel, seit Juni 1942 Generalfeldmarschall, galt nach Meinungsumfragen bis zu der verlorenen Alamein-Schlacht in Nordafrika Ende Oktober/Anfang November

1942 weltweit als der bekannteste General des Zweiten Weltkrieges. Er und seine Truppen hatten einen guten Ruf, vor allem auch in Frankreich, Großbritannien und den USA, der bis heute anhält. »Die 8. (britische) Armee«, schreibt Alexander G. Clifford in seinem Buch »The Conquest in North Afrika« schon 1943, »vergötterte ihn, sie bewunderten ihn geradezu leidenschaftlich, wenn er sie besiegte, und wenn sie ihn besiegten, bewunderten sie sich selber, weil sie einen so schlauen General überwunden hatten.«

Rommel galt auch etwas bei Hitler, obwohl weder er noch jemand aus seiner Familie Beziehungen zur extremen Rechten oder zur NS-Partei hatte. Aber es ist nicht zu bestreiten, daß er Hitler zeitweise bewunderte und ihm die Verbrechen des NS-Staates nicht zurechnete, sondern andere dafür verantwortlich hielt. Während einige NS-Größen wie Martin Bormann, seit dem Englandflug von Rudolf Heß im Mai 1941 Leiter der NS-Parteikanzlei und seit April 1943 »Sekretär des Führers«, und »Reichsjugendführer« Baldur von Schirach über ihn sagten, er sei kein Nationalsozialist, schätzten ihn Hitler und Goebbels, gerade weil er sich für keinen Politiker, sondern für einen Soldaten hielt. Diese Selbstbeschränkung gab er schrittweise auf, je höher er in der militärischen Hierarchie aufstieg. Sie prägte aber auch dann noch sein Wesen.

Er hatte Feinde, auch unter seinen Berufskollegen. Wer ihn kannte, erlebte ihn als einen pflichtbewußten und bescheidenen Menschen, für den gewiß das Ansehen zählte, das er bei seinen eigenen Soldaten hatte, aber auch der Respekt, den ihm seine militärischen Gegner zollten. Denn er war der Überzeugung, daß ein Krieg so geführt werden müsse, daß ein tragfähiger Friede möglich sei. Inwieweit er diesen Gedanken hätte praktizieren können, wenn er in Rußland gewesen wäre, und an dem Vernichtungskrieg hätte teilnehmen müssen, weiß ich nicht. Der frühere Moskauer Bürgermeister Promyslow sagte in einer Begrüßungsrede in der Deutschen Botschaft: »Rommel war ein großer General, aber das Beste an ihm war, daß er nie in Rußland gewesen ist«.

Es ist davon auszugehen, daß sich alle deutschen Heeresverbände unter den Bedingungen des afrikanischen Kriegsschauplatzes um die Einhaltung des Völkerrechts bemüht hätten. Aber der Feldzug gegen die Sowjetunion war von Hitler von vornherein als Vernichtungskrieg gegen einen Feind angelegt, der die Haager Landkriegsordnung nicht unterzeichnet hatte und der nach Auffassung der Militärs zu einem für ihn günstigen Zeitpunkt über Deutschland herfallen würde. Doch Hitler wollte gar keinen Präventivkrieg, sondern erobern, die eingesessene Bevölkerung vertreiben und vernichten, besonders aber, aus rational nicht faßbaren Gründen, die Juden, vom kleinen Kind bis zu Greisin und Greis, ermorden lassen. Das ist ihm in Europa auch fast gelungen. Dieses Ziel hielt er zwar geheim, aber rückblickend wundert man sich schon darüber, daß der Versuch einer Geheimhaltung nicht von vornherein scheiterte. Hierzu etwas Gültiges und Vernünftiges zu sagen, ist nicht einfach. Erstens war das, was die NS-Herrschaft den Juden in aller Öffentlichkeit antat, schlimm genug, zweitens läßt sich Irrationales nicht rational erklären, und drittens fällt es schwer, den Anschein zu vermeiden, eine Erklärung sei eine Rechtfertigung.

Jedes Thema, das den NS-Staat berührt, setzt den Verfasser der Versuchung aus, wie ein Richter, Ankläger oder Verteidiger in einem Gerichtsverfahren zu argumentieren, um festzustellen, inwieweit, wann und wie lange Personen mit dem Dritten Reich übereinstimmten. Man kann es heute kaum begreifen, daß jene, die am 30.Januar 1933 nach der Ernennung Hitlers zum Reichskanzler im Fackelzug mit marschierten, nicht bemerkt haben wollen, daß sie an der totalen Entmündigung der deutschen Bürger zugunsten eines Tyrannen mitwirkten. Hätte mich nicht Helmut Kohls »Gnade der späten Geburt« begünstigt, hätte ich das wahrscheinlich auch nicht bemerkt. Es geht nicht nur um Schuldspruch oder Freispruch, sondern auch um Ursache und Wirkung, um bleibende kollektive Erfahrungen. Ist der Mensch heute klüger? Ist sein inneres moralisches Bedürfnis stärker? Oder ist es das demokratische Umfeld, das ihn besser macht oder erscheinen läßt? Ist die Bereitschaft zur Selbstprüfung größer und verläßlicher? Was hätte ein Mensch von heute getan, wenn er der Generation von gestern angehört hätte? Und was täte der Mensch von gestern, wenn er heute lebte?

Die Geschichte hat es nicht nur mit Papier, sondern mit Tatsachen zu tun. Die tatsächliche Welt kann sich erheblich von der unterscheiden, die das Papier wiedergibt. Die Forderung einzelner Historiker, daß sie möglichst urkundlich und aktenmäßig verbürgt sein sollte, ist verständlich. Aber das lateinische »quid non est in actis non est in mundo« ist ein gefährliches Wort, auch für die historische Forschung, weil, wie jeder Jurist weiß, die Akten keineswegs immer die Wahrheit wiedergeben, vielmehr gelegentlich sogar entstanden sind, um Motive, Ängste, Sympathien, Neid und andere emotionale Tatsachen verschweigen oder verfälschen zu können. Oft werden die Geschichte und deren Akteure bewertet und beurteilt nach theoretischen Maßstäben, die weit von der psychologischen Wirklichkeit entfernt sind. Es führt näher an Wahrheit und Gerechtigkeit heran, wenn die Historiker die Alternativen untersuchen und die psychischen Zwänge herausarbeiten, denen damals die Menschen unterlagen. Wäre man oder ist man in der NS-Zeit selber aus Reih und Glied herausgetreten, um zu erklären: »Da mache ich nicht mit«?

Ich bin schon kurze Zeit nach dem Krieg zur Auffassung gelangt, daß es für uns Deutsche besser war, den Krieg zu verlieren, als ihn mit Hitler zu gewinnen. Ich habe mich zunächst selber wegen dieser Gesinnung verachtet, wenn ich an die großen Opfer, die vielen Gefallenen dachte, die wohl erwarteten, daß die Sache, für die sie sich geopfert hatten, wenigstens vom eigenen Volk akzeptiert oder wenigstens toleriert wird. Wie aber, wenn die Sache ein großer Betrug war? Es läßt sich gewiß nicht sagen, die geheime Ermordung von sechs Millionen jüdischer Menschen wäre eine gute Sache gewesen, nur um die Gefallenen zu ehren. Im Gegenteil, die Gefallenen können, sofern sie nicht beteiligt waren, erwarten, daß die Überlebenden der Vorstellung entgegentreten, sie hätten sich über Hitlers Siege auch dann gefreut, wenn sie weitere Massenmorde ausgelöst hätten.

Ich weiß nicht, ob ein Volk, das seine Freiheit an einen Diktator verloren hat, sie ohne Hilfe von außen, also aus eigener Kraft, wieder erlangen kann. Es ist jedenfalls nicht so leicht, in einer modernen und gut organisierten Diktatur Widerstand zu leisten oder eine Organisation zu unterstützen oder zu schaffen, die Widerstand leistet oder die Diktatur zu stürzen und an deren Stelle (wieder) eine Demokratie zu errichten. Wer noch nie in einer Diktatur gelebt hat, mag das anders sehen. Aber wenn die Diktatur die Kontrolle über die Medien, die Kultur und die Kunst hat und natürlich auch über Polizei und Justiz verfügt, ist die Gesellschaft mit ihren Anhängern durchsetzt, die sich aus verschiedenen Motiven heraus verpflichtet fühlen, Kritiker, Agitatoren und andere Regimegegner anzuzeigen. Dieses Denunziantenwesen erhält mächtigen Auftrieb in Kriegszeiten, in denen es der Propaganda leichtfällt, dem Volk einzureden, es sei patriotische Pflicht, zusammenzustehen und blind zu glauben, was oben verkündet wird. Wahrscheinlich fiele es heute einem Diktator wegen Satellitenfunk und Internet schwerer als vor achtzig oder neunzig Jahren, dem Volk Nachrichten aus dem Ausland vorzuenthalten. Die Möglichkeiten der Einschüchterung und Bespitzelung sind aber durch den technischen Fortschritt größer geworden; auch in demokratischen Staaten ist dies ein Problem.

Für die Bildung einer inneren Gegenmacht in einer Diktatur ist es von Vorteil, wenn sie sich auf Kreise von Personen stützen kann, die durch Gemeinsamkeiten besonders verbunden sind und deshalb meinen, daß sie sich gegenseitig vertrauen können. Dies sind unter anderem: Adel, Generalstab, Offizierskorps, Anhänger verbotener Parteien, Kirchen, Gewerkschaften. Nach Hitlers Machtergreifung gelang es der von dem NS-Staat übernommenen Polizei, der SS und dem Sicherheitsdienst der SS (SD), die sozialdemokratischen und kommunistischen Widerstandsorganisation verhältnismäßig rasch zu zerstören. Es blieben für den Widerstand die konservativen Gruppierungen, in denen allerdings, wie im ganzen deutschen Volk, die Mehrheit zunächst im Kommunismus die größere Gefahr sah als im Faschismus.

Der von der deutschen Seite begonnene Vernichtungskrieg gegen die Sowjetunion wurde zur furchtbaren Bedrohung, als die Rote Armee keine Niederlagen mehr erlitt, sondern sich durch das verwüstete eigene Land mit wachsender Stärke und siegreich Deutschland näherte. Der von Hitler im September 1939 ausgelöste Krieg war auch für den Widerstand ein Rückschlag, weil die Furcht vor einer Niederlage und später der Stolz auf die militärischen Erfolge die Bedenken gegen die Diktatur übertönten. Auch die immer brutaler und gehässiger werdende Verfolgung jüdischer Menschen fand nicht mehr die Aufmerksamkeit, die dem ungeheuerlichen Vorgang angemessen gewesen wäre. Wie in jedem Krieg und in jeder Armee, die in den Krieg geschickt wird, erhielt das Prinzip des bedingungslosen Gehorsams Gewicht, das großes Vertrauen in die Verläßlichkeit der Führung voraussetzt. Um so größer ist das

Mißtrauen in die Kritiker, die gerade dann, wenn die Tatsachen ihnen recht geben, den Zweifel nähren. Das stört den Soldaten, der sein Leben für sein Land und sein Volk einsetzt. Die Sache, für die schon so viele gefallen sind, soll wenigstens moralisch einwandfrei sein.

So zieht die Furcht vor Verrat mit ins Feld. Die Pappenheimer sind mißtrauisch. Das erfuhr auch Wallenstein in Schillers Drama. Kluge Leute wie Friedrich Nietzsche und Elias Canetti (Essay »Masse und Macht«) behaupten, daß, sobald ein Krieg die ersten Opfer gekostet hat, eine zunächst skeptische Stimmung in Kriegsbegeisterung umschlagen kann. Zu Beginn des Zweiten Weltkrieges war die Lage des deutschen Bewußtseins noch komplizierter. Das Volk hatte fast zwei Jahrzehnte wegen seiner Niederlage 1918 getrauert, die es als Demütigung und Ursache allen Unbills betrachtete, und darunter gelitten, daß Deutschland mit seinen ihm gerade noch zugestandenen 100 000 Soldaten (plus 15 000 Matrosen der Reichsmarine; eine Luftwaffe war verboten) wehrlos sei, und nun besiegte die Wehrmacht sozusagen im Handstreich Polen, besetzte Norwegen und gewann den Krieg in Frankreich.

Die Bezeichnung »Wehrmacht« als Name für alle deutschen Streitkräfte war 1935 an die Stelle des Begriffs »Reichswehr« getreten – im Zusammenhang mit der Wiedereinführung der allgemeinen Wehrpflicht und der Vergrößerung der Streitkräfte auf ein Friedensheer von 550 000 Mann. Die Reichsmarine hieß seitdem Kriegsmarine; schon im Februar 1935 wurde die bis dahin geheim aufgestellte Luftwaffe offen zur neuen Teilstreitkraft. 1938 entstand als militärischer Arbeitsstab für Hitler aus dem Wehrmachtsamt im Reichskriegsministerium das Oberkommando der Wehrmacht (OKW), das bis Kriegsende der 1940 zum Generalfeldmarschall ernannte Wilhelm Keitel leitete. Dem OKW waren die Oberkommandos des Heeres (OKH), der Luftwaffe (OKL) und der Kriegsmarine (OKM) unterstellt. Seit Herbst 1939 wurde daneben als quasi vierte Teilstreitkraft vom Reichsführer SS Heinrich Himmler die Waffen-SS gebildet, die sich als Elitetruppe verstand, im Krieg aber oft durch Mißachtung rechtsstaatlicher Grundsätze bis hin zu Kriegsverbrechen von sich reden machte.

Die schrittweise Umwandlung des Rechtsstaats fiel den meisten Deutschen zunächst nicht auf, und wenn sie merkten, was im Hintergrund der Bühne wirklich geschah, war es zu spät, um das Unheil abzuwenden. Schließlich standen nur noch Fassaden des einstigen Rechtsstaates, aber der Inhalt war ein ganz anderer: nicht Macht im Dienste des Rechts, sondern Unrecht im Dienste der Macht. Ohne der uns Deutschen nachgesagten Neigung, ein Wasser für tief zu halten, weil dessen Grund nicht zu sehen ist, hätte das Hütchenspiel, das die NS-Regierung zur Täuschung des Volkes veranstaltete, vielleicht keinen Erfolg gehabt.

Nachdem Reichspräsident von Hindenburg unter dem Eindruck des brennenden Reichstages durch eine Notverordnung wesentliche Grundrechte außer Kraft gesetzt hatte, folgte am 31. März1933 das Gesetz zur Behebung der Not von Volk und Staat – ein Ermächtigungsgesetz, das die Rechte des Parlaments auf die Exekutive übertrug, also auf Adolf Hitler, den frisch gebackenen Reichskanzler und Führer von Sturmabteilungen und Schutzstaffeln, die inzwischen eine fünfmal so große Personalstärke hatten wie die Reichswehr.

Nach dem Tod Hindenburgs wurde Hitler auf seinen Wunsch auch noch mit den Zuständigkeiten des Reichspräsidenten ausgestattet, das heißt, er stattete sich selbst damit aus. Er war also auch noch Oberbefehlshaber der Streitkräfte. Die Maxime lautete »Führung und Volk« das heißt, Hitler führte das Volk, als dessen gesetzlicher Vormund sozusagen. Ob die Weimarer Reichsverfassung nach Hitlers Machtergreifung erloschen war oder, etwa als einfaches Gesetz, weiter eine gewisse subsidiäre Bedeutung hatte, blieb bei den Gelehrten an unseren hohen Schulen umstritten. Jedenfalls war herrschende Lehre, daß Hitlers Worten Verfassungsrang zukam.

Zu dem Ermächtigungsgesetz, das gegen die Stimmen der SPD und bei Abwesenheit der meist schon verhafteten KPD-Abgeordneten beschlossen wurde, gab der neue Reichskanzler Hitler eine Regierungserklärung ab. Sie ist eine Fundgrube für alle Erforscher der Verwirrung, die damals Hitler und sein erklärtes Ziel möglich machte, die Freiheitsrechte gegen den Staat, welche das Volk sich erkämpft hatte, abzuschaffen, alle Macht ihm persönlich zu übertragen und den Staat nur noch wie eine alte Plakatwand im Wind stehen zu lassen. Er sprach vom Zerfall der Nation in Gegensätze, von Vernichtung der Basis des Gemeinschaftslebens, der Auflösung aller Grundlagen des Gesellschaftslebens, klagte über die völlig gegensätzlichen Einstellungen und über den Krieg aller gegen alle. Offenbar sah er in der Meinungsfreiheit und der Meinungsvielfalt das Kernübel, das sich aber dadurch beseitigen ließe, daß alle anderen seiner Meinung sein müßten. Den Marxismus müsse man ausrotten, das öffentliche Leben entgiften.

Furcht vor Zerfall, Zersetzung, Verarmung und anderem Unbill und neue Hoffnung auf Rettung waren nicht einmal der wichtigste Grund für das Vertrauen und den Respekt, der Hitler nach der Machtergreifung entgegengebracht wurde. Dieses waren seine Erfolge, sein Spielerglück, die ihm geradezu den Ruf eines ungewöhnlich leistungsfähigen Politikers eintrugen.

Als Berufssoldat hatte Rommel kein Recht, zu wählen oder Mitglied einer politischen Partei zu werden. Er bat seine Frau, die liberale DDP (Deutsche Demokratische Partei) zu wählen – weniger, weil er sich zum Liberalismus bekennen wollte, sondern weil diese Partei, zu der damals Theodor Heuss und Reinhold Maier gehörten, in Württemberg, wo sie DVP (Demokratische Volkspartei) hieß, einen herzerwärmenden schwäbischen Hintergrund hatte. Er hielt zur NSDAP Distanz. Er bewunderte aber mit gelegentlichen Unterbrechungen Hitler, über den er in einem Brief an seine Schwester im Jahr 1934 schrieb, ihn hätte der Himmel gesandt.

Erwin Rommel war seit Ende 1943 Inspekteur für die Küstenverteidigung und seit Januar 1944 Oberbefehlshaber der Heeresgruppe B in Nordfrankreich, in Belgien und in den Niederlanden. Am 6. Juni 1944 konnten die alliierten Invasionsstreitkräfte den Kanal überqueren, ohne von der deutschen Marine oder Luftwaffe entdeckt oder gar behindert zu werden. Die deutschen Meteorologen von Heer und Marine hatten eine alliierte Landung wegen der rauhen See, einer Windstärke fünf bis sechs und einer Wolkenunterdecke von 300 bis 500 Metern für unmöglich erklärt. Deshalb hielt es Rommel für unbedenklich, wegen der sich abzeichnenden Gefahr einer Landung in der Normandie und den gebotenen Gegenmaßnahmen Hitler in Berchtesgaden aufzusuchen.

Aber die Alliierten schätzten das Wetter günstiger und richtiger ein, weil ihre Fachleute ein kurzes Zwischenhoch prognostizierten, und erschienen in der Nacht vom 5. auf den 6. Juni mit 6000 Schiffen vor der Küste der Normandie. Viele deutsche Offiziere, auch Rommel, der vorausgesagt hatte, wenn die Landung gelingt, sei spätestens 72 Stunden danach alles entschieden, hielten nun die Schlacht in der Normandie und den Krieg für endgültig verloren. Am bequemsten wäre ein Rücktritt Hitlers gewesen, um den Weg zur Beendigung des von ihm angezettelten Krieges frei zu machen. Mit einem behaglichen Asyl wie Kaiser Wilhelm II. in Holland konnte er allerdings nicht rechnen. Millionen Ermordeter, Gefallener und Verstümmelter belasteten sein

Schuldkonto. Hitlers Untergang war vorgezeichnet. Aber er hat nicht einmal diese Prüfung bestanden. Er ließ weiter kämpfen bis zum Heldentod von 12 bis 16 Jahre alten Hitlerjungen.

Rommel wollte, im Kontakt mit Persönlichkeiten des deutschen Widerstands, beraten von seinem Generalstabschef Speidel, möglichst in Übereinstimmung mit dem Oberbefehlshaber West, Feldmarschall von Rundstedt, und ab 3. Juli 1944 Feldmarschall von Kluge und mit Unterstützung der Frontkommandeure aus eigener Verantwortung den Krieg im Westen beenden. Er machte sich über die Härten einer solchen Entscheidung keine Illusionen. Hitler und der NS-Staat hatten ein furchtbares Erbe hinterlassen. Aber er war sich dessen sicher, daß das Leid und die Schäden noch viel größer würden, wenn, wie es dann ja auch kam, der Krieg bis zum letzten Blutstropfen weiter geführt wird. Zur Verwirklichung dieses Plans kam es nicht. Denn Rommel wurde am 17. Juli 1944 auf einer Gefechtsfahrt in der Normandie von britischen Jagdbombern beschossen und schwer verwundet.

»Er wird die Nacht nicht überleben«

Der Dienstwagen, mit dem Rommel am 17. Juli 1944 unterwegs war, war ein langes, schwarzes »Horch«-Kabriolet mit der damals enormen Höchstgeschwindigkeit von 140 km in der Stunde. Auf dem linken vorderen Kotflügel trug es eine Standarte mit dem Symbol einer Heeresgruppe und auf dem rechten die Standarte eines Feldmarschalls. Das Verdeck war geöffnet. Rommel saß vorne neben seinem Fahrer, Feldwebel Karl Daniel. Begleitet wurde er von Major i. G. Neuhaus und seinem Ordonanzoffizier Hauptmann Hellmuth Lang. Im Wagen befand sich noch ein Luftspäher, der Obergefreite Karl Holke, der auf feindliche Tiefflieger achten sollte.

Ob Rommels Fahrzeug von einem weiteren Fahrzeug mit einer Funkstelle begleitet wurde, diese Frage wurde erst kürzlich durch den Brief eines ehemaligen Soldaten aufgeworfen, der schreibt, dieses Fahrzeug sei ebenfalls von Tieffliegern abgeschossen worden. Dabei wären Unteroffizier Jahnke und Gefreiter Klein gefallen (Theo Schiffer, Brief an Manfred Rommel vom 22. September 1999). Andere sagen, Rommel sei am 17. Juli ohne Begleitfahrzeug unterwegs gewesen, um nicht die Aufmerksamkeit der alliierten Jagdbomber auf sich zu ziehen. Möglicherweise sei die Funkstelle während einer anderen Gefechtsfahrt der alliierten Luftwaffe zum Opfer gefallen. Am 17. Juli war schönes Wetter, auch gut für britische und amerikanische Tiefflieger. Die Fahrzeuge wirbelten Staub auf. Rommel hoffte wahrscheinlich, man werde, wie viele Male zuvor, rechtzeitig Deckung finden, falls Tiefflieger gesichtet werden.

An diesem Tag erhielt Rommel gegen 16 Uhr im Gefechtsstand des 1. SS-Panzerkorps die Nachricht, die Alliierten hätten im Bereich der 7. Armee, die nach dem Tode von Generaloberst Dollmann von dem SS-General Hausser geführt wurde, einen Einbruch erzielt. Er fuhr in seinem »Horch« sofort los, um möglichst rasch die Befehlsstelle der Heeresgruppe zu erreichen. Die Aktivität der britischen Tiefflieger hatte sich verstärkt. Auf den Straßen waren brennende Fahrzeuge zu sehen. Gelegentlich benützte Rommel Nebenwege. Um 18.00 Uhr erreichte sein Fahrzeug Livarot. Immer mehr abgeschossene deutsche Fahrzeuge waren zu sehen. Deshalb bogen Rommel und seine Begleiter auf eine gedeckte Nebenstraße ab. Vier Kilometer vor Vimoutiers erreichten sie wieder die Hauptstraße. Dort sahen sie über Livarot acht britische Jagdbomber. In der irrigen Meinung, diese hätten ihr Fahrzeug noch nicht wahrgenommen, setzten sie die Fahrt auf der geraden Strecke nach Vimoutiers fort.

Plötzlich rief Obergefreiter Holke, zwei Flugzeuge seien in Richtung auf die Straße eingedreht. Rommel befahl Daniel, mit größter Geschwindigkeit einen etwa 300 m entfernten, nach rechts abbiegenden Parkweg zu erreichen und dort Dekkung zu nehmen. Aber es war zu spät. Zwei Jagdbomber hatten sich bereits, wenige Meter über der Straße fliegend, auf 500 m genähert. Das erste Flugzeug eröffnete das Feuer. Rommel schaute in diesem Augenblick zurück. Er hatte die Türklinke in der rechten Hand. Die Sprenggranaten trafen vor allem die linke Seite des Fahrzeugs. Eine von ihnen durchschlug Daniel die linke Schulter und den linken Arm. Er verlor die Herrschaft über den Wagen, der zunächst gegen einen Baumstumpf auf der rechten Straßenseite prallte, dann in scharfem Winkel auf die linke Straßenseite und dort in den Graben fuhr.

Rommel wurde durch Glassplitter im Gesicht verletzt und erhielt einen Schlag auf die linke Schläfe und den Backenknochen. Er erlitt einen vierfachen Schädelbruch und war sofort bewußtlos. Aus dem Wagen geschleudert blieb er 20 m hinter dem Wagen rechts auf der Straße liegen. Major Neuhaus war auch von einer Sprenggranate getroffen worden, die an seiner Pistolentasche abprallte. Hauptmann Lang und Obergefreiter Holke sprangen aus dem Wagen und nahmen auf der rechten Straßenseite Deckung. Ein zweiter Jagdbomber kam heran und feuerte auf die am Boden Liegenden, die aber nicht getroffen wurden. Lang und Holke trugen Rommel danach in Deckung und versorgten Neuhaus und Daniel so gut es ging. Rommel lag bewußtlos am Boden. Er blutete aus vielen Wunden im Gesicht, besonders aus dem Auge und aus dem Mund. Lang meinte zunächst, er habe eine Schußverletzung. Das war aber nicht so.

Um die Verwundeten zu versorgen, versuchte Lang einen Wagen zu beschaffen. Dies gelang aber erst nach 45 Minuten. Zunächst brachte er Rommel in ein französisches Ordenslazarett und Altersheim. Neuhaus blieb bei Daniel. Die Nonnen hasteten hin und her. Mehrere Verwundete waren eingeliefert worden. Oberleutnant Hennes, Chef einer in Livarot stationierten Werkstattkompanie, befahl, einen Arzt zu suchen und herzubringen. Zunächst kam ein Apotheker, der zugleich Bürgermeister des Ortes war. Rommel stöhnte. Die Tragbahre, auf der er lag, wurde auf einen Tisch gestellt. Der Apotheker machte einen Notverband um den Kopf. Ein französischer Arzt, der inzwischen eingetroffen war, gab Rommel eine Kampferspritze und verband ihn mit Unterstützung der katholischen Schwestern. Der Arzt meinte: »Der General wird die Nacht nicht überleben.«

Mit dem Wagen von Oberleutnant Hennes wurde Rommel sodann in das 40 km entfernte Luftwaffenlazarett Bernay gebracht. Ein Sanitätsobergefreiter hielt Rommels Kopf. Hennes fuhr selbst, so schnell wie möglich, trotz der Tiefflieger. Hinter ihm stand Hauptmann Lang als Luftspäher. Zweimal mußte gehalten und Deckung genommen werden. Rommel versuchte aufzustehen und trat vor Schmerzen mit seinen

Beinen die Hebel am Armaturenbrett ab. Um 19.30 Uhr traf das Fahrzeug in Bernay ein. Rommel war zunächst noch immer ohne Bewußtsein und stöhnte dann: »Mein Kopf, mein Kopf!« Er kam sofort in den Operationssaal, wo Röntgenaufnahmen gemacht wurden.

Unmittelbar nach ihm wurde durch einen weiteren Wagen Daniel eingeliefert. Auch er kam auf den Operationstisch – noch bei voller Besinnung. Beim Aufschneiden seines Rockes fragte er: »Was macht der Marschall?« »Und was macht mein Wagen?« Als Hennes ihn beruhigte und behauptete, daß alles in bester Ordnung sei, meinte er: »Zerschneid mir net mei Gwand« und »Zerschneid mir net mei Geld«. Dieses hatte er in der Brusttasche seines Waffenrockes. Sein Arm wurde amputiert. Er erhielt eine Bluttransfusion. In der Nacht erlag er seinen schweren Verletzungen. Am 20. Juli 1944 wurde er begraben. Major Neuhaus ließ sich zunächst zum Hauptquartier der Heeresgruppe B nach La Roche-Guyon fahren und anschließend ins Lazarett.

Das Dorf La Roche-Guyon liegt am Ostufer der Seine im normannischen Departement Seine-et-Oise. »Die Landschaft um La Roche-Guyon«, notierte der Schriftsteller Ernst Jünger Ende April 1944 in seinem »Pariser Tagebuch«, »zieht Geschichte an und färbt sie in ihre Fäden ein.« Das Schloß gehört der Familie der Grafen und Herzöge de La Rochefoucauld, eines der großen, schon seit Anfang des 11. Jahrhunderts nachweisbaren französischen Adelsgeschlechter, dessen Angehörige Pairs von Frankreich, Granden von Spanien und bayerische Fürsten waren. Herzog François VI., ein Gegner Richelieus, wurde durch seine Memoiren (1662) und Maximen (1665/1678) berühmt.

Die Erinnerung der Dorfbewohner an Rommel ist positiv. Es gibt sogar eine Zeitschrift unter dem Titel »Vivre en Mantois«, die 2005 in einer Sonderausgabe Rommels und seines Stabes Aufenthalt in der Gemeinde und in dem Schloß im Jahre 1944 so freundlich und objektiv schilderte, als hätte das alles bereits im 17. Jahrhundert stattgefunden. »Eine der bedeutendsten Episoden des deutschen Widerstands« habe sich hier abgespielt, schreibt François Gerber, der Herausgeber von »Vivre en Mantois«, in seinem Editorial zur Sonderausgabe. Und er schließt mit den Worten: »In dem Moment, da die Diskussion über Europa uns deutlich macht, was uns vereint, erscheint es uns unverzichtbar, auf ein Ereignis hinzuweisen, das grundlegend für das moderne Deutschland ist.«

Das Schloß lag etwas ungünstig für Fahrten in die Normandie, aber die deutsche Führung befürchtete eine zweite Landung weiter östlich des Landekopfes. Um sich Umwege zu ersparen ließ sich Rommel meistens mit einem Boot vom Ostufer an das Westufer der Seine bringen. Einmal war er in dem Boot gestürzt. Dabei zerbrach sein Interimsstab, ein schwarzer und schlanker Stock mit einem silbernen Knauf, den die deutschen Feldmarschälle an Stelle ihres repräsentativen rot-goldenen Marschallstabes mit sich führten. Der Stab ist wieder repariert worden. Die Lage der deutschen Truppen in der Normandie war dagegen irreparabel schlecht.

Hitler war nicht der ehemalige »böhmische Gefreite«, als den ihn Hindenburg und viele Offiziere gerne bezeichneten, wenn sie unter sich waren (die Bezeichnung geht auf eine Verwechslung von Hitlers oberösterreichischem Geburtsort Braunau am Inn mit einer gleichnamigen Gemeinde beim ostböhmischen Königgrätz zurück, wo sich ein Truppenübungsplatz befand und die tschechisch Broumov heißt). Er war ein Phänomen des Bösen, ein intelligenter, amoralischer, willensstarker Machtmensch, ein Schauspieler und Redner, ein Stratege und Taktiker, der seine Gegner ausmanövrieren konnte, einer, der ungewöhnliche Risiken einging und zunächst immer wieder Glück hatte, um schließlich um so tiefer zu stürzen. Fast hätte er Deutschland in seinen eigenen Untergang mitgenommen. Niemals zuvor in der Geschichte wurde so viel Treue einer so schlechten Sache zugewendet. Es gelang ihm, sich zum Alleinherrscher Deutschlands zu machen, Krieg mit der ganzen Welt zu führen und schließlich in seinem unter dem Ansturm seiner Gegner immer mehr schrumpfenden Herrschaftsgebiet bis zu dem Zeitpunkt seine Macht zu erhalten, als die russische Infanterie in der in Trümmern liegenden Reichshauptstadt Berlin vor seinem Bunker stand und er sich mit Kugel und Giftkapsel umbrachte.

Ob er Tugenden hatte? Eigentlich ist das zu verneinen, aber er wußte in bestürzendem Umfang Tugenden anderer in den Dienst seiner Ziele zu stellen, die er vor den meisten geheimhalten konnte. Mit der Wahrheit konnte er jedenfalls nichts anfangen, nur mit der Naivität derjenigen, die an die Pflicht zur Wahrheit glaubten. Er konnte schweigen über das, von dem er meinte, daß es die Gesprächsteilnehmer nichts anging, sie aufregte oder verwirrte. Auf jedes Argument, das ihm nicht paßte, fiel ihm ein Gegenargument ein, das verblüffte. Er hatte kein Problem mit einer Pflicht zur Wahrheit, die schließlich Friedrich Nietzsche als Philosoph und Mensch zerstörte, als er die Entstehung der Moral als psychologischen Vorgang zu erklären suchte. Hitler sah in der Wahrheit keinen Wert. Eigentlich verachtete er sie. Aber die Wahrheit verachtete auch ihn, und an ihr scheiterte er. Es gelang ihm, Millionen gar nicht dummer Menschen dazu zu bringen, Dinge zu tun, zu dulden, zu übersehen und zu verdrängen, die sie im Zustand der Freiheit nicht gebilligt hätten. Ohne ihn hätte es das Dritte Reich nicht gegeben. Weder Hermann Göring noch Joseph Goebbels oder Heinrich Himmler hätten ihn ersetzen können.

Bedauerlicherweise war er nicht jene lächerliche Figur, als die ihn die Propaganda seiner Gegner darstellte. Er war ein

Machtmensch mit einer Ausstrahlung und Wirkung, die man sich heute fast nicht mehr vorstellen kann. Ihm, dem Gefreiten ohne Berufsausbildung und ohne deutsche Staatsangehörigkeit, gelang es 1923, General Erich Ludendorff, den stolzen, sonst unnahbaren, von seiner weltgeschichtlichen Bedeutung durchdrungenen Generalissimus dazu zu bringen, mit ihm zusammen in München zu putschen und bis zur Feldherrnhalle zu marschieren, wo dann der Aufstand im Gewehrfeuer der bayerischen Sicherungstruppen ein Ende fand. Erst später, durch die Ernennung zum Regierungsrat im Kultur- und Vermessungsamt Braunschweig und Landesbeauftragten in Berlin 1932 nach zwei gescheiterten Initiativen in Bayern 1929 und Thüringen 1930 Deutscher geworden (das gibt es heute nicht mehr), gelang ihm die Übernahme der Macht.

Die Demokraten hatten im Reichstag keine Mehrheit mehr. Heute, nach dem Grundgesetz, gilt in solchem Falle die Alternative: entweder zurück zur Demokratie oder Chaos und Untergang. In der Weimarer Reichsverfassung gab es noch einen Ausweg: Der Reichspräsident konnte selbst Gesetze erlassen, sogenannte Notverordnungen nach Artikel 48 der Reichsverfassung. Außerdem konnte er einen Reichskanzler ernennen und eine Regierung einsetzen, genannt Präsidialkabinett. Der Reichstag konnte zwar mit Mehrheit der Stimmen die Gesetze des Reichspräsidenten aufheben und das Präsidialkabinett zum Rücktritt zwingen. Aber der Reichspräsident konnte wiederum den Reichstag auflösen – mit der Folge, daß er neu gewählt werden mußte – und mit Hilfe dieses Instruments den Reichstag in Schach halten.

Von 1928 an versuchte Hindenburg und der von ihm zum Reichskanzler ernannte katholische Zentrumspolitiker Heinrich Brüning, mit Präsidialkabinetten zu regieren. Die SPD, die damals die stärkste Fraktion im Reichstag stellte, tolerierte das Kabinett Brüning. Brüning verfolgte während der Wirtschaftskrise eine Politik des eisernen Sparens, weil er den Siegermächten des Ersten Weltkrieges beweisen wollte, daß Deutschland keine Reparationen mehr bezahlen konnte. Er warb für diesen etwas komplizierten Gedanken im Volk um Verständnis, aber ohne nennenswerten Erfolg. Im Gegenteil, der Anteil von Hitlers NSDAP bei den Reichstagswahlen, der im Mai 1928 nur 2,6 Prozent der Stimmen ausgemacht hatte, stieg bei der Wahl im Juli 1932 auf 37,8 Prozent. Die Nichtdemokraten hatten im Reichstag eine satte Mehrheit. Der greise Reichspräsident von Hindenburg, der sich 1932 zur Wiederwahl stellte und sich dank der Unterstützung der demokratischen Kräfte einschließlich der SPD gegen Hitler hatte durchsetzen können, war den Anforderungen seines Amtes nicht mehr gewachsen. Die demokratischen Selbstheilungskräfte zeigten sich auch nicht in ausreichendem Maße. Obwohl die Sozialdemokraten bis zur Selbstaufopferung für Entstehung und Bestand der Demokratie eingetreten waren und eintraten, wurden sie doch bei der demokratischen Rechten und der Mitte ein gewisses Mißtrauen nicht los, auch wenn sie, wie Helmut Schmidt es nannte, zwar mit Kautsky philosophierten, aber mit Bernstein regierten.

Der Prager Karl Kautsky (1854–1938) ist einer der bedeutenden Philosophen des Sozialismus, bei dessen Betrachtungen Vokabeln wie »Klassenkampf« oder »Diktatur des Proletariats« unvermeidlich waren. Der gebürtige Berliner Eduard Bernstein (1850–1932) war ein wertorientierter Pragmatiker, ein Sozialdemokrat im modernen Sinne. Erst in ihrem Godesberger Programm von 1959 hob die SPD diesen Widerspruch auf; der »Klassenkampf« und die »Diktatur des Proletariats« wurden in ihrer Programmatik abgeschafft.

Jedenfalls verloren damals weite Kreise des Volkes das Vertrauen in die Arbeitsfähigkeit der Demokratie. Selbst bewährte Demokraten fragten, ob nicht eine vorübergehende

Diktatur nötig wäre, um die Ordnung und das Vertrauen in den Staat wiederherzustellen. Gedacht war an eine befristete Übertragung der Staatsmacht an den immerhin demokratisch gewählten Reichspräsidenten. Heinrich Brüning mußte aufgeben. Den Kabinetten Kurt von Schleicher und Franz von Papen war eine weit kürzere Lebensdauer beschieden. Hitler und seine Anhänger lärmten vor den Toren zur Macht, die mehr und mehr eine Ohnmacht wurde. So entstand die Idee, Hitler und seiner Partei den Weg in die Reichsregierung zu öffnen – mit dem Hintergedanken, dem Volk zu zeigen, daß er auch nur mit Wasser kocht, die gewaltigen Versprechungen, mit denen er die Massen beeindruckt, nicht halten kann und nur ein Scharlatan ist. In ein paar Monaten, so hofften jene, die das Experiment Hitler riskieren wollten, sei der nationalsozialistische Spuk vorbei. Das war einer der schwersten und folgenreichsten Irrtümer in der Weltgeschichte.

Am 30. Januar 1933 war Hitler von Hindenburg zum Reichskanzler ernannt worden. Die Stimmung wurde aufgeheizt durch den Reichstagsbrand, den sich, von einem Einzelgänger am 27. Februar 1933 gelegt, links und rechts gegenseitig in die Schuhe schoben. Eine Notverordnung des Reichspräsidenten war die Antwort, die zum Schutze der öffentlichen Ordnung unter anderem die Grundrechte außer Kraft setzte. Bei Abwesenheit der verfolgten Kommunisten und gegen die Stimmen der SPD übertrug der Reichstag Hitler durch das Ermächtigungsgesetz die Befugnisse und Rechte des Parlaments für vier Jahre und berief ihn damit zum Diktator Deutschlands. Unter jenen, die für die Ermächtigung stimmten, waren einige seiner erbitterten Gegner wie Eugen Bolz, Reinhold Maier und Theodor Heuss, die offenbar ebenfalls glaubten, Hitler wäre binnen kurzer Zeit am Ende, wenn er Regierungsverantwortung trüge und sich nicht allein auf seine Fähigkeiten als Volksredner und Regimekritiker stützen könnte. Es zeigte sich aber, daß Hitler virtuos mit Macht umgehen, durch Täuschung und Terror die Mehrheit des Volkes hinter sich bringen und die verbleibende Minderheit mundtot machen konnte.

Am 23. März 1933 gab Hitler vor dem Parlament, das sich statt im ausgebrannten Reichstag in der Kroll-Oper versammelt hatte, vor der Abstimmung über das Ermächtigungsgesetz eine Regierungserklärung ab, die eindrucksvoll seine Fähigkeit bewies, anderen Sand in die Augen zu streuen. In dieser Erklärung finden sich neben einer etwas gebremsten Polemik Sätze, über die man heute erstaunt ist, die aber keineswegs seine eigene Meinung wiedergeben, sondern als Beruhigungsmittel für den Bürger dienen sollten. Zum Beispiel führte er aus: »Die nationale Regierung wird in Schule und Erziehung den christlichen Konfessionen den ihnen zukommenden Einfluß einräumen und sicherstellen.« »Es ist der aufrichtige Wunsch der nationalen Regierung, von einer Vermehrung des deutschen Heeres und unserer Waffen absehen zu können, sofern endlich die andere Welt geneigt ist, auch ihre Verpflichtung zu einer radikalen Abrüstung zu vollziehen.« »Die Reichsregierung, die im Christentum die unerschütterlichen Fundamente des sittlichen und moralischen Lebens unseres Volkes sieht, legt den größten Wert darauf, die freundschaftlichen Beziehungen zum Heiligen Stuhle weiter zu pflegen und auszugestalten.« »Gegenüber der Sowjetunion ist die Reichsregierung gewillt, freundschaftliche, für beide Teile nutzbringende Beziehungen zu pflegen. Gerade die Regierung der nationalen Revolution sieht sich zu einer solchen positiven Politik gegenüber Sowjetrußland in der Lage. Der Kampf gegen den Kommunismus in Deutschland ist unsere innere Angelegenheit.«

Vom Schuldkomplex und Rechtfertigungszwang frei, dazu noch aus eigener Kenntnis und Erfahrung sachkundig zeichnet

Sebastian Haffner in seinen 1978 erschienenen »Anmerkungen zu Hitler« ein Bild der ersten Jahre nach dessen Machtergreifung, das plausibel und realistisch erscheint, weil es die zweifelhafte Fiktion nicht benötigt, die große Mehrheit der Deutschen sei immer gegen Hitler und seine Politik gewesen. Lediglich eine Minderheit von Nazis, die dann 1945 spurlos verschwunden sei, habe Hitler unterstützt und den anderen ihren Willen aufgezwungen. Wahr ist, daß die Deutschen ihn abgelehnt hätten, wenn sie sich dessen bewußt gewesen wären, wer Hitler wirklich war, welcher Verbrechen er fähig war, wie kalt und unberührt ihn das Leid von Menschen ließ und welche wahnwitzigen Ziele er verfolgte. Aber das alles sahen die meisten nicht.

Sebastian Haffner nennt in seinen »Anmerkungen« Hitler eine »Leistungskanone größeren Umfangs« und zitiert Joachim Fest und dessen Gedankenexperiment in seiner Hitlerbiographie: »Wenn Hitler Ende 1938 einem Attentat zum Opfer gefallen wäre, würden nur wenige zögern, ihn einen der größten Staatsmänner der Deutschen, vielleicht den Vollender ihrer Geschichte, zu nennen. Die aggressiven Reden und ›Mein Kampf‹, der Antisemitismus und das Weltherrschaftskonzept wären vermutlich als Phantasiewerk früher Jahre in Vergessenheit geraten. Andererseits habe Fest vollkommen recht damit, daß die Irrtümer, Fehler und Verbrechen Hitlers sich erst in der zweiten Hälfte seiner Herrschaft voll auswirkten oder entfalteten, in der ersten aber durch unerwartete und von Hitler nur vorbereitend gemeinte Leistungen und Erfolge überdeckt waren.« Diese Leistungen und Erfolge hätten die Deutschen beeindruckt. Die Bekehrten und Halbbekehrten seien im allgemeinen keine Nationalsozialisten geworden, aber Hitleranhänger und Führergläubige. Auf dem Höhepunkt der allgemeinen Führergläubigkeit seien dies wohl mehr als neunzig Prozent aller

Deutschen gewesen. Hitlers neu gewonnene Anhänger hätten damals ständig die Redensart im Munde geführt, »Wenn das der Führer wüßte!«; sie deutete an, daß Führergläubigkeit und Bekehrung zum Nationalsozialismus eben zweierlei blieben.

Sebastian Haffner weist darauf hin, daß es im Januar 1933, als Hitler Reichskanzler wurde, in Deutschland mehr als sechs Millionen Arbeitslose gab und fünf kurze Jahre später, 1938, habe beinahe Vollbeschäftigung geherrscht (im Dezember 1938 gab es nur noch 456 000 Arbeitslose – allerdings waren seit 1935 alle jungen Deutschen zwischen 18 und 25 Jahren Monate lang »arbeitspflichtig«, was zum Beispiel 1937 183 000 »Arbeitsmänner« und »Arbeitsmaiden« betraf). und an die Stelle von Ratlosigkeit und Hoffnungslosigkeit seien Zuversicht und Selbstvertrauen getreten. Und noch wunderbarer: Der Übergang von Depression zu Wirtschaftsblüte sei ohne Inflation erreicht worden bei völlig stabilen Löhnen und Preisen. Man könnte sich die dankbare Verblüffung, mit der die Deutschen auf dieses Wunder reagierten und die insbesondere die deutsche Arbeitnehmerschaft nach 1933 in hellen Haufen von der SPD und KPD zu Hitler umschwenken ließ, gar nicht groß genug vorstellen.

Oft ist behauptet worden, Hitlers Wirtschaftswunder und sein militärisches Wunder seien im Grunde dasselbe gewesen, die Arbeitsbeschaffung sei ganz oder doch im wesentlichen durch die Aufrüstung erfolgt. Das stimmte so nicht. Zwar habe die allgemeine Wehrpflicht einige hunderttausend potentiell Arbeitslose von der Straße geholt und die Massenproduktion von Schiffen, Kanonen, Panzern, Munition, Gewehren Flugzeugen und Uniformen einige hunderttausend Metall- und Textilarbeiter in Lohn und Brot gesetzt, aber die große Mehrheit der sechs Millionen Arbeitslosen, die Hitler vorgefunden hatte, fand ihre Wiederbeschäftigung in ganz normalen zivilen Industrien. 1938 war Deutschland die stärkste Militär- und Luftmacht Europas. Dieses Ergebnis wäre zwar nicht ohne gewisse Vorarbeiten der Weimarer Zeit möglich gewesen. Auch sei es im einzelnen natürlich nicht durch Hitlers Detailarbeit zustande gekommen, sondern eine Gewaltleistung des militärischen Establishments. Aber Hitler habe durch Befehle und Inspiration dazu beigetragen.

Die Unterdrückung der Meinungs- und Pressefreiheit und die Vernebelung der Köpfe durch eine Propaganda, die jede Kritik und jeden Zweifel an Hitler und seiner Regierung unterdrückte und das Volk mit Erfolgsmeldungen und guten Nachrichten geradezu zudeckte, war das wichtigste Instrument der NS-Macht. Seit der Notverordnung vom Januar 1933 gab es keine Freiheit der Meinung und keine Pressefreiheit mehr. Das heißt, der Bürger hatte zu gehorchen und den Mund zu halten und die Presse durfte die Wahrheit nicht suchen und was sie dafür hielt, veröffentlichen, sondern hatte dafür zu sorgen, daß sie nicht bekannt wurde. Es ist heute erstaunlich, daß viele Deutsche die Einschränkung ihrer Freiheit mit Hilfe verschlungener und dunkler Überlegungen als wahrhaft ethische Haltung anzusehen geneigt waren. Ein Verdrängungsmechanismus wurde wirksam.

Bekanntlich heißt etwas erfahren noch lange nicht, es zu wissen, etwas zu wissen nicht, es zu glauben, etwas zu glauben nicht, dessen Tragweite zu begreifen, und etwas begreifen, noch lange nicht, danach zu handeln. Der Mensch möchte vertrauen können. Er möchte glauben können, daß alles den rechten Weg geht. Er vertraut und glaubt gerne und es beunruhigt ihn, wenn dauernd Kritik geübt und Zweifel geäußert werden, wie dies in der Demokratie nun einmal zwangsläufig der Fall ist. In der Diktatur kam der Zweifel an der eigenen Sache nicht vor. Sie konnte es sich leisten, Millionen von Menschen zu ermorden, ohne daß die breite Mehrheit der

Deutschen das wahrgenommen hatte oder es geglaubt worden wäre. Hätte Presse- und Meinungsfreiheit geherrscht, hätte die NS-Herrschaft, jedenfalls nach der Progromnacht am 9. November 1938, wohl in wenigen Monaten ihr Ende gefunden. Aber Diktatur und Meinungsfreiheit stehen sich unversöhnlich gegenüber. Das eine schließt das andere aus.

Nach dem Tode Hindenburgs 1934 war es Hitler nicht nur gelungen, sich auch noch die Kompetenzen des Reichspräsidenten anzueignen, sondern auch noch die Streitkräfte dazu zu bringen, daß sie ihm einen persönlichen Treueid schworen. Dieser Eid lag später so manchem schwer im Magen. Nachdem Hitler sich zu Beginn seines Wirkens als Kanzler noch als Christen bezeichnet hatte, hielt er sich bald selbst für ein Gott ähnliches Wesen mit einem besonderen Verhältnis zur Vorsehung, dem das Volk Dankbarkeit, Anbetung und bedingungslosen Gehorsam schuldete.

Auch die Offiziere, besonders die Generale, hatten gegenüber dem ehemaligen Gefreiten Vorbehalte, waren aber dann doch beeindruckt, mit welcher Energie und welchem innenpolitischen und außenpolitischen Geschick er den Aufbau der deutschen Wehrmacht vorantrieb und wie er dabei für unlösbar geltende Finanzierungsfragen mit einem Federstrich zu lösen schien. Zu Generalen und Generalstabsoffizieren in den hohen Stäben sagte der mit seinen Fronterlebnis kokettierende »Friedensfreund« Hitler schließlich unverblümt, daß er Krieg wollte, aber nicht gegen alle auf einmal, sondern gegen einen nach dem anderen.

Im November 1938 erklärte er vor deutschen Chefredakteuren:

»Die Umstände haben mich gezwungen, jahrelang fast nur vom Frieden zu reden. Nur unter der fortgesetzten Betonung des deutschen Friedenswillens und der Friedensabsichten war es mir möglich, dem deutschen Volk ... die Rüstung zu geben, die immer wieder für den nächsten Schritt als Voraussetzung notwendig war.«

Als 1938 wegen des deutsch besiedelten Sudetenlands, das seit 1919 zur Tschechoslowakei gehörte, ein Krieg mit Frankreich und England drohte, wollten ihn deutsche Generalstabsoffiziere absetzen und sogar töten. Die Erinnerung an das Massensterben der Soldaten im Ersten Weltkrieg war noch lebendig. Aber Hitler konnte mit England, Frankreich und Italien das Münchner Abkommen schließen. Das machte ihn tollkühl. Er ging immer größere Risiken ein, täuschte mit kostümierten Deutschen einen Überfall polnischer Soldaten auf deutsches Gebiet vor, überfiel Polen und löste damit die Kriegserklärungen Englands und Frankreichs aus. Auch in dieser dramatischen Situation konnte er einen Trumpf aus dem Ärmel ziehen: den Nichtangriffspakt mit der Sowjetunion. Der Todfeind des Nationalsozialismus, Josef Stalin, wurde gleichsam über Nacht zum Verbündeten und Freund. In Polen kämpften bayerische Gebirgsjäger und sowjetische Panzer Seite an Seite. Aber Hitler wurde schon damals nachgesagt, er werde den Krieg dem Bolschewismus nicht seinem Nachfolger überlassen.

Ein russischer General soll bei einer gemeinsamen Siegesfeier sein Glas erhoben und den deutschen Offizieren zugerufen haben: »Auf ewige Feindschaft!«. Ein Kommissar machte ihn darauf aufmerksam, daß es nicht »Feindschaft«, sondern »Freundschaft« heiße, aber möglicherweise ahnte der General, was später kommen würde. Jedoch ließ sich die Feindschaft überwinden und, nachdem sie unsägliches Leid über die Menschen gebracht hatte, doch in eine Freundschaft umwandeln – ein Vorgang, der in der Geschichte fast wie ein Fremdkörper wirkt. Hitler führte dann nicht nur mit der Sowjetunion, sondern mit der ganzen Welt Krieg. In seinem Herrschaftsgebiet regierte die Barbarei. Zuerst ließ er Tausende umbringen, dann Zehntausende und schließlich Millionen in eigens errichteten Vernichtungslagern. Das geschah unter strenger Geheimhaltung, die funktionierte, weil die ungeheuerliche Dimension des Verbrechens das Fassungsvermögen, nicht nur der Deutschen, überstieg.

Hätte Hitler den Zweiten Weltkrieg gewonnen, die Deutschen wären ebenso wie die anderen Völker versklavt und die Widerstand Leistenden ermordet worden. Irgendwann wäre der NS-Staat an seinen Widersprüchen, an seiner Unmenschlichkeit, an Hitlers persönlichem Verfall und an seiner Hybris zugrunde gegangen. Aber das hätte nach einem militärischen Sieg lange dauern können. Hitler inszenierte, aber er hatte kein Konzept. Das »Tausendjährige Reich« war kein Ziel, sondern ein verschwommener Traum, unter dem sich jeder etwas anderes vorstellen konnte. Hitler ließ sich auf kein Sachprogramm festlegen. Im Kern war er ein im realen Berufsleben gescheiterter Künstler. Er inszenierte eine Oper, aber nicht auf der Bühne, sondern in der Wirklichkeit. Vielleicht wäre der Welt viel erspart geblieben, wenn ihn die Wiener Kunstakademie nicht als Studenten abgewiesen hätte. Deshalb denke man noch einmal über die möglichen Folgen nach, bevor man sagt, einer, der sich für einen Künstler hält, sei keiner. Hegel sagt: »Selbst wo die Kunst nichts Gutes bewirken kann, vertritt sie das Böse noch immer besser als das Böse selbst.«

Es gab Menschen, die diese Entwicklung des Deutschen Reiches unter Hitlers Führung zu einem Staat ohne Moral von vornherein oder sehr früh voraussahen. Viele unter diesen gehörten zu jenen Gruppen, die vom NS-Staat von Anfang an als Feinde betrachtet wurden, so daß sie davor gefeit waren, sich von ihm täuschen zu lassen. Aber die meisten Deutschen ließen sich eine Zeitlang hinters Licht führen und erkannten das Unheil und seine wahre Dimension erst später und auf jeden Fall zu spät.

Die Briefe, die das Ehepaar Rommel seit Anfang der dreißiger Jahre austauschte, sind weitgehend erhalten geblieben – mit Ausnahme von einigen, die zwischen Anfang August und Mitte Oktober 1944 vernichtet worden waren, weil sie vom NS-Staat als belastend hätten angesehen werden können. Hierbei kann es sich aber nur um wenige gehandelt haben. Frau Rommel mußte die Briefe im Mai 1945 vollzählig der US-Armee aushändigen. Nach deren Auswertung und Archivierung von Photokopien wurden sie ihr zu Beginn der fünfziger Jahre wieder zurückgegeben. Dies dürfte einer der wenigen Fälle sein, in denen sämtliche Briefe eines Ehepaars ohne vorherige Durchsicht und Aussonderung des aus heutiger Sicht Bedenklichen in Archiven vorliegen. Rommels Briefe gehen knapp auf die militärische Lage ein, sofern sie sich nicht auf persönliche Punkte beschränken. Sie sind fast alle so abgefaßt, daß ihr Inhalt Dritten bekannt werden durfte, zumal das Ehepaar, besonders nach dem Kriegsausbruch, mit der Möglichkeit rechnen mußte, daß Briefe geöffnet und gelesen werden.

Politische Betrachtungen befinden sich in dem Briefwechsel nur am Rande. Die Briefe enthalten wenig Hinweise auf politische Meinungen, aber einige Briefe zeigen deutlich, daß ab 1934, nachdem Hitler die SA entmachtet hatte, Erwin und Lucie-Maria Rommel ihn bewunderten. Sie wollten zwar nichts mit der NSDAP zu tun haben, aber für die Mängel und Verbrechen im NS-Staat hielten sie zunächst andere für verantwortlich. Irgendwelche Wirkungen nach außen zeitigte diese Einstellung nicht. Weder trat ein Mitglied der Familie in die NSDAP oder eine ihrer Gliederungen ein noch suchte jemand den Umgang mit Repräsentanten der Partei. Diese positive Einstellung blieb, als Rommel Hitler 1938 näher kennenlernte.

Aber was heißt hier näher? Die Existenz von Eva Braun war Rommel unbekannt. Frau Rommel ist dem »Führer« nie begegnet und auch nicht den anderen Parteigrößen – mit Ausnahme Görings in dessen luxuriösem Sonderzug in Italien (Göring war ein »Ritterbruder« Rommels, denn er hatte als Fliegerhauptmann im Ersten Weltkrieg ebenfalls den Pour le Mérite erhalten). Hitler sah in Rommel offensichtlich den Kriegshelden und Frontsoldaten. Er hatte Rommels Buch »Infanterie greift an« aus dem Jahre 1937 (Verlag Voggenreiter, Potsdam) gelesen und für gut befunden. Der Autor war geschmeichelt, einen so bekannten Leser gefunden zu haben. Das Buch wurde ein großer Erfolg und erreichte allein bis Kriegsende eine Verkaufsauflage von 400 000 Exemplaren, die nicht geringe Honorare abwarfen und Rommel eine gewisse finanzielle Unabhängigkeit bescherten.

Es ging in dem Buch um Rommels auch in den USA lange lieferbare Erinnerungen an den Ersten Weltkrieg und um die Geschichte der Württembergischen Gebirgsschützen zwischen 1914 und 1918. Sie schildern an mehreren Stellen Fälle, in denen deutsche Soldaten ihre Gegner geschont und das Feuer eingestellt haben, um Verwundete zu bergen – unter anderem auch, wie Rommel in einen reißenden Gebirgsbach geritten ist, um einen italienischen Kriegsgefangenen zu retten, der sonst unweigerlich umgekommen wäre. Das Buch sollte zugleich ein taktisches Lehrbuch für Infanteristen sein. Es wurde in zahlreiche Sprachen übersetzt, unter anderem ins Englische, Finnische, Französische, Italienische, Koreanische und 1953 sogar ins Hebräische. 1938 war der Bestsellerautor zu vier Vorträgen über den Gebirgskrieg in der Schweiz. Die Vorträge waren gut besucht und fanden ein positives Presseecho.

Rommels zeitweilige Wertschätzung für Hitlers »Leistungen« war kein Einzelfall. Sie wurde bei besonderen Anlässen – Milderung der Arbeitslosigkeit, Anschluß Österreichs, Sieg über Frankreich 1940 – von den meisten Menschen geteilt, auch wenn diese das nach 1945 selbst nicht glauben konnten.

Fritz Stern weist in »Dreams and Delusions« auf einige Beispiele hin. So hatte der Historiker Friedrich Meinecke, der vor 1933 öffentlich vor dem Nationalsozialismus warnte und 1948 der erste Rektor der von ihm mitgegründeten Freien Universität in West-Berlin wurde, im August 1940 geschrieben: »Die folgenschweren, bedeutungsvollen Ereignisse, die wir erlebt haben, erweisen sich von Tag zu Tag noch bedeutungsvoller. Zugegeben, es gibt vieles, das wir aufs Neue lernen müssen, aber nicht alles. Wir hören – und das ist zweifelsfrei richtig –, daß in Deutschlands siegreichem Kampf der revolutionäre Schwung des Dritten Reiches seinen Lauf nimmt. Und die Wiedererlangung von Straßburg! Wessen Herz schlägt nicht höher bei dieser Nachricht.«

Wenn Rommel aus Afrika alle paar Monate in das Führerhauptquartier kam, um Vortrag über seinen Kriegsschauplatz zu halten, herrschte bis Herbst 1942 ein wohlwollendes Klima. Der schnelle Ablauf der Schlachten und Gefechte in der Wüste erlaubte es dem OKW und Hitler nicht, sich einzumischen, so daß Rommel einen beachtlichen Spielraum hatte und den Eindruck gewann, Hitlers Vertrauen zu haben. Hitlers Fähigkeiten, seinen Zuhörern etwas einzureden, sind bekannt. Darauf beruhten viele seiner Erfolge. Oft merkten die Zuhörer, wenn überhaupt, erst wenn es zu spät war, daß sie ihm auf den Leim gegangen waren.

Rommel gab seine Position, daß sich ein Berufssoldat, nicht in die Politik einzumischen hätte, für sie aber auch nicht verantwortlich sei, Ende 1943 oder Anfang 1944 auf. Auch er neigte wohl zunächst dazu, jene Verbrechen, die ihm nach und nach bekannt und bewußt wurden, weniger Hitler, sondern anderen zuzuschreiben, zum Beispiel SS, SD und NSDAP. Er selber war in Afrika von seinen militärischen Aufgaben und Pflichten sehr in Anspruch genommen, so daß ihm wenig Zeit blieb, sich mit deutscher Politik zu befassen. Wie jeder Mensch war auch er nicht frei von Stimmungen. Angesichts der verzweifelten Lage Deutschlands schwankte er ab Ende 1942 zwischen Sorge und Hoffnung, wobei einmal diese und einmal jene die Oberhand gewann. Daß er Verbrechen nicht billigte, ergibt sich schon daraus, daß er sich in allen Funktionen weithin erfolgreich darum bemühte, solche zu verhindern und den Ruf der Wehrmacht auch bei den Gegnern zu wahren. Seine Zurückhaltung mit Kritik an Hitler war normal. Auch ich habe mich als Verwaltungsbeamter bemüht, über meine Oberen besser zu sprechen als ich manchmal von ihnen dachte.

Vor der alliierten Landung in Frankreich gab es weder bei der Bevölkerung noch bei der Truppe eine Stimmung für eine Militärrevolte. Selbst 1944 hielten es die Berliner Verschwörer für nötig, zunächst den Eindruck zu erwecken, nicht sie, sondern andere seien für den Tod Hitlers verantwortlich. Bei dieser schwierigen Sachlage entbehrt es nicht einer gewissen Logik, wenn Rommel eine Chance zur Beendigung des Krieges darin sah, daß Hitler dazu gebracht wird, Schluß zu machen. Er hoffte verhältnismäßig lange, mal mehr und mal weniger, Hitler werde sein eigenes Schicksal den Interessen des Volkes unterordnen, das heißt den Krieg, wenn er sinnlos geworden sei, beenden. Das war Rommels größte Fehleinschätzung.

Mit Friedrich Ruge, nach 1945 Inspekteur der Bundesmarine, war er ebenso wie mit Speidel eher freundschaftlich verbunden. Aber Ruge war sein Marineberater und Speidel sein wichtigster Führungsgehilfe. Das mag erklären, weshalb er Ruge nicht alles sagte, was Speidel wußte. Die Verbindung Rommels zu Hitler während des Krieges baute sich auf militärischen Fragen auf. Während beispielsweise Generaloberst Halder den afrikanischen Kriegsschauplatz nachrangig behandeln wollte, verhalf Hitler den afrikanischen Truppen unter Befehl Rommels zu einigen Verstärkungen, die es möglich machten, Italien, das den Krieg in Afrika ausgelöst hatte, bis 1943 im Bündnis mit Deutschland zu halten und eine alliierte Landung auf dem europäischen Festland zu verhindern.

Nach Aufdeckung der Wahrheit über das Dritte Reich ist es verständlich, daß keiner mehr etwas mit Hitler und dem NS-Staat zu tun haben will. Aber damals sahen eine große Mehrheit der Deutschen und viele Ausländer, wie schon erwähnt, in Hitler zeitweilig einen zwar rücksichtslosen, aber bedeutenden Staatsmann. Als der Krieg ausbrach, erst recht nachdem die UdSSR angegriffen worden war, wähnten sich viele Deutsche mit ihm im selben Boot. Die deutsche Wehrmacht ist nicht etwa deshalb bis nach Stalingrad und Alamein vorgerückt, weil sich jeder Soldat von Aufpassern bedroht fühlte, die sich ebenfalls für bedroht hielten, sondern weil sie in ihrer Mehrheit der Führung vertraute und jenen Gehorsam akzeptierte, auf den keine Armee der Welt verzichten kann, der sich aber im Dienst einer Gewaltherrschaft verheerend auswirkt. Wir wissen heute, daß es einen einschneidenden Unterschied ausmacht, ob der Staat, der den Gehorsam fordert, eine Demokratie ist oder eine Diktatur. Der Erfolg der NS-Diktatur beruht auf einer Kombination von Täuschung, Verführung und Terror. Kein Element kann weggenommen werden, ohne daß die heutigen Vorstellungen von der damaligen Zeit falsch werden. Die Geschichte läßt sich nicht durch die Unterstellung erklären, daß die meisten deutschen Offiziere, besonders die höheren, damals von Anfang an gegen Hitler die Fäuste ballten.

Am 17. Juli 1944 erwartete die deutsche Seite für den nächsten Tag im Raum Caen eine große Offensive der britisch-kanadischen Heeresgruppe, die tatsächlich erfolgte und von den Briten den Namen »Goodwood« erhielt. Erfahrene deutsche Panzerkommandeure glaubten, wenn sie ihr Ohr auf den Boden legten, das Vibrieren des Bodens zu verspüren, das durch den Aufmarsch der britischen Panzer entstand. Viele Stunden hatte Rommel mit den Befehlshabern und Kommandeuren besprochen, wie dieses Mal noch die britischen und kanadischen Armeen durch ein tief gestaffeltes deutsches Verteidigungssystem trotz der Schlagkraft der alliierten Luftwaffe aufgehalten und ihr Durchbruch in den freien französischen Raum verhindert werden könnte.

Aus der Fülle des Materials und der Theorien ein wenigstens in etwa plausibles und differenziertes Bild der Personen und Ereignisse herzustellen, fällt nicht leicht. Es handelte sich damals um eine Zeit, vor der sich die Zukunft wie eine düstere Nebelwand auftürmte. Die Befehlshaber trugen für ihre Soldaten Verantwortung. Wer sich gegen Hitler auflehnte, mußte diese Verantwortung bedenken. Auch mußten sie nicht nur ihr eigenes Leben, sondern im Zeichen der sogenannten Sippenhaft auch das ihrer Familien riskieren. Heute wissen wir, daß die meisten unter die Sippenhaft fallenden Personen – es dürften im Zusammenhang mit dem 20. Juli 600 bis 700 gewesen sein – überlebt hatten. Damals wußte man das noch nicht.

Die Konfliktsituation zwischen Frontoffizieren und Stabsoffizieren war im Ersten Weltkrieg extrem, als auf beiden Seiten Hunderttausende von Soldaten auf Befehl der hohen Stäbe in den Tod gingen. Es gab diesen Konflikt aber auch im Zweiten Weltkrieg, wenngleich in milderer Form, denn die Generale mußten, soweit sie Truppenführer waren, bei den Bewegungskämpfen von vorne führen. Deshalb fielen im Zweiten Weltkrieg weit mehr Generale als im Ersten. Die Tätigkeit im Führerhauptquartier ähnelte dagegen eher der eines Ministerialbeamten als der eines Kriegers.

Rommels Lebensgang

Rommel war seit 1910 Berufsoffizier, zunächst beim 124. württembergischen Infanterieregiment in Weingarten. Auch sein Vater war nach dem Krieg gegen Frankreich 1870/71 Berufsoffizier gewesen, war aber, weil er mit keinen Kriegszeiten mehr rechnete, als Königlicher Artillerieleutnant ausgeschieden und in den württembergischen Schuldienst übergetreten, wo er es bis zum, wie es heute heißen würde, »Oberstudiendirektor« und Schulleiter am Realgymnasium in Aalen brachte. Sein Vater war ein frommer Mann und achtete darauf, daß die katholischen Lehrer auch in der Fastnachtszeit pünktlich zum Dienst erschienen. Damals genügte die Amtsbezeichnung »Rektor«, um den Menschen Respekt einzuflößen. Rommels Mutter behielt auch nach dem Tod ihres Mannes das Schild »Rektor« an ihrer Wohnungstür, um von lästigen Besuchern verschont zu bleiben.

Erwin Rommel wollte eigentlich Ingenieur werden, aber sein Vater stellte ihn vor die Wahl zwischen dem Offiziers- und dem Lehrberuf. Mit seinen Lehrern war Rommel nicht immer einig gewesen. Er hat sich wohl nie berufen gefühlt, einen Roman oder ein lyrisches Gedicht zu schreiben. Als Abkömmling von zwei Mathematikprofessoren war er ein ausgesprochen guter Mathematiker, überdies noch ausgestattet mit einem mathematischen Sendungsbewußtsein, das jenen, die sein Interesse nicht teilten, ziemlich lästig werden konnte.

Rommel erkannte wohl nur schrittweise, daß er zur Führung von Menschen besonders geeignet war, weil er Charisma hatte. Sein Aufenthalt auf der Kriegsschule in Danzig, erzählte Rommel oft, habe ihm ein Grunderlebnis beschert, das sein ganzes Leben verändert hätte. Vorher sei er ein Träumer gewesen und ein Schlamper, der seine Hefte mit allen möglichen Figuren bemalt hatte, anstatt sie säuberlich zu führen. Auch habe er eine schreckliche Schrift gehabt, die niemand lesen konnte. Als man das auf der Kriegsschule bemerkte, habe man ihn innerhalb weniger Wochen gezwungen, eine neue steile und lesbare Schrift zu schreiben, seine Hefte sauber zu führen und alles Zeichnen zu unterlassen, das nicht einem praktischen, das heißt taktischen Zweck diente.

Das hätte sein weiteres Leben geprägt, und zwar in positivem Sinne. Er hätte seine Willenskraft ständig geschult, indem er sich Ziele setzte, die er mit großer Anstrengung zu erreichen suchte und in der Regel auch erreichte. Wer anderen befehlen wollte, müsse auch sich selber befehlen können. Vorbild sei, wer von sich selber viel verlange, auch von anderen, aber nicht mehr, als man selber zu leisten bereit sei. Er hielt die Erfahrung und die Kenntnis der Fakten nebst der Mathematik für die wichtigsten Informationsgrundlagen. Erfahrungen mache aber nur, wer die Fakten beachte und wer das eigene Verhalten auf Fehler untersuche und die Fehler künftig vermeide. Deshalb untersuchte er nach jeder größeren Operation, was schlecht, falsch und verkehrt war und wie es hätte besser gemacht werden können.

Ihm selbst wurde offenbar erst im Krieg 1914-1918 bewußt, wie gut er zum Soldaten und Truppenführer geeignet war. 1914 gelang es ihm mit seiner Kompanie im Handstreich, ein stark ausgebautes französisches Befestigungssystem, das Werk Central, zu erobern. Als er sein Regiment bat, diesen Erfolg auszunutzen, erhielt er den Bescheid, daß ihm niemand befohlen habe, so etwas zu tun, und daß er sich wieder auf seine alte Stellung zurückziehen sollte. Dies gelang ihm mit Müh und Not. Wenige Wochen spät trat das Regiment zum Sturm gegen das Werk Central an, ohne Erfolg, aber mit hohen Verlusten.

Erwin Rommel demonstrierte mit diesem Beispiel, daß manchmal Taktik sich nicht darauf beschränken könne, das auszuführen, was die Strategie befehle, sondern die Strategie die Chancen nützen müsse, die ihr die Taktik biete. Deshalb war für ihn Flexibilität ein wichtiges Prinzip: Möglichst umfassende, zutreffende und aktuelle Informationen über das Gefechts- oder Schlachtfeld, rasche Änderung der Konzeption, wenn die Lage das erfordert, und ständige Auswertung der Erfahrungen, wobei man am meisten lerne aus eigenen Fehlern, die man sich selbst eingestehe.

Die Operationen seiner 7. Panzerdivision in Frankreich und die seiner Armeekorps in Nordafrika arbeitete er durch, um aus Fehlern zu lernen. Er fertigte mit großer Präzision und Geschwindigkeit Zeichnungen an, wie er schon als Lehrer auf der Kriegsschule nicht nur auf verbale, sondern auch auf zeichnerische Darstellungen Gewicht legte, zumal im Kriege vieles von Kenntnis und Nutzung des Geländes abhängt.

Eines seiner Augen war weitsichtig, das andere kurzsichtig. Die Kurzsichtigkeit hatte wohl auch damit zu tun, daß er Hunderte, wenn nicht sogar Tausende von Zeichnungen mit der Feder herstellte, um das, was er meinte, demonstrieren zu können. Er hatte einen scharfen Verstand und eine lebhafte Phantasie, die er aber nicht frei wuchern ließ, sondern in den Dienst seiner Überlegungen stellte. Romane und Gedichte las er keine, wohl aber Bücher über die Weltwirtschaft, über die Verteilung der Bodenschätze und Rohstoffe, unter anderem des Erdöls (»Ölkrieg« von Anton Zischka, erschienen 1939), die er, angesichts des ständigen Mangels an Benzin in Afrika, für höchst wichtig ansah. Politische Bücher gehörten nicht zu seiner Lektüre. Von Hitler hatte er bei irgendeiner Gelegenheit »Mein Kampf« mit Widmung erhalten; ein Bedürfnis, das Buch zu lesen, empfand er ebensowenig wie die meisten anderen Deutschen, die es in ihren Bücherschränken stehen hatten.

Als junger Leutnant und Zugführer beim Infanterieregiment 124 in Weingarten erhielt er bei einer Übung den Befehl, über einen Bach eine Brücke zu bauen. Als er die Fertigstellung der Brücke meldete, wurde ihm befohlen, sie mit seinem Zug im Laufschrift zu überqueren. Er traute jedoch deren Haltbarkeit nicht. Er lief deshalb so langsam, daß sein Zug ihm unmittelbar folgen konnte, denn er wollte auf keinen Fall allein am anderen Ufer stehen, während die Brücke unter seinen Soldaten zusammenbrach. Aber die Brücke hielt.

Rommel zeichnete sich im Ersten Weltkrieg durch Umsicht, Mut, Tapferkeit und Verantwortungsgefühl aus. Er wurde mehrmals verwundet, das erste Mal in den Argonnen, als er im Vertrauen auf seine Fechtkünste französischen Infanteristen mit dem Bajonett entgegentrat, von einem Querschläger getroffen wurde und fast sein rechtes Bein verlor. Als Kompaniechef und Abteilungsführer im württembergischen Gebirgsbataillon, das 1915 aufgestellt worden war, wurde ihm in Rumänien am 10. August 1917 der linke Unterarm durchschossen. Er führte aber seine Abteilung – zeitweilig 700 Mann – bis zum 21. August 1917 in schweren Kämpfen in bergigem Gelände, dann konnte er sich wegen des Blutverlustes nicht mehr aus eigner Kraft aufrichten.

Bei aller Härte, vor allem auch gegen sich selbst, schätzten ihn seine Soldaten, wobei die gemeinsame schwäbische Herkunft eine Rolle spielte. Da nahm es niemand sonderlich übel, wenn er als »Rindvieh« oder »Granatendackel« beschimpft wurde. Es war ja nicht auszuschließen, daß solche Wörter gut gemeint waren.

Dem Oberleutnant Rommel fiel während des Rumänienfeldzuges auf, daß, sobald er zusammen mit einem seiner Leutnants irgendwo auftauchte, die Soldaten zu bellen anfingen. Er erkundigte sich nach dem Grund und erfuhr, daß der Leutnant gerne Fleisch aß und befohlen hatte, solches zu besorgen. »Deshalb verschießet mir die Hund und bratet a paar Stückle!« Als Rommel darauf hinwies, daß er immer zusammen mit dem Leutnant esse und dadurch auch von dem unfreiwilligen Verzehr des Hundefleisches betroffen sei, erklärten die Hundejäger: »Wege Ihne machet mir des net, bloß wege dem Leutnant!«

Im Oktober 1917 in Italien, im Alter von 25 Jahren, hatte er wesentlichen Anteil an dem Durchbruch von Karfreit oder Caporetto, der bis in die Gegenwart Kriegsgeschichte, Literatur und die Werbung für den Fremdenverkehr beschäftigt. Im Prospekt von La Veneta heißt es: »1916 ergreifen die Österreicher eine große Gegenoffensive, besonders im Sektor von Trento: Der legendäre Widerstand der Alpini auf der Hochebene von Asiago und auf dem Pasubio gebietet ihnen Halt und zwingt sie, es auf einer anderen Front zu versuchen. 1917 gelingt es der austro-ungarischen Armee, besonders durch das Eingreifen des jungen Hauptmanns Rommel, die Verteidigungslinie am Isonzo zu zerstören (Niederlage von Karfreit) und bis zur Piave vorzudringen, wo sie mit Not und Mühe aufgehalten wird.«

Als Abteilungsführer im württembergischen Gebirgsbataillon durchbrach Rommel mit seinen Soldaten die italienischen Stellungen, nahm den Monte Matajur und verfolgte die Italiener durch die Vajontschlucht bis nach Longarone. Kurz vor den deutschen Verfolgern versuchten italienische Pioniere, in der tief eingekerbten Schlucht die Brücken zu sprengen. Das gelang ihnen nur bei einer. Dabei fand ein deutscher Unteroffizier den Tod, als er bereits brennende Zündschnüre herausreißen wollte. Die nächste Brücke, die sich vom Fels über einem tiefen Abgrund spannte, konnten Rommel und seine Soldaten retten, indem sie im letzten Moment die Zündschnüre entfernten. Die Leistung des württembergischen Gebirgsbataillons trug entscheidend bei zum Zusammenbruch der italienischen Front, die sich erst wieder stabilisieren ließ, als französische Truppen den Italienern zu Hilfe kamen.

Um so mehr waren Rommel und der Kommandeur des Württembergischen Gebirgsbataillons, Major Theodor Sproesser, verblüfft, als sie folgenden Heeresbericht lasen:

Großes Hauptquartier, 27. Oktober 1917

... Der 1641 m hohe, stark befestigte Gipfel des Monte Matajur fiel schon am 25. Oktober 7 Uhr vormittags – 23 Stunden nach Beginn des Angriffes bei Tolmein – durch die hervorragende Tatkraft des Leutnants Schnieber, der mit vier Kompanien des Oberschlesischen Infanterieregiment Nr. 63 den starken italienischen Grenzstützpunkt stürmte.

Der Erste Generalquartiermeister

Ludendorff

Offenbar hatte Kaiser Wilhelm II. für die Eroberung des Monte Matajur den Pour le Mérite ausgesetzt, den höchsten preußischen Kriegsorden, den einst König Friedrich der Große gestiftet hatte und den von 1914–1918 nur sehr wenige junge Infanterieoffiziere erhielten. Insgesamt ist der Orden im Ersten Weltkrieg 687mal verliehen worden – das Eiserne Kreuz I. Klasse 218 000mal und das II. Klasse sogar mehr als fünfmillionenmal.

Rommel und sein Bataillonskommandeur meinten angesichts der Verlautbarung aus dem Großen Hauptquartier, es gehe um die Ehre Württembergs und beschwerten sich. Die Oberschlesier hatten einen anderen Gipfel gestürmt und diesen irrtümlich für den Matajur gehalten. Nun erhielten auch Sproesser und Rommel den Pour le Mérite, und zwar durch Feldpost, wie es dem bescheidenen Stil der damaligen Zeit entsprach. Der Besitz hoher Kriegsorden erregt nicht nur Bewunderung, sondern auch Mißgunst. Oft werden den Ordensträgern Brutalität und Ehrgeiz unterstellt, schlechte Eigenschaften, die der in einem höheren Stab tätige Offizier nicht habe, was er dadurch beweisen könne, daß sein Ordensschmuck nur bescheiden sei.

1918 kam ein 19jähriger amerikanischer Reporter namens Ernest Hemingway als Sanitätsfreiwilliger an die italienische Front. Seine Erlebnisse dort verarbeitete er 1950 in dem Roman »Across the River and into the Trees« (deutsch 1951 unter dem Titel »Über den Fluß und in die Wälder«), in dem ein US-Oberst vom gemeinsamen Skilaufen mit Rommel nach dem Krieg und von seiner Hoffnung erzählt, ihn und den deutschen Fliegerhelden Ernst Udet nach dem Tode in irgendeinem »dieser Krautlokale wie Walhalla« zu treffen (1954 erhielt Hemingway den Literatur-Nobelpreis).

Rommel selbst war im letzten Kriegsjahr in den Stab eines Generalkommandos versetzt worden als der einzige Offizier, der den Pour le Mérite hatte. Deshalb mußte er sich bei einem Besuch des Kaisers, als ein Photo dieses Ereignis festhalten sollte, im Hintergrund aufstellen. Der Kaiser sah ihn aber doch, sprach mit ihm und wußte sogar, warum Rommel den blauen Halsorden erhalten hatte. Das sicherte ihm Rommels Sympathie.

Vor dem (gleichnamigen) König von Württemberg empfand Rommel zwar große Hochachtung, er selber war aber für eine Republik. Das ist auch nicht verwunderlich, denn er hatte unter seinen Vorfahren keinen Angehörigen eines Adelsgeschlechtes. Der Vater von Rommels Mutter, der hoher Beamter, nämlich Regierungspräsident, und der Stolz der Familie war, weil er aus einer Handwerkerfamilie stammte, schmückte zwar wie seine Frau der persönliche Adelstitel, der aber nicht vererbt werden konnte. Rommel hatte aufgrund seiner Weltkriegserfahrungen von den einfachen Leuten eine bessere Meinung als von einigen weniger einfachen. Er sah im Standesbewußtsein und im Zehren von den Leistungen der Vorfahren einen Nachteil für den Offiziersberuf und versuchte, wenn er solche Begabungen zu entdecken glaubte, diese zu fördern. Solche Förderung war gelegentlich unerwünscht. Die Vorstellung, der Offiziersberuf sei ein Beruf, dessen höhere Ränge höheren Ständen vorbehalten seien – Adel, gehobenes Bürgertum mit Offizierstradition, vielleicht noch Akademiker – wurde nicht mehr so wie früher verfolgt, spielte aber noch eine große Rolle.

Schon im Ersten Weltkrieg muß Rommel die Meinung gehabt haben, daß ein solches Kastendenken überholt sei. Fritz Kaufmann, ein jüdischer Stuttgarter, der in der NS-Zeit aus Deutschland vertrieben wurde, schreibt am 31. Dezember 1986 an einen Mitarbeiter der Stadt Stuttgart:

»Ich hätte gerne Herrn Oberbürgermeister Rommel eine kleine Geschichte erzählt, die der Hauptgrund unseres Kommens war. Max Adler war ein begeisterter Alpinist und Skiläufer, was damals noch recht ungewöhnlich war. Bei Kriegsausbruch meldete er sich als Freiwilliger zum Württembergischen Gebirgsbataillon, wo Herrn Rommels Vater – der spätere General Rommel – sein Kompanieführer war. 1916 war die Truppe in den Alpen gegen die Italiener eingesetzt, und mein Onkel war damals schon Vizefeldwebel geworden. Eines Tages ließ ihn Hauptmann Rommel zu sich kommen und sagte ihm, daß er ihn zur Beförderung zum Leutnant vorgeschlagen habe, daß es ihm aber abgelehnt worden sei mit der Begründung, daß das Gebirgsbataillon eine Gardetruppe sei und keine jüdischen Offiziere haben könne. Er schlug ihm vor, sich in ein normales Infanterieregiment – ich glaube die 119ner – versetzen zu lassen, wo er sofort Leutnant werden würde. Mein Onkel lehnte dies ab mit der Begründung, daß er so lange wie möglich unter ihm dienen möchte, auch wenn er kein Offizier werden könnte, und er blieb auch mit dem Bataillon bis zum Kriegsende.«

Auch als Kompaniechef im Infanterieregiment 13 in Stuttgart versuchte Rommel die Berufssoldaten seiner Einheit zu fördern. Er ließ sich von Fachleuten informieren wie Faltboote gebaut werden und baute zusammen mit den Soldaten seiner Kompanie etliche Boote, mit denen im Sommer Touren unternommen wurden. Auch in die Herstellung von Skiern ließ er sich einführen. Die Kompanie gründete, damit die militärische Herkunft etwas verborgen blieb und nicht so hervortrat, einen Verein, den Skiclub »Grüne Schleife« und baute unter Rommels Anleitung die Cannstatter Hütte im österreichischen Walsertal. Die Hütte gibt es heute noch, nachdem sie einmal abgebrannt war und wieder aufgebaut werden mußte. In Stuttgart wurden auch Bälle organisiert. Sogar vor Ausflügen in die Weinlokale des Remstals schreckte Rommel nicht zurück, obwohl er keinen Alkohol vertrug. Bei einem dieser Ausflüge stand Rommel plötzlich auf und sagte laut, sein Glas erhebend: »Ich heiße Erwin!« Allerdings machte keiner seiner Soldaten von der Erlaubnis, ihn mit Du anzureden, jemals Gebrauch. Höhere Offiziere besuchten die Kompanie und waren erstaunt, wie tadellos sich die Soldaten benahmen.

Die Fähigkeit Rommels, Menschen zu motivieren, war gefragt, als 1919 schwäbische Matrosen, die am Kieler Aufstand teilgenommen hatten, nach Württemberg heimkehrten. Die Landesregierung wollte sie nicht in Stuttgart haben und verlegte sie nach Friedrichshafen am Bodensee. Dort führten sie ein freies Leben. Um ihre Freiheit auf ein gemeinverträgliches Maß einzuschränken, wurde Rommel zum Kompaniechef ernannt. Als er dort mit seinem Ordensschmuck erschien, hieß es: »Wenn du von uns was willst, tu zuerscht deine Blechle ra!« Rommel erklärte, die Blechle würden ihn an den Weltkrieg erinnern. Jeden Abend hätte er darum gebetet, daß nur der Flotte nichts passiert und sei erhört worden, denn es seien alle noch da! Das ärgerte die früheren Matrosen mächtig, so daß sich ein Streitgespräch anschloß. Dieses endete mit der Behauptung eines Obermatrosen:

»Wenn der Kaiser das befohlen hätte, hätten wir genauso gekämpft wie die Infanterie!« Die Matrosenkompanie entwickelte sich rasch zu einer wohlgeordneten und präsentablen Truppe. Als dies erreicht war, erinnerte man sich in Stuttgart, wo der Sozialdemokrat Wilhelm Blos als Chef einer provisorischen Regierung amtierte, der sozialistischen Vergangenheit der Soldaten und warb sie für die württembergische Polizei ab. Die Sprecher der künftigen Polizisten sagten zu Rommel, er solle doch mitkommen, dann werde er Major. Aber er wollte Soldat bleiben.

Rommel hatte keine Generalstabsausbildung – ein Mangel, den er zwar mit den meisten Feldherren der Geschichte teilte, der ihm aber während und nach dem Kriege immer wieder vorgehalten wurde. Einer seiner Ia in Afrika, der spätere General der Kavallerie, Siegfried Westphal, einer der besten Generalstabsoffiziere des deutschen Heeres, schreibt, auf den ersten Blick sei zu erkennen gewesen, daß Rommel ein geborener Soldat und Führer war. Er hätte ihn äußerst liebenswürdig mit dem großen Charme empfangen, der ihm zur Verfügung stand. Der oft fast schüchtern wirkende und vielfach schweigsame Rommel sei auf den Frontfahrten aus sich herausgegangen und habe viel aus seinem Leben erzählt.

Aus einem württembergischen Linien-Infanterieregiment stammend hätte er in seiner Jugend, vor allem auf der Kriegsschule, manche Zurücksetzung erfahren, die sich in ihm festgesetzt hätte. Nach dem Ersten Weltkrieg wären im 100 000-Mann-Heer der Weimarer Republik Frontoffiziere, die den Pour le Mérite erworben hatten, ohne vorherige Führergehilfenausbildung in den Generalstab versetzt worden, nur Rommel nicht. Westphal habe nie ergründen können, warum bei ihm eine Ausnahme gemacht wurde. Das wäre absolut unverständlich gewesen. Daß Rommel die erforderliche Eignung besaß, stehe außer jedem Zweifel. Aber vielleicht habe er selbst nicht gewollt.[1]

Diese Vermutung dürfte zutreffen, denn Rommel wurde von seinen Vorgesetzten immer erstklassig beurteilt. Sich nicht um die Versetzung in den Generalstab bemüht zu haben, nannte Rommel später selbst einen Fehler. Er hätte sich mehr anstrengen müssen als die anderen und sei trotz anderslautender Erklärungen nicht so früh befördert worden wie die Generalstabsoffiziere. Die deutsche Generalstabsausbildung auf der Kriegsakademie war gewiß sehr gut. Aber die Vorstellung, ein Offizier, der sie nicht durchlaufen habe, könne kaum ein Regiment, jedenfalls aber keine Korps, Armeen und Heeresgruppen führen, ist überzogen. Ein erfolgreicher Manager muß kein Betriebes- oder Volkswirt sein und ein tüchtiger Minister kein Volljurist. Ich habe den damals dienstältesten Generalstabsoffizier, den Feldmarschall von Rundstedt, nur einmal kurz bei Rommels Beerdigung gesehen, als er als Vertreter Hitlers die Trauerrede hielt. Zu mir gewandt murmelte er nur: »Sie haben Ihren Vater verloren!« Aber ich habe viel von ihm gehört.

Beim Bauerntag 1934 in Goslar war Rommel Major und Kommandeur des Goslarer Jägerbataillons. Damals erschien dort Reichskanzler Adolf Hitler. Rommel sah ihn bei dieser Gelegenheit zum ersten Male aus nächster Nähe. Hitler sollte vor der Kaiserpfalz eine Ehrenformation des Jägerbataillons abschreiten. Ob er Rommel wahrgenommen hat, läßt sich nicht sagen. Die Parteifunktionäre wollten zunächst, daß Uniformträger der SA und SS vor den Soldaten Aufstellung nehmen. Daraufhin drohte Rommel, er werde mit seinem Bataillon abrücken, wenn das geschehe – und setzte sich durch.

---

[1] Siegfried Westphal, Erinnerungen, Mainz 1975, S. 122

In seiner Zeit als Kommandeur des Goslarer Jägerbataillons führte Rommel Winterübungen ein, die darauf hinweisen sollten, daß der Krieg im Winter nicht in den Saal verlegt werden kann. Als er sich bei einer Übung in dunkler Nacht und deshalb unerkannt unter seine Soldaten mengte, mußte er hören, daß diese ihn für verrückt hielten. Er selber hatte schon 1917 in Rumänien wenig erfreuliche Erlebnisse mit dem Winter. Seine Abteilung mußte eine hoch liegende Stellung beziehen. Es stürmte, schneite und regnete. Alle waren naß bis auf die Haut. Er befahl, Holz zu sammeln und Feuer anzuzünden. Aber niemand wollte noch etwas tun. Schicksalsergeben saßen alle herum, frierend und schlotternd. Nach seiner Schilderung regte er sich so auf, daß er zu brüllen und zu toben anfing. Das beeindruckte seine Soldaten so, daß sie Holz sammelten, sogar fertigbrachten, es anzuzünden, und sich am Feuer aufwärmten.

Rommel wurde 1935 an die Kriegsschule Potsdam als Lehrgangsleiter versetzt, wo er im Nebenamt Verbindungsoffizier des Heeres zum Reichsjugendführer, damals Baldur von Schirach, wurde. Rommel hatte bald Streit, weil er sich über die Romantisierung von Krieg und Heldentum und über die Arroganz einiger Jugendführer aufregte, die sich »für kommandierende Generale halten«. Dem Reichsjugendführer legte er angesichts dessen Begeisterung nahe, zuerst einmal als Soldat Wehrdienst zu leisten. Bald war Rommel kein Verbindungsoffizier mehr, und Schirach bemerkte zu Reichsleiter Martin Bormann, er sei kein Nationalsozialist. Rommel bekam auch nicht das in solchen Fällen übliche goldene HJ-Abzeichen, wie er auch keine Parteiorden erhielt, so daß, wenn er die Entnazifizierung und Entmilitarisierung noch erlebt hätte, das entsprechende Kästchen frei geblieben wäre. Seine Frau mußte nach 1945 ihre Mitgliedschaft im Reichskolonialbund angeben, die aber kein Hinderungsgrund war, sie »als vom Gesetz nicht betroffen« einzustufen.

1939 ernannte Hitler Rommel, der damals Kommandeur der Kriegsschule Wiener Neustadt war, für den Spannungsfall zum Kommandanten des Führerhauptquartiers. Bormann, den Rommel spüren ließ, daß seine Wertschätzung für ihn sich sehr in Grenzen hielt, schrieb: »Kommandant des Führerhauptquartiers bedeutet sehr wenig. Ihm unterstanden lediglich die verschiedenen Feldlager, und er hatte für die Sicherheit des Führers während der Frontfahrten zu sorgen«. Jedenfalls lernte Rommel Hitler nun persönlich kennen. Dieser empfand von Anfang an Sympathie, später Bewunderung für den im Ersten Weltkrieg ausgezeichneten Frontoffizier. Rommel begleitete Hitler während des Polenfeldzuges mehrmals auf seinen Fahrten. Er kam mit ihm viel besser aus als mit der übrigen NS-Prominenz – mit Ausnahme des Reichsministers für Volksaufklärung und Propaganda, Joseph Goebbels, für den der blonde und blauäugige Rommel ein deutsches Heldenideal verkörperte.

Frau Rommel war weder blond noch blauäugig und entsprach diesem Ideal weniger. Sie entstammte einer Familie mit deutsch-polnischem Hintergrund und hatte Schwierigkeiten, in Polen die Dokumente für ihren arischen Nachweis zu beschaffen. Einige Papiere besorgte schließlich ihr Onkel, der polnische Dekan Edmund Rosczynizialski, so daß ihr der Kommandeur der Kriegsschule Potsdam wenigstens bescheinigen konnte, daß der Nachweis »bis zu den Großeltern geführt« sei. Rommels Nachweis war nicht mit einer solchen Einschränkung versehen. Am 14. September 1939 besuchte Rommel den Dekan, versicherte ihm, daß die deutsche Besatzung sich anständig verhalten würde und hinterließ ihm eine Art Schutzbrief. Dennoch wurde Edmund Rosczynizialski bereits im Spätherbst 1939 in einem Wald zusammen mit anderen Priestern von der Gestapo erschossen, wie sich nach dem Krieg zeigte. Rommel hatte sich damals bei dem Adjutanten von Himmler nach dem Schicksal des Dekans erkundigt und die Auskunft erhalten, er sei wohl den Witterungsunbilden erlegen. Ludwig Ziarnik aus Chicago schrieb im November 1986 an mich: »Der Besuch Ihres Vaters am 14. 9. 1939 bei dem Priester ist ein humanistischer Lichtblick in einer auch für viele Kaschuben inhumanen Zeit.«

Ab 25. Juni 1940 herrschte in Frankreich Waffenruhe. Die britische Regierung hatte noch versucht, Frankreich zur Fortsetzung des Kampfes zu bewegen. Das ist ihr nicht gelungen. England war allein. Seine Beziehungen zu den früheren französischen Verbündeten verschlechterten sich. Aus Sorge, die französische Flotte könnte in deutsche Hände fallen oder zugunsten der Deutschen eingesetzt werden, entschloß sich Premierminister Churchill zu einer radikalen Maßnahme. Er ließ die französischen Schiffe in Afrika durch britische Flottenverbände zerstören, soweit sie nicht in die eigenen Hände gebracht werden konnten. Die britische Marine führte Winston Churchills Befehl mit gewohnter Präzision aus. So war am 3. Juli 1940 ein starker britischer Flottenverband vor Mers el-Kébir erschienen, wo vier französische Schlachtschiffe, ein Flugzeugmutterschiff und sechs Zerstörer ankerten. Nachdem keine Einigung über die Verwendung der französischen Schiffe erzielt werden konnte, wurden sie versenkt. 1300 französische Seeleute verloren dabei ihr Leben.

Am 8. Juli 1940 torpedierten britische Kriegsschiffe bei Dakar das neue französische Schlachtschiff Richelieu. In Syrien kam es zu Kämpfen zwischen französischen und britischen Truppen, an denen auch einige deutsche Flugzeuge teilnahmen. Die Briten blieben Herr der Lage. Im Mai 1942 erschien ein britischer Flottenverband mit zwei Flugzeugträgern, einem Schachtschiff, zwei Kreuzern und 2000 Marinesoldaten vor Madagaskar, brach den Widerstand der französischen Verteidiger in einem heftigen Gefecht und besetzte die Insel.

Italien war am 19. Juni 1940 an Deutschlands Seite in den Krieg eingetreten, ohne darauf überhaupt vorbereitet zu sein. Es hatte sich in Griechenland und Ostafrika in militärische Abenteuer eingelassen. Die verhältnismäßig große italienische Kriegsflotte wurde im Mittelmeer von der noch größeren britischen Marine hart bedrängt. Im September 1940 waren die Italiener mit einer großen, aber schlecht ausgerüsteten Armee unter Marschall Graziani nach Ägypten vorgestoßen. Ende 1940 traten die Truppen des Commonwealth unter General Wavell zur Gegenoffensive an, zerschlugen die italienische Armee, machten 150 000 Gefangene, eroberten die Cyrenaika und schienen unaufhaltsam nach Tripolis vorzurükken, um damit auch Tunis und die übrigen französischen Kolonien in Nordafrika unter ihre Kontrolle zu bringen.

Mussolini bat um Entsendung deutscher Truppen. Rommel, seit 1939 Generalmajor, hatte sich als Kommandeur der 7. Panzerdivision in Frankreich ausgezeichnet. Hitler fühlte sich in seiner Fähigkeit, Menschen zu beurteilen, bestätigt, denn er hatte auf Anraten seines militärischen Adjutanten, des damaligen Obersts und späteren Generals Schmundt, dem Infanteristen und Gebirgsjäger Rommel vor dem Frankreichfeldzug die Führung dieser Panzerdivision übertragen, obwohl solche Positionen nach Auffassung des OKW Offizieren vorbehalten sein sollten, die aus der Kavallerie hervorgegangen waren. Rommel widerlegte solche Bedenken und gehörte schließlich zu den erfolgreichsten Divisionskommandeuren im Westfeldzug. Deshalb wurde er als Befehlshaber der motorisierten deutsch-italienischen Truppen ausgewählt.

Zuerst sollte nicht Rommel, sondern ein anderer General nach Afrika geschickt werden. Es hieß, daß dieser zu viele

Bedenken gegen die etwas abenteuerliche Aufgabe gehabt hätte. Die deutschen Truppen wurden nach und nach von der italienischen Kriegsmarine nach Tripolitanien überführt. Rommel hatte vom OKH den Befehl, einen Sperrverband zu bilden und mit diesem die britischen Divisionen unter General Wavell daran zu hindern, weiter in Richtung Tripolis und Tunis vorzustoßen. Dabei übersah das OKW offenbar, daß jede Front in Nordafrika nach Süden offen war, also von mechanisierten Truppen umgangen werden konnte. Dieser Beschränkung nicht unterworfen waren nur Räume, in denen, wie später in der Alameinstellung, an der Südseite der Front größere Salzseen ein natürliches Hindernis gegen Umfassungsmanöver bildeten.

Rommel bemühte sich zunächst darum, den britischen Generälen eine Gefechtsstärke vorzuspiegeln, über die er bei weitem nicht verfügte, um sie von einer Offensive abzuhalten. Bei einer Parade in Tripolis ließ er seine Panzer mehrere Male durch die Straßen rollen. Stoff- und Holzverkleidungen gaben deutschen Kraftfahrzeugen für die britische Luftaufklärung das Aussehen von Panzern. Die Aufwirbelung von Staub mit Hilfe nachgeschleppter Eisenketten verstärkte den Eindruck, auf Seite der »Achsemächte« seien weit mehr Panzer vorhanden, als das tatsächlich der Fall war. Dann fühlten Rommels Verbände nach Westen vor. Als sie auf keinen nennenswerten Widerstand stießen, trat er entgegen der ihm erteilten Befehle und gegen den heftigen Widerstand seines italienischen Vorgesetzten, General Gariboldi, zur Offensive an, zum Teil auf Wüstenwegen, die noch nie von einer Truppe benutzt worden waren. In zehn Tagen eroberten seine Soldaten die Cyrenaika zurück, allerdings mit Ausnahme der von den Italienern vorzüglich ausgebauten Festung Tobruk. Rommel versuchte zunächst, Tobruk im Handstreich zu nehmen, um sich und seinen Truppen eine längere Belagerung und eine verlustreiche

Erstürmung zu ersparen. Seine Versuche scheiterten aber an den vorzüglichen Truppen des Commonwealth, die er unterschätzt hatte, vor allem an den Australiern. Auch waren seine eigenen Mittel für ein solches Unternehmen zu dürftig.

Nach der Eroberung von Tobruk am 21. Juni 1942 fand er deutsche Panzerwracks an einer ziemlich beherrschenden Position innerhalb der Festung und meinte, das beweise, daß die Aussichten des Versuchs vom Jahr 1941, Tobruk zu nehmen, doch nicht so schlecht gewesen seien. Aber die Briten hatten die Panzerwracks an diese Position geschleppt, um dort Schießübungen mit ihren Panzerabwehrgeschützen durchzuführen. Die Strecke, die im April 1941 die Deutschen und die Italiener während ihrer zehntägigen Offensive zurückgelegt hatten, war 1200 km lang und somit groß genug, um selbst auf Globen und Karten mit kleinen Maßstäben erkannt zu werden. Die Offensive löste jedenfalls ein weltweites Echo aus. Rommel war in England bei den Meinungsumfragen einer der besten Generale des Zweiten Weltkrieges und blieb dies bis November 1942, als er von Montgomery bei el Alamein geschlagen wurde.

Das Oberkommando des Heeres, besonders der Generalstabschef Generaloberst Halder, hätte den afrikanischen Kriegsschauplatz am liebsten aufgegeben. Halder war ein charakterstarker, aber schwieriger und zu theoretischem Denken neigender Offizier, ein Mann des Stabes und nicht der Truppe, einer der engsten Mitarbeiter Hitlers als Oberbefehlshaber der Wehrmacht. Hitler ärgerte ihn gelegentlich mit der Bemerkung, daß er nicht einmal das schwarze Verwundetenabzeichen besäße. Rommel setzte sich bei Hitler durch. Dieser erfaßte wohl intuitiv, daß das Deutsche Afrikakorps, später die deutsch-italienische Panzerarmee, das britische Weltreich eine Zeitlang davon abhalten würde, wieder auf dem europäischen Festland zu erscheinen, und hielt deshalb mehr zu

Rommel. Das verschlechterte das Verhältnis zwischen Halder und Rommel sehr.

Hinzu kam, daß bei der schnellen Veränderung der Gefechtslage im Wüstenkrieg das OKH und sein Generalstabschef nicht kontrollierend eingreifen konnten. Halder behauptete, daß die durch Bluff und Geschwindigkeit gelungene Eroberung der Cyrenaika im Frühjahr 1941, die auf Rommels eigenem Entschluß beruhte, ein strategischer Fehler gewesen sei, weil sie die Briten veranlaßt habe, ihre Truppen aus Griechenland zurückzuziehen, bevor die deutsche Wehrmacht sie dort hätte vernichten können. Diese Behauptung wird durch die britischen Quellen widerlegt.[2] Im übrigen machte Halder seinem Unmut über Rommel in seinem Tagebuch Luft. Auch zu anderen Generalen hatte er ein gespanntes Verhältnis, so zu von Manstein und Guderian. Letzteren wollte er sogar vor ein Kriegsgericht stellen. Halder hatte 1938 über die Beseitigung Hitlers nachgedacht – Erwägungen, die durch die politische Einigung Hitlers mit England, Frankreich und Italien auf der Münchner Konferenz über die Sudetenfrage nicht zum Tragen kamen. Danach war er einer der engsten Mitarbeiter Hitlers bei der Vorbereitung aller Feldzüge einschließlich des Rußlandfeldzuges.

Die afrikanische Wüste, in der die Briten und später die Amerikaner immer stärker wurden, war weder ein Ort, um sich politisch zu betätigen, noch um politische Informationen zu sammeln. Dank des speziellen Charakters des Wüstenkrieges konnten Hitler und das OKW nicht in gleicher Weise auf die Operationen einwirken, wie dies in Rußland der Fall war. Das Kriegsrecht wurde eingehalten, rechtswidrige Befehle wurden nicht befolgt – wie etwa der des OKW vom 9. Juni 1942, deutsche Emigranten, die in der britischen Armee dienten, bei der Gefangennahme zu erschießen. Rommel hatte bis

---

[2] David Fraser, Knightcross, London 1993, S. 244

zuletzt mit Hitler um die Rückführung der Achsentruppen nach Italien gekämpft. Vor seinem Tode im Oktober 1944 erkannte er, daß es Schlimmeres gibt als Kriegsgefangenschaft. Im Familienkreise äußerte er, Gott wisse doch mehr als der Mensch. Jetzt, wo die deutschen Truppen sinnlos verheizt würden, müsse man froh sein, daß die afrikanischen Soldaten im Gefangenenlager einigermaßen sicher seien.

Bis Anfang 1944 waren Rommel keine Kampftruppen mehr unterstellt, wenn man von der kurzen Periode des Badoglio-Putsches gegen Mussolini absieht, als er den Auftrag hatte zu verhindern, daß die neue italienische Regierung den Alliierten ganz Italien samt den dort stationierten deutschen Truppen übergibt. Rommel wurde mit der Überprüfung der Küstenverteidigung beauftragt. Danach bemühte er sich, von Hitler den Oberbefehl der deutschen Streitkräfte in Frankreich übertragen zu bekommen. Er erhoffte sich von einem militärischen Erfolg in Frankreich die Vermeidung der bedingungslosen Kapitulation, natürlich unter der Voraussetzung einer anderen Regierung in Deutschland.

Die Skepsis, die das OKH beim afrikanischen Engagement an den Tag gelegt hatte, fehlte bei der Vorbereitung des Feldzuges gegen die UdSSR völlig. Die Überzeugung, in wenigen Monaten mit der Sowjetunion fertig zu werden, fand ihren deutlichsten Ausdruck im Verzicht auf die Bereitstellung von ausreichender Winterausrüstung. Man dachte eben, Weihnachten 1941 könnte wieder zu Hause gefeiert werden. Auch erkannte man erst nach der Katastrophe von Stalingrad und nach der großen Schlacht von Kursk im Sommer 1943, daß die Sowjetarmee dank der auf Befehl Stalins nach Osten verlagerten Rüstungsindustrie und amerikanischer Hilfslieferungen immer stärker wurde, während die deutsche Kampfkraft abnahm, weil sie immer stärker durch die Amerikaner und Briten gebunden und reduziert wurde.

Nach dem Krieg behaupteten einige deutsche Berufskollegen, Goebbels Propagandamaschine hätte Rommel bekannt und populär gemacht. Diese Behauptung stellt die Dinge auf den Kopf. Das Afrikakorps und Rommel wurden nicht durch die NS-Propaganda populär, sondern ihre Popularität wurde von der NS-Propaganda genutzt. Wenn man von der Eroberung Jugoslawiens und Griechenlands durch die deutschen Truppen absieht, die nur wenige Wochen dauerte, war zwischen der Kapitulation Frankreichs im Juli 1940 und dem deutschen Angriff auf die Sowjetunion am 22. Juni 1941 Nordafrika der einzige Kriegsschauplatz, auf dem sich, allerdings mit verhältnismäßig kleinen Armeen, die Achsenmächte und das britische Empire gegenüberstanden. Die Panzerschlacht an der Grenze zwischen Libyen und Ägypten im Juni 1942 war die erste dieser Größe in der Kriegsgeschichte.

Rommel erntete Kriegsruhm in den weltweiten Medien bis hin zum Titelbild von »Time« – eine Ehre, die er mit Generalfeldmarschall von Manstein teilte. Damals kam das Bild von »den abgebrühten Wüstenhasen des Rommel« auf, wie es Thomas Mann am 17. Februar 1943 in einem Brief an Agnes E. Meyer in Washington, der Frau eines amerikanischen Zeitungsverlegers, zeichnete. Auch bei den Soldaten der britischen 8. Armee war Rommel so populär, daß Oberbefehlshaber Feldmarschall Claude Auchinleck seinen Truppen befahl, vom Feind und nicht immer von Rommel zu sprechen. Diesen Befehl versah er mit der Nachschrift: »Ich bin nicht eifersüchtig auf Rommel« – ein Beispiel für geistige Souveränität.

In der vom Propagandaministerium gesteuerten Wochenzeitung »Das Reich« war eines Tages ein erfundener Lebenslauf Rommels zu lesen, der ihm eine NS-Vergangenheit andichtete. Rommel sei Sohn eines Maurers. Nach dem Ersten Weltkrieg sei er aus dem Heer ausgeschieden und schon früh zum Führer gestoßen. Dort hätte er sich als SA-Führer ausgezeichnet. Rommel teilte dem »Reich« mit, daß er Sohn des Rektors einer Oberschule sei, daß er nie die Armee verlassen, daß er nicht politisch, auch nicht als SA-Frührer tätig gewesen sei und forderte Berichtigung. Daraufhin antwortete ihm die Redaktion in etwa: Wenn es auch nicht so war, wäre es doch nicht schlecht, wenn es so gewesen wäre, und deutete an, daß sie gerne auf eine Berichtigung verzichten würde. Erst durch eine Intervention bei Goebbels konnte Rommel eine Richtigstellung durchsetzen. Aber es war bereits zu spät. Der falsche Lebenslauf verbreitete sich in Deutschland, auch in der Wehrmacht, und fand selbst Eingang in zahlreiche international angesehene Lexika. Die Nachwirkungen sind bis zum heutigen Tage spürbar.

Goebbels war entzückt über das weltweite Echo, das der Krieg in Afrika hatte. Anfang 1941 wurde eine Propagandakompanie des Heeres nach Libyen geschickt. Das war unter den gegebenen Umständen verständlich, denn wo sonst hätte sie damals im deutschen Herrschaftsbereich etwas Positives berichten können? Wie aus zahlreichen Eintragungen in Goebbels Tagebuch hervorgeht, war Rommel für ihn und auch für Frau Goebbels eine Art Heldenfigur. Diese Vorstellung beruhte wohl auch auf Schilderungen von Staatssekretär Karl Hanke und Ministerialdirektor Alfred-Ingemar Berndt aus dem Propagandaministerium, die beide als Reserveoffiziere des Heeres bei Rommel waren. Hanke war schon 1940 in Frankreich in Rommels 7. Panzerdivision. Er kam zunächst gut mit ihm aus, weil er anerkannte, daß er mutig, entschlossen und intelligent war. Rommels Einstellung gegenüber Hanke änderte sich aber schlagartig, als dieser, angetrunken und offenbar über kritische Bemerkungen verärgert, verkündete, als Staatssekretär sei er mehr als ein Divisionskommandeur. Rommel trennte sich sofort von ihm. Hanke wurde später, 1941, Gauleiter und Oberpräsident von Niederschlesien und nach der Flucht aus dem eingeschlossenen Breslau im Juni 1945 von tschechischen Partisanen erschossen. Zuvor hatte ihn Hitler testamentarisch zum Nachfolger Himmlers bestimmt.

Berndt wurde 1941 Rommels Stab in Afrika zugeteilt. Am Anfang wurde er mit Mißtrauen betrachtet, auch von Rommel, der sich an die schlechten Erfahrungen erinnerte, die er mit Hanke gemacht hatte. Aber Berndt hielt immer mehr zu Rommel und immer weniger zu seinen Parteigenossen. Für Rommel waren er und seine Verbindungen hilfreich, besonders während des Rückzuges von Ägypten nach Tunis.

Auch nach dem Überfall auf die Sowjetunion blieb das weltweite Interesse an dem Krieg in Afrika bestehen; obwohl Deutschland zwanzig- bis dreißigmal mehr Divisionen in Rußland eingesetzt hatte als dort. Die strategische Bedeutung Ägyptens und des Suezkanals wurde von London und Washington aus anders gesehen als in dem auf Rußland fixierten deutschen Generalstab. Höchst dramatische Ereignisse hatten sich in Afrika und dem Mittelmeerraum abgespielt.

In Afrika hatte Rommel sein Hauptquartier während der verhältnismäßig ruhigen Zeiten in Bussen, Wohnwagen und Zelten in der Nähe der Front. Bei den Bewegungskämpfen verbrachte er oft seine kurzen Nächte in seinem Auto oder im Wüstensand, in den er sich eine Mulde graben ließ. Einer von Rommels Gefechtsfahrern, Hellmut von Leipzig, erzählt, es sei einmal nur eine einzige Decke im Wagen gewesen. Als er diese nachts Rommel brachte, verzichtete dieser auf sie, verwies auf seinen Ledermantel und ließ ihm die Decke. Rommel konnte jederzeit und an fast jedem Ort kurze Zeit schlafen und die Nacht durcharbeiten, wenn es nötig war.

Die Informationen, die er aus dem Reich und über andere Kriegsschauplätze erhielt, waren dürftig. Die britischen Medien waren sachlich, sofern sie nicht der Propaganda dienten.

Dann arbeiteten sie, wie jede Propaganda, mit Behauptungen, die nicht stimmten – zum Beispiel, daß Rommel in Rom in einer weißen Uniform herumlaufe und dort huldvoll Autogramme verteile.

Im Vergleich zu dem gewaltigen Kriegstheater in Rußland war der afrikanische Kriegsschauplatz klein. Er hatte aber seine besonderen Probleme. Die Führung von vorn, die notwendig war und die Rommel und seine Offiziere in Nordafrika praktizierten, war nicht jedermanns Sache. Siegfried Westphal, ab 1943 Generalstabschef von Feldmarschall Kesselring in Italien, schreibt: »Einmal wollte er (Rommel) ein in Reserve stehendes Bataillon besuchen. Als wir uns diesem näherten, wurde schon von weitem heftig gewinkt. Den Grund hierfür konnten wir uns nicht erklären. Als Rommel den Kommandeur danach fragte, erklärte dieser, wir wären gerade durch ein drei Kilometer tiefes Minenfeld gefahren! – Ein anderes Mal begleiteten wir den Gegenangriff einer Panzerabteilung im offenen Kübelwagen. Bei solchen Gelegenheiten war es m. E. ganz vorteilhaft, im offenen Wagen zu sein. Man hatte einen viel weiteren Überblick und fühlte sich auch freier. Verschiedene Versuche Rommels, dem Abteilungskommandeur einen Befehl zuzurufen, scheiterten, weil dieser verständlicherweise den Turm seines Panzers nicht öffnen wollte. Das feindliche Artilleriefeuer wurde recht lebhaft und dem mit uns im Wagen fahrenden Kommandierenden General eines italienischen Armeekorps augenscheinlich zu viel. Dieser, ein sehr bewährter Mann, bat anzuhalten, weil er aussteigen wollte. Rommel fuhr weiter. Da wollte unser Bundesgenosse abspringen. Rommel rief mir zu: ›Halten Sie ihn fest.‹ Das war nicht leicht, weil ich mit dem sympathischen Mann nicht grob verfahren wollte.«[3]

---

[3] Westphal, Erinnerungen, a.a.O., S. 143

In Afrika hatten sich Rommel und seine Truppen bemüht, die Kämpfe so zu führen, wie es den Kriegsregeln entsprach, so daß eine Versöhnung mit dem Gegner möglich erschien. Man hatte eigentlich nichts gegen die Engländer, die ähnlich dachten. Rommel wirkte darauf hin, daß das Völkerrecht eingehalten wurde und daß Gefangene anständig behandelt wurden. General Westphal schildert ein Gespräch mit einem Mitarbeiter der Anklage namens Rapp während der Nürnberger Prozesse. Eines Tags habe ihm Rapp eine Liste aller deutscher Feldmarschälle und Generalobersten gezeigt, damit er sie auf ihre Vollständigkeit überprüfe. Rapp erklärte, daß alle diese Männer Kriegsverbrechen begangen hätten. Westphal deutete auf einige Namen und sagte, es werde schwerfallen, diesen Herren irgendwelche Verbrechen nachzusagen, geschweige denn zu beweisen. Vor allem würde das bei Rommel unmöglich sein. Rapp behauptete, dieser habe Kriegsgefangene zur Entladung von Schiffen im Hafen von Bengasi eingesetzt. Wenn man suche, dann finde man immer etwas.[4]

Der afrikanische Kriegsschauplatz war zu weit vom Führerhauptquartier entfernt, und die Manöver der Panzer und der motorisierten Truppen vollzogen sich zu schnell, als daß das OKW so wie in Rußland in die Führung hätte eingreifen können. Den Briten nützte ihr Vermögen, die deutschen und italienischen Funksprüche zu entziffern, im raschen Verlauf der Schlachten und Gefechte wenig. Auf die italienische Regierung mußte Rücksicht genommen werden; auch das gab Rommel Spielräume, die er nutzen konnte. Hitlers Befehle, Angehörige britischer Kommandos zu erschießen oder deutsche Emigranten in britischer Uniform »niederzumachen« wurden in Libyen und Ägypten nicht ausgeführt. Diese Unabhängigkeit zu wahren fiel leichter als in Rußland, wo das

---

[4] Westphal, Erinnerungen, a.a.O., S. 364 f.

Großdeutsche Reich einen sogenannten »Vernichtungskrieg« führte, Hitler und seine Mitarbeiter unmittelbar einwirken konnten und die sogenannten Einsatzgruppen der Sicherheitspolizei und des Sicherheitsdienstes (SD) hinter der Front ihre entsetzliche Tätigkeit ausübten.

Das »Afrikakorps« mit seinen zwei Panzerdivisionen gehörte zusammen mit der (deutschen) 90. Leichten Division und der italienischen Panzerdivision Ariete, der motorisierten Division Trieste und mehreren nicht motorisierten italienischen Divisionen zur Deutsch-italienischen Panzerarmee. Vor der Alameinschlacht wurden noch die 164. (deutsche) nebst der Fallschirmbrigade Ramcke sowie die italienische Fallschirmdivision Folgore und die Panzerdivision Littorio nach Ägypten verlegt. Der gute Ruf, den die Armee bei ihren Gegnern und der Zivilbevölkerung in Libyen, Ägypten und später auch in Tunesien hatte, war für Deutschland hilfreich, als nach dem Ende der NS-Herrschaft das ganze Ausmaß der vom NS-Staat begangenen Verbrechen ans Tageslicht kam. Auch die soldatischen Leistungen der deutsch-italienischen Truppen wurden von ihren Gegnern anerkannt.

Dies zählt um so mehr, als die Truppen des britischen Empire erstklassig waren. Vorzüglich waren auch die britischen Oberbefehlshaber: Alexander, Montgomery, Wawell und Auchinleck hatten historischen Rang. Auchinleck hat zwar Rückschläge erlitten, die auch Rommel nicht erspart blieben. Aber Auchinlecks Führung hat zweimal, im Winter 1941/42 und im Sommer 1942, den Verlauf der Schlacht zugunsten des Empire verändert. Die Qualität der amerikanischen und britischen Streitkräfte, ihre Ausstattung und ihre Führungstechnik wurden von vielen deutschen Offizieren, die vorwiegend mit der Sowjetarmee ihre Erfahrungen gemacht hatten, erheblich unterschätzt, bis 1944 und 1945 Gelegenheit gegeben war, die Kriegstüchtigkeit der westlichen Alliierten näher kennenzulernen.

In Afrika war es zu einer neuen Form des Bewegungskrieges gekommen, die von dem aus Polen, Frankreich und Rußland bekannten und später auch von der Roten Armee verfolgten Schema abwich. Dieses Schema bestand aus Durchbruch, raschem Vormarsch von Panzerkeilen, gefolgt von Infanterie, Einkesselung des gar nicht oder nur zum Teil motorisierten Gegners, dessen Kapitulation und Sieg. So funktionierten die Gruppe Kleist und das Korps Hoth im Frankreichfeldzug und die vier deutschen Panzergruppen im Rußlandkrieg 1941. Das Schema paßte aber nicht auf den Wüstenkrieg. Die Bewegungskämpfe wurden mit den gepanzerten und motorisierten Verbänden geführt. Die schwere Masse der nicht motorisierten Infanterie war an ihre verminten Stellungen gebunden, mit denen einzelne Räume für den Gegner gesperrt wurden. Die Sperrwirkung der Minenfelder ließ nach, als die Briten sogenannte »Dreschflegelpanzer« in Einsatz brachten. Diese konnten durch eine vor dem Panzer angebrachte rotierende Walze mit an Ketten befestigten Stahlkugeln den Boden behämmern und die Minen zur Explosion bringen.

Die Bewegungskämpfe der motorisierten und der gepanzerten Truppen in der Wüste ähnelten eher einem Zweikampf, bei dem es darauf ankommt, die Initiative zu behalten, Veränderungen der Lage rasch zu erfassen und die Taktik anzupassen. Ziel war, möglichst wenig Panzer und Geschütze zu verlieren und möglichst viele des Gegners zu zerstören. Rommel führte von vorne, weil es ihm auf dem einigermaßen überschaubaren Schlachtfeld um eine möglichst aktuelle und realistische Kenntnis der sich ändernden Gefechtslage ging, um die Fähigkeit, möglichst rasch umplanen und notfalls an Brennpunkten selber eingreifen zu können. In der Regel konnte er deshalb schneller agieren und reagieren als seine Gegner aus dem Commonwealth. Die Kämpfe in Nordafrika Ende 1941/Anfang 1942 und Mai bis Juli 1942 dauerten jeweils mehrere

Wochen. Sie stellten große Anforderungen an Führung und Truppe.

Einige Generale im OKW und OKH hatten wenig Verständnis für diese Art der Kriegsführung, die aber zwingend wurde, als erstmals auf beiden Seiten große motorisierte Truppenkörper auf einem Schlachtfeld aufeinandertrafen, das nur wenige natürliche Hindernisse aufwies. Eine grundlegende Veränderung erfolgte, als Briten und US-Amerikaner ihre fliegenden Streitkräfte so verstärkten, daß sie die Luftherrschaft erlangten und ihre Bomber und Kampfflugzeuge massiv in die Erdkämpfe eingreifen konnten. Die Entwicklung der alliierten Luftwaffe von einer Hilfswaffe zur Hauptwaffe und die schwerwiegenden Folgen für das Feldheer wurden von Göring, Hitler und seinen Stabsoffizieren zunächst geleugnet.

Winston Churchill schrieb in seinen Erinnerungen an den Zweiten Weltkrieg: »Während des afrikanischen Krieges erwies sich Rommel als Meister im Umgang mit mobilen Formationen, besonders bei der schnellen Neugruppierung nach einer Operation und bei der Ausnutzung von Erfolgen. Er war ein glänzender militärischer Spieler, der die Nachschubprobleme beherrschte und Einwände gering schätzte. Zunächst hatte ihm das deutsche Oberkommando freie Hand gegeben. Es war erstaunt von seinem Erfolg und geneigt, ihn zurückzuhalten. Sein Eifer und Wagemut fügte uns schmerzliches Unheil zu, doch er verdient das Kompliment, das ich ihm – nicht ohne einige Vorwürfe der Öffentlichkeit – im Januar 1942 im Unterhaus machte, als ich über ihn sagte: ›Wir haben es mit einem sehr wagemutigen und geschickten Gegner zu tun und, ich darf dies über die Verwüstungen des Krieges hinweg sagen, einem großen General.‹ Er verdient auch unseren Respekt, weil er, obwohl ein loyaler deutscher Soldat, schließlich Hitler und dessen Politik ablehnte und teilnahm an der Verschwörung von 1944, um den verrückten Tyrannen abzusetzen. Hierfür bezahlte er mit seinem

Leben. In den düsteren Kriegen der modernen Demokratie ist kein Platz für Ritterlichkeit. Gefühllose Schlächtereien gewaltigen Ausmaßes und Massenwirkungen überwinden jedes eigenständige Gefühl. Trotzdem bedaure und nehme es auch nicht zurück, daß ich Rommel Tribut gezollt habe, so wenig in die Zeit passend es auch empfunden wurde.«

Zum Feldmarschall war Rommel zwei Jahre vor der alliierten Landung in der Normandie ernannt worden, einen Tag nach dem Fall der britischen Festung Tobruk am 21. Juni 1942. Hitler hatte den alten kaiserlichen Dienstrang des Generalfeldmarschalls an seinem Geburtstag 1936 wieder eingeführt. Zum ersten Feldmarschall der neuen Ära ernannte er den ihm ergebenen Reichskriegsminister Werner von Blomberg, der 1938 wegen seiner Ehe in Mißkredit geriet und zurücktreten mußte. Nach dem Sieg über Frankreich im Sommer 1940 wurden zwölf weitere Generale zu Feldmarschällen befördert, im Verlauf des Krieges noch elf, darunter der Sieger von Tobruk.

Die Kämpfe mit der 8. britischen Armee waren sehr hart gewesen. Die Briten hatten bei Gazala einen mit mehreren Infanteriebrigaden besetzten und stark verminten Verteidigungsriegel errichtet, der 60 km nach Süden in die Wüste hineinragte. Dort endete der Riegel in Bir Hacheim, ein Ort in der Wüste, der in der Kriegsgeschichte durch den erbitterten Kampf der freifranzösischen Brigade unter General König berühmt wurde. Am 26. Mai 1942 umgingen die motorisierten Verbände der deutsch-italienischen Armee den Riegel im Süden. Sie wurden aber von den britischen Truppen, vor allem den Panzerbrigaden, von Osten her gegen die Rückseite des britischen Verteidigungsriegels gedrängt und waren damit praktisch eingekesselt. Es gelang der deutschen Panzerarmee jedoch, den Riegel aufzubrechen und den Weg für den Nachschub wieder zu öffnen.

Rommel war selbst auf dem Gefechtsfeld erschienen. Sein Stellvertreter, General Ludwig Crüwell, wurde von den Briten abgeschossen. Seine engsten Mitarbeiter, sein Stabschef, Generalmajor Alfred Gause, und sein Operationschef, Oberst Siegfried Westphal, waren durch Verwundung ausgefallen. Oberst Fritz Bayerlein wurde neuer Stabschef. Rommel hatte nur materiellen Schaden erlitten, als ein britisches Geschoß seinen Koffer mit Wäsche und Uniformen durchschlug. Nach der vier Wochen andauernden Bewegungsschlacht konnten die deutsch-italienischen Truppen die Festung Tobruk bei geringen eigenen Verlusten im Handstreich erobern. Zuvor hatten sie die britische Luftwaffe durch die Wegnahme ihres Flugplatzes Acroma vorübergehend lahmgelegt und damit die Voraussetzung für eine Unterstützung durch die deutsche und italienische Luftwaffe an der vorgesehenen Einbruchsstelle in den Festungsring geschaffen.

Der Fall von Tobruk wurde von den amerikanischen und britischen Medien als eine Sensation ersten Ranges herausgestellt. Die Einnahme von Sewastopol auf der Krim durch deutsche Truppen unter dem Befehl Feldmarschall von Mansteins erregte bei weitem nicht so viel Aufsehen, obwohl oder vielleicht auch weil die Verluste auf beiden Seiten hier um ein Vielfaches höher waren als in Tobruk. Die Russen gaben sich enttäuscht über die angeblich schwächliche Verteidigung von Tobruk durch die Truppen des Empire und verglichen diese mit dem heroischen Kampf der Verteidiger von Sewastopol. Churchill begab sich auf eine anstrengende Reise zu Stalin, um den erregten Verbündeten zu beruhigen.[5]

Unmittelbar nach dem Fall von Tobruk versuchte Rommel durch einen Gewaltmarsch, das Nildelta zu erreichen. Diese

---

[5] Richard Overy, Die Wurzeln des Sieges, Stuttgart/München 2002, S. 136 f.

Offensive scheiterte am britischen Widerstand 100 Kilometer westlich von Alexandria bei einem Ort namens el Alamein. Sein Vorstoß nach Ägypten wurde von einigen Kritikern als strategischer Fehler bezeichnet. Zuerst hätte Malta erobert werden müssen. Aber der Plan, Malta anzugreifen, war von Hitler aufgegeben worden. Eine entsprechende Planung neu aufzunehmen und das Unternehmen vorzubereiten, hätte Monate gekostet. Diese Monate standen nicht zur Verfügung. Es war damit zu rechnen, daß die Alliierten nach dem Fall von Tobruk alles nur Mögliche tun würden, um rasch Truppen und Kriegsgeräte nach Ägypten zu bringen, damit die Achsenstreitkräfte nicht in das Nildelta durchbrechen, den Suezkanal erreichen, das Mittelmeer beherrschen und in die Nähe der Ölfelder gelangen konnten. In der Tat versprach US-Präsident Roosevelt Winston Churchill spontan die sofortige Lieferung von 300 Sherman-Panzern und 100 neue Kanonenpanzern, als die Nachricht vom Fall Tobruks die beiden Politiker erreichte.

Den kurzen Zeitraum, der bis zum Eintreffen der Verstärkungen für die 8. Armee verblieb, wollte Rommel nützen. Er sah in ihm die letzte Chance. Deshalb trat er am 22. Juni 1942, gestützt auf erbeutete britische Vorräte und Fahrzeuge, mit seiner dezimierten und ermatteten Armee den Vormarsch in Richtung Nildelta an. Der Vormarsch wurde von den von Feldmarschall Auchinleck geführten Briten im Juli 1942 bei el Alamein zum Stehen gebracht. Rommel schrieb seiner Frau, der Kampf mit der 8. Armee sei das Schlimmste gewesen, was er bisher erlebt habe. Mussolini, der in Afrika eingetroffen war, um die Siegesparade abzunehmen, mußte wieder heim fliegen. Rommel hatte sich geweigert, bei ihm zu erscheinen, weil er sich an der Front für unentbehrlich hielt. Weitere Versuche, zum Nildelta durchzubrechen, mißlangen. Wie wir heute wissen, war es ein Glück, daß die deutsch-italienische Panzerarmee Kairo und Palästina damals nicht erreichte, und zwar aus einem Grund, an den in dieser Armee kaum einer dachte: Hitler hätte möglicherweise versucht, die jüdische Bevölkerung in Palästina und in Kairo von seinen Einsatzgruppen umbringen zu lassen. So aber fand im Operationsgebiet der Armee keine Judenverfolgung statt.

Rommels Gesundheit war durch die Anstrengungen der Kämpfe des Hochsommers 1942 schwer angeschlagen. Sein Kreislauf versagte. Schließlich verlor er mehrmals am Tag das Bewußtsein.[6] Er bat das Führerhauptquartier, Generaloberst Guderian als seinen Nachfolger nach Nordafrika zu entsenden. Als Hitler sich weigerte, blieb Rommel in Afrika, um den letzten Versuch seiner Armee zu leiten, in das Nildelta zu kommen. Die Deutschen nannten dieses Unternehmen das »Sechs-Tage-Rennen«, die Briten »Schlacht von Alam el Halfa«. Das Unternehmen scheiterte am Mangel an Treibstoff, an der alliierten Luftherrschaft und an den Dispositionen des

---

[6] Berlin, den 30. Sept. 1942
Ärztlicher Bericht
Herr Generalfeldmarschall Rommel ist am 28. u. 29. Sept. 42 eingehend untersucht worden. Das Ergebnis ist folgendes: Es besteht eine Erkrankung des Magen und Darmkanals mit Beteiligung von Leber und Milz, die auf die besonderen Schwierigkeiten des heißen Wüstenklimas zurückzuführen ist. Außerdem sind Blut und Kreislauf am Krankheitsbilde beteiligt, indem ein gewisser Grad von Blutarmut besteht und als Folge bzw. Begleiterscheinung eine sehr beträchtliche Erniedrigung des Blutdrucks.
Zur Wiederherstellung seiner Gesundheit ist eine vierwöchige ärztliche Behandlung und anschließend ein vierwöchiger Erholungsurlaub notwendig. Mit der Wiedererlangung der Dienstverwendungsfähigkeit nach dieser Zeit ist zu rechnen. Um im Falle weiterer Verwendung im heißen Klima Rückfällen vorzubeugen, sind Unterbrechungen des Dienstes mit Klimawechsel in kürzeren Zeitabständen ärztlich anzuraten.
Professor Dr. Theodor Brugsch, Berlin
Prof. Horster, Stabsarzt

britischen Generals Montgomery. Rommel mußte wegen seines schlechten Gesundheitszustandes Afrika verlassen. Er erhielt, was die Fragen des Nachschubs anlangte, von Hitler die Auskunft, daß eine grundlegende Verbesserung in Aussicht stünde, und zwar durch die damals sogenannte Siebel-Fähren, die nicht durch Torpedos zerstört werden könnten. Auch bekäme die Armee die neuen Tigerpanzer mit ihren 8,8 cm-Kanonen, neue Panzerabwehrgeschütze desselben Kalibers, Nebelwerfer usw.

Die Armee übernahm der General der Panzertruppen Georg Stumme. Rommel sollte vielleicht in Rußland eingesetzt werden – ein Gedanke, der zu seinem Glück doch nicht verwirklicht wurde. Aber er befaßte sich bereits mit der Frage, wie die deutschen Infanteriedivisionen in Rußland durch wesentlich bessere Ausrüstung mit panzerbrechenden Waffen größere Chancen erhalten könnten, sich gegen sowjetische Panzer zu behaupten. Ende September 1942 flog Rommel nach Berlin. Er ließ sich dort untersuchen. Hitler überreichte ihm die Marschallstäbe. Goebbels lud ihn in sein Haus ein. Frau Goebbels hatte Rommel nach dem Fall von Tobruk auf einer Porträtkarte gratuliert. Hitler nahm ihn mit zu einer Kundgebung im Sportpalast. Dieser Vorgang ließ das Gerücht entstehen, Rommel habe Hitler öfter bei solchen Anlässen begleitet. Auf dieser Kundgebung trumpfte Hitler auf, als hätte Deutschland unter seiner Führung bereits den Krieg gewonnen.

Anfang November, sieben Wochen später, war die Alameinschlacht verloren, und die Lage in Rußland wies nicht auf den bereits verkündeten triumphalen Sieg, sondern auf eine katastrophale Niederlage hin. Entgegen allen schönen Worten war die Versorgungslage der Armee in der Alameinstellung denkbar schlecht. Hitler befahl Rommel wiederholt, den Rückzug in Richtung Tunis zu beenden und sich Montgomery zum

Kampf zu stellen. Das hätte den Untergang der deutsch-italienischen Armee bedeutet. Rommel stellte seine Truppen während des Rückzuges wie eine Perlenkette entlang der Küstenstraße in Ost-West-Richtung auf. Sobald die Briten versuchten, die Achsentruppen von Süden her zu umfassen, nutzte Rommel die äußerst knappen Benzinvorräte, um die von der Einschließung bedrohten, weil am weitesten östlich stehenden Verbände nach Westen zu transportieren, so daß die britische Umfassung ins Leere ging.

Als Rommel Hitlers und Mussolinis Befehle nicht ausführte und auch Tripolis aufgab, und zwar ohne eine Politik der verbrannten Erde, wurde er schließlich angewiesen, seine Armee dem italienischen General Messe zu übergeben. Ein taktischer Erfolg gegen die Amerikaner in Südtunesien ließ Hitlers Gnadensonne über Rommel wieder kurz aufleuchten, aber nicht lange, denn der Feldmarschall forderte erneut, die Achsentruppen aus Tunis nach Italien zu überführen. Das war das Ende seiner Tätigkeit in Afrika. In einem Brief hatte er seine Frau noch um ein englisch-deutsches Wörterbuch gebeten. Dieser Brief war von der Zensur geöffnet worden. Doch Hitler wollte ihn nicht in amerikanischer oder britischer Gefangenschaft sehen, weshalb Rommel als Oberbefehlshaber der Heeresgruppe Afrika abberufen wurde und am 6. März 1943 nach Europa zurückkehrte. In Afrika war er noch wenige Wochen zuvor auf Claus Graf Schenk von Stauffenberg getroffen, seit Anfang des Jahres Stabschef der 10. Panzerdivision in Tunesien und dort Anfang April schwer verwundet. Nach seiner Genesung im Oktober 1943 Stabschef im Allgemeinen Heeresamt und danach beim Befehlshaber des Ersatzheeres wurde er zu einer der entscheidenden Persönlichkeiten im Kampf gegen Hitler.

Auch zu Rommel hatte die Widerstandsbewegung über den damaligen Oberbürgermeister von Stuttgart, Karl Strölin, Anfang 1944 Kontakt aufgenommen. Der Feldmarschall schätzte den Oberbürgermeister, den er aus dem Ersten Weltkrieg kannte und mit dem er während des afrikanischen Feldzuges gelegentlich Briefe austauschte. Strölin war 1933 als Nationalsozialist Oberbürgermeister von Stuttgart geworden. Er hatte aber angesichts seiner innenpolitischen Erfahrungen mit dem Dritten Reich und durch seine Bekanntschaft mit dem früheren Leipziger Oberbürgermeister Carl Goerdeler, dem Kanzlerkandidaten der Opposition, zum Widerstand gefunden. Nach dem Krieg wurde er interniert, dann aber entnazifiziert und entlastet. Er war sehr populär. Ein Stuttgarter Bürger brachte ihm nach 1945 ein Photo und sagte ihm: »Das entlastet Sie!« Strölin betrachtete das Photo, das ihn in der Uniform eines SA-Obergruppenführers bei einer Veranstaltung der NSDAP zeigte und meinte: »Da sehe ich eigentlich nichts, was mich entlasten könnte!« Aber der Bürger ließ nicht locker und meinte: »Gucket se doch, was Sie für ein böses Gesicht machet!«

Den Vorstoß in Richtung Kairo und Alexandria im Sommer 1942 hatte Rommel nicht aus Übermut und Abenteuerlust unternommen, sondern weil er wußte, welche gewaltigen Anstrengungen die USA und das Vereinigte Königreich nach dem Fall von Tobruk unternehmen würden, um die Truppen mit neuem Kriegsmaterial auszurüsten. Er erkannte, daß die britische Schwäche nur einen kurzen Zeitraum andauern werde, und diesen Zeitraum wollte er ausnützen. Rommel konnte die technische, ökonomische und deshalb auch militärische Kraft der USA und Großbritanniens in etwa abschätzen, die gegen Deutschland aufgeboten würde.

Als Oberbefehlshaber der Heeresgruppe B in Frankreich hatte Rommel für seine Entschlüsse viel weniger Spielraum, als ihm das in Afrika zugestanden worden war. Das verdroß Rommel und auch die anderen Frontkommandeure sehr. Wie in Rußland befahl Hitler auch in Frankreich, keinen »Fußbreit« Boden aufzugeben. Ein solcher Verzicht auf bewegliche Kampfführung führte zu hohen Verlusten. Rommel protestierte gegen unsinnige Befehle dieser Art und versuchte sie zu umgehen, zu negieren oder zu erreichen, daß sie aufgehoben würden. Dabei ging er so weit, wie es möglich war, ohne als Oberbefehlshaber abgesetzt zu werden. Das wollte Rommel unter keinen Umständen. Denn er glaubte, er müßte durchsetzen, daß aus der verlorenen Schlacht die Konsequenzen gezogen werden.

Der Fall von Cherbourg erfolgte am 12. Juni 1944 wegen der Weisung des OKW, die als Besatzung der Festung vorgesehenen deutschen Truppen sollten schrittweise und hinhaltend Widerstand leistend auf die Festung zurückgehen. Dort kamen sie zusammen mit den US-Truppen an, so daß sie, zumal ohnehin zu schwach, Cherbourg nicht mehr verteidigen konnten. Hitler ließ kriegsgerichtliche Ermittlungen einleiten, weil Soldaten der 77. Infanteriedivision, anstatt sich nach Cherbourg zu begeben, nach Süden ausgewichen seien. Rundstedt teilte dem OKW auf Vorschlag Rommels mit, es sei wegen seines Befehles, jeden Meter Boden zu verteidigen, selber daran schuld, daß Cherbourg so bald gefallen sei. Am 29. Juni 1944 sagte Rommel bei einer Besprechung zu Keitel, daß von der 77. Infanteriedivision höchstens 1200 Mann nach Süden ausgewichen wären. Alle in Frage gekommenen Regimentskommandeure seien bereits gefallen gewesen. Das war dann das Ende der Ermittlungen.

Strategiestreit 1944

Es kann heute als sicher gelten, daß die deutsche Seite, selbst wenn sie weniger Fehler gemacht hätte, keine Chance hatte, die alliierte Invasion abzuwehren. Aber selbst wenn sie diese abgewehrt hätte, wären die Alliierten schon im Blick auf das amerikanische Atommonopol des Sieges gewiß gewesen. Vor der Landung in Frankreich war die amerikanische Seite voll Optimismus, die britische Seite jedoch wesentlich skeptischer. »Warum versuchen wir, das zu tun?« fragte Churchill im Februar 1944, und der Chef des Generalstabs des britischen Empire, General Alanbrooke, äußerte noch am 5. Juni 1944, einen Tag vor der Landung, Bedenken.[7]

Auf deutscher Seite neigten Hitler und die Soldaten, die ihre Kriegserfahrungen in Rußland gesammelt hatten, dazu, die Kampfkraft der Amerikaner und Briten gewaltig zu unterschätzen. Die Erfahrungen aus dem Wüstenkrieg, als dort von Feldzug zu Feldzug größere Mengen britischer Panzer auftauchten und aus einer alliierten Luftüberlegenheit eine Luftherrschaft wurde, beeindruckten die vom Rußlandkrieg geprägten Offiziere zunächst wenig. Als der Kommandeur der 12. SS-Panzerdivision, der 28 Jahre alte SS-General Meyer, dessen Führungsleistung von britischen und amerikanischen Schriftstellern gelobt wird, in der Nacht vom 7. auf den 8. Juni 1944 im Stabsquartier der 21. Panzerdivision des Heeres mit 90 Panzern erschien, bezeichnete er die Briten als »kleine Fische«, die seine Truppen, die Auslese der Hitlerjugend, bald ins Wasser werfen würde.[8] Der Kommandeur des II. SS-Panzerkorps, General Hausser, kam am 23. Juni 1944 mit den aus Rußland abgezogenen 9. und 10. SS-Panzerdivi-

[7] Max Hastings, FAZ, 4. 6. 1994, Bilder und Zeiten
[8] Chester Wilmor, Kampf um Europa, Zürich 1953, S. 310

sionen in die Normandie. Er brachte den Befehl Hitlers mit, die Briten in die See zu werfen.[9]

Beide Generale merkten sehr rasch, daß die Briten und Amerikaner von einem anderen Kaliber waren, als sich das die oberste deutsche Führung im OKW und OKH vorgestellt hatte. Hitler und das OKW meinten, daß neben der Überlegenheit des Heeres und der Waffen-SS vier weitere Gründe den alliierten Sieg verhindern würden:

- Erstens neue U-Boote, die aber, als die riesige alliierte Landungsflotte vor der Normandie erschien, noch nicht fertig waren; es gelangte überhaupt kein deutsches U-Boot in die Nähe der alliierten Flotte, die ungestört die Landung sicherstellen und mit ihrer Schiffsartillerie in die Erdkämpfe eingreifen konnte.
- Zweitens der Einsatz von 1000 deutschen Strahljägern, also Düsenjägern, welche die Deutschen als erste erfunden hatten. Diese waren auch nicht vorhanden und störten die alliierte Luftherrschaft nicht.
- Drittens der Einsatz der sogenannten Vergeltungswaffen V1 und V2, die sich mangels technischer Reife und wegen ihrer Streuwirkung als wenig wirksam erwiesen.
- Viertens wurde schließlich unterstellt, daß die Alliierten ernste Nachschubprobleme bekämen, wenn es ihnen nicht gelänge, binnen verhältnismäßig kurzer Zeit einen leistungsfähigen Hafen zu erobern. Die Alliierten konnten aber ihre Versorgungsprobleme dank erstklassiger Organisation und Technik lösen. Sie brachten künstliche Häfen mit, die ihnen trotz teilweisen Ausfalls durch stürmische See ermöglichten, in ihrem immer größer werdenden Landekopf mit einem hochgerüsteten Millionenheer aufzumar-

[9] Wilmot, Kampf um Europa, a.a.O., S. 358

schieren, die deutsche Front zu durchbrechen, Frankreich zu befreien und den Krieg zu gewinnen.

Hitler entschloß sich, um den Sieg in Frankreich sicherzustellen, dort das Gros der SS-Panzerdivisionen einzusetzen. Die Anwesenheit einer so starken SS-Streitmacht mit rund 100 000 Soldaten hatte auch beachtliches politisches Gewicht. Die Waffen-SS unterstand den Heeresgenerälen nur taktisch, im übrigen war ihr Chef Heinrich Himmler. Wenn in Frankreich gegen Hitler etwas unternommen werden sollte, war die Überlegung, wie die SS-Führung reagiert, von größter Bedeutung. Chester Wilmot hat offenbar ein Papier aus Kreisen des deutschen Widerstandes gesehen, in dem im Falle X der 21. Panzerdivision aufgetragen wurde, die SS-Panzerdivision »Hitlerjugend« zu entwaffnen. Er fügt hinzu, zu einem solchen Auftrag könne man kaum gratulieren.

Im alliierten Landekopf in der Normandie war der spätere Präsident der USA, General Eisenhower, Oberbefehlshaber. Feldmarschall Montgomery befehligte die britisch-kanadische Heeresgruppe, die im östlichen Teil der alliierten Front aufmarschierte. Die amerikanische Heeresgruppe im westlichen Teil der alliierten Front befehligte General Bradley. Der von Montgomery befehligte linke Flügel der Alliierten hatte von Anfang an den tieferen Landekopf und konnte früher Offensiven durchführen als der von Bradley befehligte rechte Flügel. Deshalb band Montgomerys Abschnitt zeitweise sieben von acht deutschen Panzerdivisionen und sechs von acht Infanteriedivisionen.

Montgomerys operative Vorstellung war, daß die Amerikaner, nachdem sie aufmarschiert waren, auf dem rechten, das heißt westlichen Flügel die dünne deutsche Front durchbrechen sollten. Dann könnte General Pattons 3. US-Armee in den freien Raum vorstoßen, die Bretagne befreien, gleichzeitig nach Osten rollen, nach Norden einschwenken, um zusammen mit den von Norden vordringenden britischen und kanadischen Truppen das Gros der deutschen Truppen einzukesseln und zu vernichten. Die 3. US-Armee wurde von der deutschen Seite lange in England vermutet, um die zweite Landung durchzuführen. Sie befand sich aber seit Mitte Juli 1944 bereits in der Normandie. Dieser Operationsplan konnte fast, aber doch nicht voll verwirklicht werden, weil der Kessel im Osten nicht geschlossen wurde. Zwischen den von Süden her angreifenden amerikanischen Truppen und den von Norden herkommenden britisch-kanadischen Truppen blieb längere Zeit eine Lücke. Unter den Alliierten Hauptquartieren entstand wegen dieses Umstandes Streit, der heute noch von den Militärhistorikern fortgeführt wird.

Die deutsche Führungsstruktur in Frankreich war verworren und unzweckmäßig: Oberbefehlshaber West war Feldmarschall von Rundstedt. Ihm unterstanden zwei Heeresgruppen, im Norden die Heeresgruppe B unter Rommel und im Süden die Heeresgruppe G unter Generaloberst Johannes Blaskowitz. Luftwaffe, Marine und Sicherheitsdienst (SD) waren dem Einfluß des Oberbefehlshaber West entzogen und hatten ihre eigenen Befehlswege. Dem OB West unterstand, allerdings mit Einschränkungen zugunsten des OKW, noch die Panzergruppe West unter General der Panzertruppen Freiherr Geyr von Schweppenburg und der Militärbefehlshaber Frankreich, General Carl-Heinrich von Stülpnagel. Dieser mußte sich ständig mit dem für Frankreich zuständigen SD-Chef Carl-Albrecht Oberg herumschlagen, der direkt Heinrich Himmler unterstand. Auch die Luftwaffe und die Marine unterstanden dem OB-West nicht, sondern Göring bzw. Großadmiral Dönitz. Beide hüteten ihre Zuständigkeiten um so sorgfältiger, je weniger Flugzeuge und Schiffe sie hatten. Jedenfalls war auf deutscher Seite alles geschehen, was organisatorisch geeignet ist, eine Niederlage herbeizuführen.

Rommel hatte vor einer Unterschätzung der Amerikaner und Briten gewarnt, war aber mit seinen Warnungen nicht durchgedrungen. Er versuchte mit großem persönlichem Einsatz, die deutschen Chancen zu verbessern, die Landung abzuwehren – durch Ausbau von Stellungen und Hindernissen, die mit in Frankreich vorhandenen Mitteln möglich waren. Im Frühjahr 1944 führte er eine Propagandaaktion durch, welche auf deutscher Seite eine nicht vorhandene Stärke vortäuschen sollte, um die Landung möglichst weit hinauszuschieben und Zeit für den weiteren Ausbau des Stellungs- und Hindernissystems zu gewinnen. Über die gegen eine alliierte Landung in Frankreich anzuwendende Strategie kam es im Frühjahr 1944 zu einem Streit zwischen den deutschen Oberbefehlshabern. Feldmarschall von Rundstedt, unterstützt von dem Generalinspekteur der Panzertruppen, Generaloberst Guderian, und dem Befehlshaber der Panzergruppe West, General der Panzertruppen Geyr von Schweppenburg. Sie wollten die Alliierten landen lassen, um sie dann in einer großen Bewegungsschlacht mit den kriegserfahrenen deutschen Panzerverbänden zu schlagen.

Rommel hingegen hielt es angesichts der höchst unerfreulichen Erfahrungen, die er in Afrika mit der alliierten Luftherrschaft sowie mit den britischen und amerikanischen Landstreitkräften gemacht hatte, für falsch, daß die deutsche Seite alle Hoffnungen auf eine Bewegungsschlacht setzte. Er wollte die besonders kritische Phase, die eine vom Meer her angreifende Armee in den Stunden der Anlandung durchstehen muß, zugunsten der deutschen Verteidiger nutzen und schlug ein umfassendes System zur Verteidigung der gefährdeten Küsten vor, vor allem der Küsten, die in der Reichweite britischer Jagd- und Kampfflugzeuge lagen.

Die an der Küste in Stellung gebrachten Infanteriedivisionen sollten durch Auswertung der in Nordafrika in der Gazala- und den El Alamein-Stellung gewonnenen Erfahrungen befähigt werden, so lange die alliierten Landungstruppen aufzuhalten, bis in Küstennähe bereitzustellende Panzerdivisionen in den Kampf eingreifen konnten. Weitere Panzerdivisionen könnten dann aus den küstennahen Positionen in anderen Räumen zugeführt werden. Er betonte immer wieder, daß die Truppen an der Küste nicht längere Zeit standhalten könnten, sondern allenfalls wenige Stunden. Dann müßten die deutschen Panzer in die Schlacht eingreifen. Die deutsche Luftwaffe, hoffnungslos unterlegen, konnte nach seiner Meinung die deutschen Bodentruppen kaum unterstützen, sondern allenfalls die Auswirkungen der alliierten Luftherrschaft auf das deutsche Heer etwas abmildern. Der Kampf lag auf deutscher Seite auf den Schultern der Bodentruppen.

Neben oft unzureichend bewaffneten und ausgebildeten Infanteriedivisionen setzte das Oberkommando der Wehrmacht gut ausgerüstete und motivierte Panzerverbände ein. Unter den vier Panzerdivisionen des Heeres, die schließlich in der Normandie kämpften, hob sich die Panzerlehrdivision heraus. Sie kommandierte Generalleutnant Bayerlein, einer der früheren Stabschefs von Rommel in Afrika. Damals galt sie mit ihren 190 Panzern, 46 Sturmgeschützen und 612 Halbkettenfahrzeugen als modernste Panzerdivision der Welt. Vor der Landung sagte Generaloberst Guderian zu Bayerlein, eigentlich müsse sie allein den Gegner ins Meer werfen können.

Nach und nach schickte Hitler auch fünf Panzerdivisionen und eine Panzergrenadierdivision der Waffen-SS in die Normandie. Er warf damit die Elite der Waffen-SS nach Frankreich: die 1. SS-Panzerdivision »Leibstandarte«, die 2. SS-Panzerdivision »Das Reich«, die 9. SS-Panzerdivision »Hohenstaufen«, die 10. SS-Panzerdivision »Frundsberg« und die 12. SS-Panzerdivision »Hitlerjugend«. Nicht in der Normandie waren die 3. SS-Panzerdivision »Totenkopf« und die

5. SS-Panzerdivision »Wiking«. Taktisch unterstanden sie Rommel, der aber dem OKW und zum Teil auch dem OB West unterstand. Gegliedert waren die SS-Divisionen auf dem Papier in das I. und II. SS-Panzerkorps. Das I. SS-Panzerkorps wurde zunächst von Oberstgruppenführer Sepp Dietrich geführt, der im August 1944 als Nachfolger von General Eberbach Oberbefehlshaber der in »5. Panzerarmee« umgetauften »Panzergruppe West« wurde. Das II. SS-Panzerkorps führte zuerst Obergruppenführer Hausser, später Obergruppenführer Bittrich, nachdem Hausser nach dem Tode von Generaloberst Dollmann Oberbefehlshaber der 7. Armee geworden war. Die Anwesenheit der Waffen-SS in Frankreich mußte, worauf schon hingewiesen wurde, bei jedem Plan einer Erhebung gegen Hitler in Rechnung gestellt werden.

Die für eine Landung geeigneten Küstenabschnitte sollten mit verminten Infanteriestellungen, Vorstrandhindernissen für den Meeresspiegel bei Ebbe und bei Flut sowie im unmittelbaren Hinterland mit Luftlandehindernissen befestigt werden. Diese Hindernisse waren hohe Pfähle, die oben mit Draht verbunden waren. Später sollten an ihren oberen Enden erbeutete Granaten angebracht werden, die explodierten, wenn der Draht durch einen landenden Lastensegler belastet wurde. Die Pfähle waren von den Soldaten »Rommelspargel« getauft worden. Die Luftlandehindernisse waren am 6. Juni 1944 nicht überall fertig.

Rommel ging davon aus, daß eine Landung bei Flut am günstigsten sei, weil die Truppen dann mit ihren Booten weit in das Land hineinkommen können, während sie bei einer Landung bei Ebbe Gefahr liefen, nebst ihrem Material durch die Flut überschwemmt zu werden. Er ließ deshalb die Vorstrandhindernisse zunächst für den Flutstrand ausbauen. Danach sollte der Vorstrand bei Ebbe mit Hindernissen versehen werden. Das war schwieriger, weil die Hindernisse unter dem

Wasserspiegel errichtet werden mußten, sie konnten aber teilweise bis zum 6. Juni 1944, dem Tag der Landung, angelegt werden. Die Konzeption Rommels, die Küste so auszubauen und zu sperren, daß die Landungstruppen bis zum Eingreifen der nächst gelegenen Panzerdivisionen aufgehalten würden, war wohl die einzige, wenn auch geringe Chance eines militärischen Erfolges.

Rommel hat nie behauptet, daß die Truppen in den Küstenstellungen alleine und auf sich gestellt die Landung verhindern könnten. Es ging nicht um Tage, sondern um Stunden. Die küstennahe Bereitstellung der Panzer und sonstigen Reserven war das Herz- und Kernstück seines Konzepts, das, als es durch das OKW verwässert wurde, seinen eigentlichen Sinn verloren hatte. Weitere Panzerdivisionen hätten sich nicht nur aus dem Inneren Frankreichs, sondern genauso auch von anderen Küstenabschnitten heranführen lassen. Wer nur auf die große Panzerschlacht im Sinne des Konzepts von Feldmarschall von Rundstedt setzte, mußte sich darüber klar sein, daß Zahl und Stärke der in Frankreich verfügbaren Panzer von der Lage in Rußland und Italien abhing.

Rommel hatte 1942 bei den Kämpfen in der Gazala- und in der Alameinstellung selber Erfahrungen mit verminten Infanteriestellungen gemacht. Er entwarf verschiedene Papiere, um seine Vorstellungen anschaulich zu machen, darunter auch Schemaskizzen für den Ausbau von Stellungen für Kompanien, Bataillonen und Divisionen an der Küste. Hiernach sollte eine Kompaniestellung 1500 m breit und 700 m tief sein und mit 12 leichten Maschinengewehren, zwei Granatwerfern und einem Infanteriegeschütz ausgestattet werden. Zwei- bis dreitausend Minen wurden benötigt. Die Breite einer Bataillonsstellung sollte 5 bis 7 km und die Tiefe 2 km betragen. Das Bataillon sollte über eine Küstenbatterie und eine leichte Batterie verfügen. Die Stellung einer Infanteriedivision sollte eine

Länge von 30 km und eine Tiefe von 8 bis 10 km haben und insgesamt durch 150 000 Minen verstärkt werden. Die Hindernisse, Befestigungen und Minenfelder konnten die Truppen an der Küste weitgehend selber mit einfachen Mitteln herstellen. Die Zahl der Panzer, Flugzeuge und schweren Waffen, die am Tag der Landung bereitstanden, hing demgegenüber ab von den Dispositionen des OKW.

Die Entscheidung in der Strategiefrage lag bei Hitler, der zunächst Rommel recht gab, dann aber wieder von Rundstedt. Zunächst meinte Rommel, er hätte sich bei Hitler voll durchgesetzt. In seinem Tagebuch steht unter dem 18. bis 21. März 1944: »Besprechung im Führerhauptquartier ... Befriedigt über das Erreichte. Der Führer hat sich der Auffassung des OB bei der Verteidigung an der Küste restlos angeschlossen und auch eine Änderung der Befehlsverhältnisse zugesagt.« Aber bald erfuhr Rommel, daß Hitler erneut seine Meinung geändert hatte. Er sagte: »Wer als Letzter die Türklinke in der Hand hat, bekommt recht.« Schließlich entschloß sich Hitler zu einer Kompromißlösung, welche auf fatale Weise die Nachteile beider Strategien kombinierte. Drei Panzerdivisionen wurden Rommel taktisch unterstellt und durften in seinem Sinne Positionen nahe der Küste beziehen. Sie blieben aber an die Panzergruppe West gebunden, die u. a. für die Ausbildung zuständig war. Die Panzergruppe West unter General von Geyr mit weiteren fünf Panzerdivisionen wurde Rommel zunächst nicht unterstellt, sondern blieb unter dem Oberbefehl von Rundstedts, der aber nur mit Genehmigung von Hitler über sie verfügen durfte. Diese Panzerdivisionen waren auf mehrere Räume verteilt, so nördlich der Loire die 12. SS-Panzerdivision »Hitlerjugend« in Evreux, die Panzerlehrdivision im Raum Chartres-Le Mans und die 1. SS-Panzerdivision bei Antwerpen.

Rommel protestierte gegen die Verwässerung seiner Strategie bei Generaloberst Jodl. Dieser antwortete Rommel am

7. Mai 1944, daß er dessen Lagebeurteilung voll zustimme. »Um ein schnelles Eingreifen von Panzerverbänden wenigstens an den wichtigsten Stellen sicherzustellen, sind drei Panzerdivisionen der Heeresgruppe unmittelbar unterstellt. Ich stimme Ihnen zu, daß der Feind, wenn er in größerem Umfang Luftlandetruppen einsetzt, diese dicht hinter der Küste absetzen wird, erwarte aber bei der mit Sicherheit anzunehmenden guten Aufklärung des Gegners nicht, daß er diese Luftlandung in unsere Reserven hinein vornehmen wird. Freie Räume hierfür werden immer zur Verfügung stehen, auch wenn wir alle Reserven dicht hinter der Küste aufschließen lassen. Bei der derzeitigen Unklarheit über die feindlichen Absichten muß die Möglichkeit einer operativen Führung durch Ausscheiden bescheidener Reserven erhalten bleiben. Diese OKW-Reserven müssen, so wie Klarheit über Absichten und Schwerpunkt des Feindes besteht, ohne Antrag zum Einsatz freigegeben werden.«

Die Ablehnung der Forderung Rommels, sämtliche Panzerverbände küstennah in Stellung zu bringen und sie der Heeresgruppe B zu unterstellen, machte das Kernstück seiner Konzeption und damit die ganze Konzeption zunichte, nämlich, daß die Infanterie in ihren Küstenstellungen die alliierten Truppen so lange in der kritischen Position am Strand festhalten sollte, bis deutsche Panzerverbände in das Geschehen eingreifen. Diese Aufgabe konnten sie, auf sich allein gestellt, nicht tagelang durchstehen. Je früher deutsche Panzer eingreifen würden, desto ungünstiger für die Alliierten, deren empfindlichster Zeitabschnitt die Landung und die ersten Stunden danach waren. Grünes Licht für Rommels Vorschläge hätte bedeutet, daß am Morgen des 6. Juni 1944 nicht nur eine, sondern drei deutsche Panzerdivisionen auf dem Gefechtsfeld Normandie in die Kämpfe eingegriffen hätten.

Man sollte meinen, daß die Zerschlagung der deutschen Panzerstreitkräfte und die völlige Vernichtung von General Geyrs Hauptquartier durch die alliierte Luftwaffe ausgereicht hätte, um den Traum von einer großen Panzerschlacht in Frankreich zu zerstören. Aber dieser Traum stieg nach dem Krieg wieder aus der Asche empor. Unter Historikern und Militärs gab es eine Kontroverse über die Frage, wessen strategisches Konzept, Rundstedts oder Rommels, richtig war. Geyr von Schweppenburg befielen während der Normandieschlacht Zweifel, aber später traten er und General Guderian für die konventionellen strategischen Vorstellungen Rundstedts ein, und er blieb bis zu seinem Tode bei seiner Meinung. Während der Normandieschlacht müssen Geyr aber doch Bedenken gekommen sein, denn er schrieb Rommel folgenden Brief:

»Der Oberbefehlshaber

Panzergruppenkommando West (Beides durchgestrichen) 6. 7. 44

Hochverehrter Herr Feldmarschall,

Meiner gehorsamen Abmeldung darf ich noch einige Worte hinzufügen.

Der Kampf der letzten Zeit auf einem Schlachtfeld, wie ich ihn schwerer bislang nicht erlebt habe, brauchte mit der Unterstellung unter die Heeresgruppe B und der Verbundenheit des Wollens für mich eine innere Umstellung. Ihr Soldatentum, Ihre Erfahrung stempelten meinen gewollten Gehorsam zu einem anderen, besseren um.

Ich glaube Ihnen, Herr Feldmarschall, danken zu dürfen, für das Vertrauen, das Sie in den kurzen schweren gemeinsamen Kampftagen meiner Truppe und mir entgegengebracht haben. Da ich meine militärische Tätigkeit als am Ende betrachte, glaube ich dieses Wort ohne Mißdeutung sagen zu dürfen.

Ihr, Herr Feldmarschall, gehorsamer Frhr. v. Geyr«

Rommel bemühte sich weiter um die Verwirklichung seiner Vorstellungen und führte so etwas wie einen Krieg an zwei Fronten: gegen die Alliierten, deren Luftwaffe durch Zerstörung der Verkehrswege versuchte, den Ausbau der Küstenbefestigungen und die Verlegung von Truppen aufzuhalten, und gegen das OKW und Hitler, die sich zu einer vernünftigen Ordnung der Befehlsverhältnisse nicht entschließen konnten. Wahrscheinlich spielte hierbei auch das Mißtrauen eine Rolle, das Hitler gegenüber der Wehrmacht empfand und das ihn davon abhielt, zu viel Macht in die Hände von Heeresgenerälen zu geben. Auch hatte Rommel schon 1943 ihm gegenüber Zweifel an der Möglichkeit des sogenannten »Endsieges« geäußert. Die starke Präsenz seiner politischen Truppe in Frankreich, der Waffen-SS, konnte ihn nicht beruhigen. Später empfanden sich auch die SS-Generäle angesichts der militärischen Katastrophe in erster Linie als Soldaten, und einige von ihnen waren bei einem entsprechenden Signal sogar bereit, sich gegen ihren Führer und seine mörderischen Befehle aufzulehnen. Aber dazu kam es nicht.

Rommel setzte seine Bemühungen um den Ausbau der Küstenverteidigung fort. Vom 6. März 1944 bis zum 4. Juni 1944 unternahm er über 20 Fahrten, davon fünf in die Normandie, bei denen er den Ausbau vorantrieb, lobte, tadelte, empfahl und selber dazulernte. Er sprach mit den Befehlshabern und Kommandeuren, mit Offizieren und Soldaten, aber auch im Pariser Raum mit Technikern und Ingenieuren, über Vorstrandhindernisse, Minen, Raketenwerfer, chemische Zünder, Bunker, Spannbeton und dessen Möglichkeiten. Er wehrte sich gegen größere Evakuierungen und behauptete, daß die französische Bevölkerung loyal sei, trotz des französischen Widerstandes, um zu verhindern, daß vom OKW Repressalien befohlen werden.

Seine Bemühungen wurden von der alliierten Führung mit Sorge zur Kenntnis genommen. Chester Wilmot schreibt in seinem Buch »Kampf um Europa«: »Vom Temperament her war Rommel ein Improvisierer, und in der Schlacht neigte er zu impulsivem Handeln. Aber seine genaue und exakte Untersuchung der alliierten Techniken der Landung und die praktischen Gegenmaßnahmen, die er befahl, lassen Fähigkeiten auf den Gebieten der Planung und Organisation erkennen, die zu wenig anerkannt wurden, sowohl von seinen Generalskollegen wie von seinen Gegnern. Es war ein Glück für die Alliierten, daß Rommel seine Arbeit nicht sechs Monate früher aufgenommen hat und daß seine Pläne weder von seinen Vorgesetzten voll akzeptiert noch von seinen Untergebenen sorgfältig durchgesetzt wurden. Selbst bei der gegebenen Entwicklung wurde die Problematik der Landung um so fürchterlicher und riskanter mit jeder Woche, die verstrich. Von allen Neuerungen machte den Alliierten keine so viel Kummer wie die Vorstrandhindernisse.«

Carlo d'Este meinte 1983 in »Decision in Normandy«: »Rommel war ein außerordentlich fähiger Gegner. Kein Zweifel kann daran bestehen, daß seine Strategie zur Abwehr der Invasion richtig war. Daß sie fehlschlagen mußte, war eine direkte Folge der Abwesenheit der deutschen Luftwaffe und der ineffizienten Befehlsstruktur, die ihm den Einfluß auf die einzige Streitmacht verweigerte, welche fähig gewesen wäre, die Invasion abzuwehren: Die Panzerdivisionen.«

S. L. A. Marschall, der Senior der amerikanischen Militärhistoriker, machte folgende Beobachtung: »Rommel hatte die richtige Idee, sie mag keinen Erfolg gehabt haben. Aber wenn man sie vergleicht mit dem, was sich in der Schlacht abspielte, sollte klar werden, daß sie das einzige war, was Aussicht auf Erfolg bot.«

Normandie und Pas de Calais

Der Angreifer ist gegenüber dem Verteidiger bei der Festlegung des Schauplatzes der Kämpfe im Vorteil, denn wer angreift, weiß, wo der Angriff stattfindet, wer verteidigt, weiß es nicht und muß abwarten. Die alliierte Planung für die Landung in Frankreich war ein Meisterwerk der Kriegskunst. Die Alliierten versuchten mit großem Aufwand und erfolgreich, die deutschen Vorstellungen über den wahrscheinlichen Landesabschnitt zu verwirren. Das Führerhauptquartier und das OKW, OB West und Rommel hielten für den aus alliierter Sicht attraktivsten Abschnitt für die Landung den Pas de Calais, weil die Alliierten von dort aus direkt in das Herz Deutschlands, das Ruhrgebiet, stoßen konnten. Das OKW, von Rundstedt und Rommel sahen neben dem alliierten Engagement in der Normandie eine zweite alliierte Landung am Pas de Calais für denkbar an, eine Meinung, an der sie noch nach dem 6. Juni 1944 bis in den August 1944 hinein festhielten. Dafür sprach neben den strategischen Vorteilen, daß die Alliierten an der Kanalküste die Abschußrampen für die sogenannten Vergeltungswaffen ausschalten könnten, von denen sich Hitler eine Kriegswende versprach, sowie günstige Aussichten, die deutschen Divisionen in der Normandie abzuschneiden, einzukesseln und zu zerschlagen.

Hierbei überschätzten die deutschen Stäbe stark die Zahl der in England für den Einsatz in Frankreich bereitstehenden alliierten Divisionen. Zu dieser deutschen Fehleinschätzung trug entscheidend ein groß angelegtes alliiertes Täuschungsmanöver bei, eine erfolgreiche Simulation des Funkverkehrs einer nicht existierenden Heeresgruppe, die den Deutschen weismachte, es stünde noch eine zweite Invasionsarmee zur Landung im Pas der Calais bereit. Die deutsche Seite zog deshalb aus dem scheinbar ebenfalls bedrohten Bereich der

15. Armee an der Kanalküste nach der Landung zur Verstärkung der in der Normandie kämpfenden 7. Armee zunächst nur in begrenztem Umfang Truppen ab. Die deutsche Luftaufklärung konnte offensichtlich das Geheimnis nicht entschleiern. Auch die Bemühungen deutscher Agenten brachte nichts, weil die Aussagen nicht übereinstimmten. Jeder sagte etwas anderes, die Wahrheit war gewiß darunter, keiner konnte jedoch erkennen, wo sie lag.

Die Deutschen wußten natürlich, daß sie ihre Überlegungen nicht auf sicherem Boden, sondern auf Vermutungen aufbauten. Sie schlossen deshalb zu keiner Zeit die Möglichkeit aus, daß die Landung nur in der Normandie oder zuerst in der Normandie und danach im Pas de Calais stattfinden werde. Es lag Logik in der Vorstellung, die Alliierten würden durch eine Landung in der Normandie die deutschen Kräfte dort, also westlich der Seine, binden, um dann östlich der Seine zu landen. Die Verlegung deutscher Truppen nach Osten wäre durch die Zerstörung der Seine-Brücken gleich schwierig gewesen wie die Verlegung der 1., 9. und 10. SS-Panzer-Divisionen von Belgien und Polen in die Normandie. Hätten die Deutschen die zweite Landung ausgeschlossen, hätten sie mehr Infanterie in die Normandie verlegen können. Am Ausgang der Schlacht hätte das freilich nichts geändert. Nachdem die Landung gelungen war, wurde die deutsche Niederlage unausweichlich. Die Normandie wurde übrigens als Ort einer alliierten Landung von der deutschen Seite nie ausgeschlossen, sondern schon wegen der exponierten Lage des Hafens Cherbourg für sehr geeignet gehalten.

Einige Wochen vor der Landung verdichteten sich die Hinweise, daß die Normandie der Landungsort sein könnte, vor allem wegen der gehäuften Zerstörung von Brücken, Verkehrswegen und Verteidigungsanlagen durch die alliierte Luftwaffe. Der Ausbau der Küstenverteidigung hing gegenüber der

Küste östlich der Seinemündung weit zurück, was auch an der Störung der Transportwege lag. In ihrem letzten Lagebericht vor der Landung hatte die Heeresgruppe B gemeldet, daß die geplanten Verteidigungsanlagen im Abschnitt der 7. Armee (Normandie) nur zu 18 Prozent fertiggestellt seien, in dem der 15. Armee (Pas de Calais) aber zu 68 Prozent. In den Wochen vor der Landung sah auch Rommel im Vergleich zu dem gut befestigten Pas de Calais in der Normandie, also dort, wo die Landung tatsächlich stattfand, eine Schwachstelle. Er versuchte, durch Verlegung verschiedener Großverbände (zwei Panzerdivisionen, eines Flakkorps und einer Nebelwerferbrigade) in die Nähe der Normandieküste eine günstigere Ausgangslage zu schaffen. Es gelang ihm aber nur im bescheidenen Ausmaß, die Zustimmung für die Verlegung zu erhalten.

Nach seinen Tagesnotizen (Tagebuch) fuhr er am 9. und 10. Mai 1944 zur Halbinsel Cotentin in der Normandie, »die Schwerpunkt eines feindlichen Landeunternehmens zu werden scheint«. Der Sender Calais wußte bereits von der Reise Rommels und empfahl diesem einen Besuch der bombardierten Batterie Morsalines. Am 17. Mai 1944 fuhr Rommel erneut in die Normandie, »um den Aufmarsch der Einheiten zu überwachen«. Am Abend in St. Val André hätte er bei Kerzenlicht vom Frankreichfeldzug 1940 erzählt, von St. Valery en Caux und dem französischen General, der ihm mit den Worten auf die Schulter schlug: »Sie sind viel zu schnell!«. Diesmal waren die Alliierten schneller. Durch einen Vortrag im Führerhauptquartier wollte er am 8. Juni 1944 nochmals versuchen, die Zustimmung des OKW zu seiner Konzeption zu erlangen. Rommel trat die Reise zwar an, der Termin war vereinbart, aber zu dem Gespräch kam es nicht mehr. Die Ereignisse waren schneller. Eine Niederlage hätte das deutsche Heer aber wohl auch dann erlitten, wenn es am 6. Juni 1944 in der Normandie entsprechend den Vorschlägen Rommels aufgestellt gewesen wäre.

Am 6. Juni 1944 landeten die Alliierten in der Normandie. Insgesamt setzten sie 7 Schlachtschiffe, 2 Monitore (Schiffe mit starkem Panzerschutz und schweren Turmgeschützen), 23 Kreuzer, 3 Kanonenboote, 105 Zerstörer, 1073 kleinere Kriegsschiffe und 4126 Landungsfahrzeuge ein. Am ersten Tag wurden 5 Divisionen über See und 3 Divisionen aus der Luft gelandet. 14 674 Einsätze flog die alliierte Luftwaffe am 6. Juni 1944, die deutsche Luftwaffe 319. Die alliierte Landung überraschte die deutsche Seite völlig. Keinem deutschen Flugzeug, keinem deutschen Kriegsschiff gelang es, die riesige, 6000 Schiffe umfassende Landungsflotte rechtzeitig wahrzunehmen oder gar zu stören.

Nur der damalige Staffelkapitän Helmut Eberspächer aus Esslingen entdeckte bei einem Aufklärungsflug mit seiner Focke-Wulf 190 aus 1000 m Höhe im Morgengrauen die riesige Armada der Alliierten vor der normannischen Küste und meldete als erster die Landung nach seiner Rückkehr in Tours an der Loire der deutschen Luftflotte in Paris.

Die deutschen Radaranlagen waren von der Royal Air Force zerstört worden, fast alle Flugplätze in Nordfrankreich und Belgien durch Bomben unbrauchbar. Eberspächer zitierte einen Landserspruch: »Wenn du ein blaues Flugzeug am Himmel siehst, ist es ein amerikanisches, ein rotes ist ein englisches. Wenn du keins siehst, ist es ein deutsches.«

Die ersten Deutschen, welche mit der alliierten Flotte in Berührung kamen, und zwar auf sehr unangenehme Weise in Form eines noch nie dagewesenen Bombardements, waren Soldaten des Heeres in den Küstenstellungen. Die Unterlegenheit der Deutschen zur See war zu groß. Da die neuen U-Boottypen noch nicht einsatzfähig waren, konnten es sich die alliierten Kriegsschiffe ohne Risiken einzugehen erlauben, auf einer Seite einen Teil des Schiffsrumpfes zu fluten, um durch einen günstigeren Neigungswinkel die Reichweite der Schiffsgeschütze um 50 Prozent auf bis zu 30 km zu erhöhen.

Die deutsche Kriegsmarine hatte Rommel, wie wir wissen, versichert, daß wegen der schlechten Witterungsverhältnisse keine Landung stattfinden werde und könne. Dadurch beruhigt war er nach Deutschland gefahren, um mit Hitler auf dem Obersalzberg bei Berchtesgaden unter anderem über eine rasche Verstärkung der Truppen in der Normandie zu sprechen. Unterwegs machte er in seinem Haus in Herrlingen bei Ulm Station, um seiner Frau am 6. Juni 1944 zum 50. Geburtstag zu gratulieren. Er hat es sich nie verziehen, daß er im Moment der Landung nicht in seinem Hauptquartier in La Roche-Guyon war. Ob das am Ablauf der Ereignisse etwas geändert hätte, ist eine offene Frage. Die Kriegsmarine zog ihre paar Schiffe in Le Havre zusammen, wo fast alle, wie auf einem Präsentierteller angeboten, später einem britischen Luftangriff zum Opfer fielen.

Italien wurde gerade von den westlichen Alliierten erobert, die deutsche U-Bootwaffe war im Atlantik vernichtend geschlagen worden, der Luftkrieg war verloren, auch die Luftschlacht über Deutschland, die Rote Armee befand sich auf dem Vormarsch in das Reich. Eine machtvolle sowjetische Offensive stand bevor, die am 23. Juni 1944 begann, die deutsche Front im Mittelabschnitt auf einer Breite von Hunderten von Kilometern aufriß, die deutsche Heeresgruppe Mitte mit 25 Divisionen zerschlug und fast die deutsche Ostfront zum Einsturz brachte. Die Katastrophe zeichnete sich ab.

Da die deutsche Kriegsmarine erst im August mit einer Landung rechnete und sie am 6. Juni schon wegen der etwas rauhen See nicht für möglich hielt, hatte sie offenbar auch ihre Vorpostenboote zurückgezogen, jedenfalls vor der Normandie. Rommel wollte bei dem geplanten Gespräch mit Hitler ihm nochmals die Strategie der küstennahen Verteidigung nahebringen und ihn bitten, die von der Atlantikküste bis nach Belgien zerstreute operative Reserve, bestehend aus 4 Panzerdivisionen und einer Panzergrenadierdivision, der Heeresgruppe B zu unterstellen, auf jeden Fall einige dringende Maßnahmen zu genehmigen, darunter solche, welche die deutsche Kampfkraft in der Normandie verstärken sollten, vor allem aber sofort die Panzerlehrdivision, die 12. SS-Panzerdivision, das Flak-Korps, die Werferbrigade 7 und das Fallschirm-Korps Meindl in die Normandie zu verlegen. Doch, wie es im Schwäbischen heißt, »die Katze war bereits den Baum hinauf«.

Im Vorjahr, am 25. Mai 1943, hatte Rommel seiner Frau folgenden Geburtstagsbrief geschrieben: »Es ist an der Zeit, Dir zum Geburtstag zu gratulieren. Meine Wünsche sollen nicht verspätet ankommen. Zum 6. 6. Dir alles denkbar Gute. Möge das kommende Lebensjahr viel Erfreuliches bringen. Vielleicht geht der Krieg in dieser Zeit doch zu Ende und wir dürfen nochmals glückliche Friedensjahre erleben und die Berufswahl unseres Sohnes mit beeinflussen. Man ist so abgeschlossen von aller Welt und hat das Gefühl, jetzt handeln zu müssen.«

In der Nacht vom 5. auf den 6. Juni 1944 übernachtete er in seinem Haus in Herrlingen. Am 6. Juni morgens um 7.30 Uhr[10] rief ihn sein Stabschef Generalleutnant Speidel an, unterrichtete ihn über die Lage, von der es noch kein klares Bild gab, und sagte, es sei noch offen, ob es sich um die Invasion handle. Rommel solle noch weitere Meldungen abwarten, bevor er seinen Besuch bei Hitler absage. Um 10 Uhr

[10] So jedenfalls Rommels Kriegstagebuch. Andere Quellen deuten darauf hin, daß Speidel ihn schon um 6.30 Uhr angerufen hat.

rief Rommel Speidel zurück. Inzwischen war es klar, daß die Landung erfolgt war. Eine große alliierte Kriegsflotte lag in der Seinebucht zwischen Le Havre und Cherbourg und beschoß mit 640 Rohren deutsche Befestigungen und Panzeransammlungen. Die alliierte Luftwaffe vernichtete die sich heftig wehrende, aber hoffnungslos unterlegene deutsche Luftwaffe, bombardierte und beschoß die deutschen Bodentruppen und behinderte den Anmarsch von Verstärkungen, so daß diese sich am hellen Tag entweder gar nicht oder nur bei Inkaufnahme hoher Verluste oder nur dann bewegen konnten, wenn sie mit ihrem Gegner so eng verschränkt waren, daß dessen Luftwaffe nicht eingesetzt werden konnte, wollte sie nicht die eigenen Verbände treffen. Es kam immer wieder vor, daß die britische und amerikanische Luftwaffe eigene Truppen angriff. Die Briten sprechen in solchen Fällen von *friendly fire*.

Rommel war tief betroffen, sagte sofort die Besprechung bei Hitler ab und fuhr zurück. Fliegen konnte er am 6. Juni nicht wegen der unvertretbar großen Gefährdung durch die alliierte Luftwaffe. Um 21.30 Uhr traf er in La Roche-Guyon ein. Die Alliierten waren in der Normandie im Abschnitt der 7. deutschen Armee und des LXXXIV. Korps auf einer Breite von rund 100 km gelandet. Sie hatten fünf Landeköpfe gebildet. Die 1. US-Armee hatte mit dem VII. US-Korps einen Landekopf westlich der Mündung des Flusses Vire, genannt »Utah«-Strand, gewonnen, und einen zweiten mit dem V. US-Korps östlich der Viremündung, genannt »Omaha«-Strand. Die 2. britische Armee hatte mit englischen Truppen zwischen Bayeux und Caen einen Landekopf, genannt »Gold«-Strand, gewonnen und daran jeweils links anschließend einen mit kanadischen Truppen, genannt »Juno«-Strand, und einen mit englischen und schottischen Truppen, genannt »Sword«-Strand. Die deutsche Seite hatte Mühe, die Lage zu erfassen.

0.30 Uhr wurden erste Luftlandungen gemeldet. Aber solche Meldungen trafen auch von anderen Abschnitten ein, wo die Alliierten Stoffpuppen mit Knallkörpern abgeworfen hatten, die Maschinengewehrfeuer simulierten.

2.30 Uhr bat der Ia des OB West die Panzergruppe West, die 12. SS-Panzerdivision solle Richtung Küste aufklären.

3.00 Uhr setzte die alliierte Bombardierung ein.

3.25 Uhr meldete die Marinegruppe West, daß Landeboote gesichtet worden seien.

4.10 Uhr ordnet der OB West für die 7. und die 15. Armee sowie die Panzergruppe West Alarmstufe II an (erhöhte Marschbereitschaft).

4.25 Uhr befiehlt OB West der Panzergruppe West sofort kampfkräftige Aufklärung Richtung Küste und beantragt beim OKW (Hitler, Keitel) die Freigabe der Panzergruppe für alle Fälle.

5.00 Uhr meldet die Marinegruppe West starke Kräfte mit Landungsbooten. OB West unterstellt die 12. SS-Panzerdivision der Heeresgruppe B und befiehlt der Division, an die Küste heranzurücken.

5.30 Uhr Die alliierte Schiffsartillerie eröffnet das Feuer.

6.30 Uhr Seelandung alliierter Truppen.

7.00 Uhr Die 12. SS-Panzerdivision wird gestoppt.

9.30 Uhr OB West: Feindlandung und Luftlandung zwischen Seine und Cherbourg. Zur Zeit noch nicht zu übersehen, ob groß angelegtes Ablenkungsmanöver oder Schwerpunkt der Landung.

10.00 Uhr OKW lehnt Freigabe der OKW-Reserve ab.

11.00 Uhr OB West: Noch kein klares Lagebild.

Luftaufklärung meldet Schiffsansammlung.

14.15 Uhr OB West bittet um Freigabe der 12. SS-Panzerdivision.

14.30 Uhr OKW gibt 12. SS-Panzerdivision und Panzerlehrdivision frei und genehmigt Unterstellung unter Heeresgruppe B.

Am 8. Juni 1944 fuhr Rommel an die Front nach Caen. Dort begegnete auch er der alliierten Luftwaffe auf eindrucksvolle Weise wieder. Er und seine Begleitung mußten zwanzigmal vor Tieffliegern in Deckung gehen. Die deutsche Infanterie in den Küstenstellungen hatte sich sehr gut geschlagen, einzelne Stützpunkte hielten sich tagelang, aber die deutschen Panzerdivisionen konnten ihnen nicht so rechtzeitig zur Hilfe kommen, wie das Rommels strategisches System voraussetzte. Wegen sich widersprechender Befehle (Angriff links oder rechts der Orne) trat die 21. Panzerdivision, die einzige Panzerdivision, die in der Normandie in Küstennähe bereitgestellt war, zu spät zum Gegenstoß an. Er konnte gegen die immer stärker werdenden Briten und Kanadier und gegen die aus allen Rohren feuernde alliierte Schiffsartillerie nicht zu einem durchschlagenden Erfolg werden.

Die zur operativen Reserve gehörende 12. SS-Panzerdivision »Hitlerjugend« und die Panzerlehrdivision wurden von Hitler am 6. Juni 1944 viel zu spät freigegeben, so daß die 7. Armee unter Generaloberst Dollmann erst um 16 Uhr erfuhr, daß die beiden Divisionen ihr unterstellt waren. Die Einheiten hatten einen zu langen Anmarschweg, um am ersten Invasionstag noch eingreifen zu können. Überdies hatten sie durch Angriffe der alliierten Luftwaffe schwere Verluste erlitten. Rommel wollte mit den Panzerdivisionen zunächst einen Schwerpunkt gegen die Amerikaner bilden, um die Gefährdung der Cotentin und des Hafens von Cherbourg zu beseitigen, das OKW jedoch stimmte diesem Vorschlag nicht zu. So wurde der Schwerpunkt in den Raum Caen verlegt, was im übrigen wohl weniger deutscher Strategie entsprach, sondern mit dem Umstand etwas zu tun hatte, daß Montgomery kräftig nach Süden in Richtung Caen drängte. Jenseits der Stadt lockten Flugplätze. Die Alliierten waren sehr daran interessiert, möglichst bald viele ihrer Flugzeuge in der Normandie zu stationieren, um ihnen den An- und Rückflug über den Kanal zu ersparen und Beschränkungen der Einsatzdauer abzubauen, die wegen der begrenzten Kapazität der Treibstofftanks notwendig waren.

Nach der Landung versuchte die deutsche Seite, die Vereinigung der Landungsköpfe zu verhindern, um sie dann zu zerschlagen. Rommel wollte zunächst die amerikanischen Landungsköpfe Utah und Omaha angreifen, weil von Utah aus die Eroberung der Halbinsel Cotentin mit dem Hafen Cherbourg drohte und weil den Amerikanern die Landung in Omaha nicht so gut gelungen war wie den Briten in ihren Abschnitten. Am Utah-Strand hingegen waren auch die Amerikaner am 6. Juni 1944 erfolgreich. Die Stellungen der deutschen Verteidiger dort wurden stundenlang von der Luftwaffe der Alliierten bombardiert und von zwei Schlachtschiffen, zwei Kreuzern und zehn Zerstörern beschossen. Überdies waren sie das Ziel von Raketen und Granaten, die aus der Landungsflotte heraus abgefeuert wurden.

Die Amerikaner hatten Amphibienpanzer an Land gebracht, die dazu beitrugen, daß die deutschen Infanteristen in ihren Stellungen rasch niedergerungen werden konnten. Es gelang ihnen auch, vor Eintritt der Flut Gassen in die freistehenden Vorstrandhindernisse zu bahnen und so zu verhindern, daß ihr Material in dem steigenden Wasser verschwand. Hinter den deutschen Stellungen am Strand befand sich aber überflutetes Gelände. Noch vor der Anlandung in Utah waren in der Nähe zwei amerikanische Luftlandedivisionen niedergegangen. Diese sollten die Verbindung zu den angelandeten US-Truppen herstellen und zusammen mit diesen die Möglichkeit eines amerikanischen Vorstoßes zur Westküste offen halten. Die eine Luftlandedivision (die 82.) wurde in verlustreiche Kämpfe mit der deutschen Infanterie verstrickt, die andere wurde weit verstreut, als sie auf französischem Boden landete. Der Landekopf Utah hatte zunächst keine Verbindung zu Omaha. Diese herzustellen sollte noch Tage dauern.

Im Abschnitt Omaha war der deutsche Widerstand der heftigste und nachhaltigste des Tages. Omaha wurde von mehr und kampfstärkeren deutschen Truppen verteidigt, als die Amerikaner annahmen. Sie wußten nicht, daß das deutsche Oberkommando eine weitere, gut ausgebildete Infanteriedivision in den Landungsabschnitt verlegt hatte, nämlich die 352., die sich der 716. Infanteriedivision hinzugesellte. Von den amerikanischen Amphibienpanzern erreichten nur zwei das Ufer. Die übrigen waren gar nicht zu Wasser gelassen worden oder im Meer versunken. Die Amerikaner versuchten ohne Panzer, nur mit ihrer Infanterie, die deutschen Küstenbefestigungen zu überwinden. Das kostete viel Blut. Die Sicht war schlecht und weder die Beschießung noch die Bombardierung der deutschen Verteidigungsanlagen hatte die angestrebte Wirkung. Die Anlandung war starkem deutschen Artillerie-, Werfer- und Maschinengewehrfeuer ausgesetzt, das die amerikanischen Truppen stundenlang am Strand festhielt. Der Atlantikwall hielt zunächst einmal stand, jedenfalls in Omaha.[11] Zwischen Omaha und dem östlich benachbarten britisch-kanadischen Abschnitt Gold lag am Abend des 6. Juni 1944 noch ein von deutschen Truppen gehaltener Küstenstreifen von 10 km Breite. Ein Streifen von 3 km Breite trennte die Briten von den Kanadiern. Die deutschen Truppen in ihren Küstenstellungen warteten auf den Entsatz durch die deutschen Panzer. Aber die kamen nicht.

---

[11] Wilmot, Kampf um Europa, a.a.O., S. 264

Die Briten und Kanadier hatten mit der Anlandung ihrer Verbände weniger Schwierigkeiten als die Amerikaner in Omaha. Sie setzten zur Unterstützung der Infanterie Panzer ein. Unter diesen waren Spezialpanzer mit Minenräumgeräten, sogenannte Dreschflegelpanzer, wie sie schon in Afrika eingesetzt worden waren, sowie Panzer mit Flammenwerfern. Die Briten versuchten nicht, die deutschen Stellungen mit Infanterie zu stürmen, wie das die Amerikaner mit hohen Verlusten in Omaha unternahmen, sondern sie bei starkem Einsatz technischer Mittel von den Lücken zwischen den deutschen Stellungen her aufzubrechen. Jedenfalls verfügten Briten und Kanadier am Abend des 6. Juni über tiefe Landeköpfe. Auch gelang es den Briten, beiderseits der Orne Luftlandetruppen abzusetzen und diesen, sich gegen die Deutschen zu behaupten. Am 6. Juni 1944 um 21 Uhr stellten sich Teile der 21. Panzerdivision, die bei Luc sur Mer an die Küste vorgedrungen waren, bereit, um an der Küste Richtung Osten die deutschen Verteidigungsanlagen zu entsetzen, da erschienen über ihnen 250 britische Transportmaschinen mit 250 Segelflugzeugen im Schlepp und vielen Jagdflugzeugen zu ihrem Schutz. Die Armada landete beiderseits der Orne eine britische Luftlandebrigade mit ihrer Ausrüstung.

Die Absicht Rommels, mit den drei Panzerdivisionen zunächst die amerikanischen Brückenköpfe zu zerschlagen, hätte sich nur verwirklichen lassen, wenn in den britischen Abschnitten Landung und Gewinnung von Brückenköpfen weniger günstig verlaufen wären, als das tatsächlich der Fall war. So konnte Montgomery von Anfang an Truppen beachtlicher Stärke ins Feld stellen. Die verlustreich herangeführten deutschen Truppen, Opfer der alliierten Luftwaffe und der alliierten Schiffsartillerie, hatten es mit einem Gegner zu tun, dessen Kraft weit schneller anwuchs als die der deutschen Seite, die durch Montgomerys Offensivstöße bald in die Defensive gedrängt wurde. Die herangeführten Panzerdivisionen des Heeres und der Waffen-SS konnten Hitlers Befehl, den Gegner ins Meer zu werfen, nicht ausführen. Vielmehr hatten sie alle Hände voll zu tun, um zu verhindern, daß die eigene Front durchbrochen wurde und Montgomerys Truppen die freie, wenig Deckung bietende Landschaft Frankreichs gewinnen konnten. Das Bocagegelände und die Wälder der Normandie waren nämlich für die deutsche Seite günstig, weil sie doch etwas Schutz vor alliierten Kampfflugzeugen boten. Diesen Schutz gab es im freien Gelände nicht. Jedenfalls konnte Montgomerys Heeresgruppe die Mehrzahl der deutschen Panzerdivisionen (8 von 10) an ihre Front binden und die US-Streitkräfte entlasten.

Die deutsche Hoffnung, die Alliierten würden einige Zeit nach der Landung Schwierigkeiten mit dem Nachschub bekommen, wenn es ihnen nicht gelänge, einen Hafen zu erobern, erfüllte sich nicht, denn die Alliierten brachten zwei künstliche Häfen an den Strand der Normandie, deren Reste heute noch zu sehen sind. Am 18. Juni, am 12. Tag der Landung, betrug die Löschleistung 24 000 Tonnen. Am nächsten Tag brach ein Sturm los, den niemand vorausgesehen hatte. Er zerstörte einen der künstlichen Häfen, den die Amerikaner »Maulbeerhafen« genannt hatten, und setzte 800 Schiffe an Land, vor allem Panzerlandungsfahrzeuge. Dort blieben sie bis zur Springflut Mitte Juli. Die Amerikaner ließen aber Schiffe auf den Strand laufen und entluden sie dort bei Ebbe direkt. Jedenfalls gewannen die Alliierten die Schlacht um den Nachschub, obwohl jede ihrer Divisionen 650 Tonnen täglich benötigte, während die Deutschen mit 200–300 Tonnen auskamen. Auf deutscher Seite floß der Nachschub immer spärlicher. Dafür sorgte schon die alliierte Luftherrschaft. Schließlich war der sich immer mehr ausdehnende Landekopf der Alliierten bis zum Bersten angefüllt mit Soldaten und Kriegsmaterial, die auf das Signal zum Ausbruch in das Innere Frankreichs warteten.

Nachdem es den US-Streitkräften gelungen war, gegen heftigen Widerstand der deutschen Infanterie die Brückenköpfe Utah und Omaha zu vereinigen und auch die Verbindung zu den östlich benachbarten Briten herzustellen, konzentrierten sie sich auf die Eroberung der Halbinsel Cotentin und der Stadt und Festung Cherbourg. Wegen der Beschädigungen der alliierten Anlandeeinrichtungen durch den Sturm vom 17. bis 19. Juni waren die Amerikaner an einer raschen Eroberung und Inbetriebnahme des Cherbourger Hafens interessiert. Rommel kannte die stark befestigte Stadt und Festung gut, denn seine 7. Panzerdivision hatte sie 1940 in der Endphase des Frankreichfeldzuges im Handstreich genommen, nachdem ihm durch Zufall im Sommerhaus des Festungskommandanten eine Denkschrift in die Hände geraten war, in der dieser die damaligen Schwächen des Verteidigungssystems sachkundig beschrieben hatte.

Von deutscher Seite gab es das Interesse, daß die Festung Cherbourg so lange wie möglich gehalten wurde, sozusagen als Pfahl im Fleisch der Alliierten. Die deutschen Truppen – vor allem die Infanterie – hatten sich gut geschlagen und unter anderem Montebourg zweimal von den US-Truppen wieder zurückerobert. Beide Seiten hatten schwere Verluste erlitten, aber die Überlegenheit der US-Streitkräfte wuchs Tag für Tag. Den Amerikanern gelang es, zur westlichen Küste der Normandie durchzubrechen und damit den nördlichen Teil einschließlich Cherbourg abzuschnüren. Es war in dieser Lage militärisch sinnlos, daß sich die deutschen Truppen außerhalb der Festung zum Kampf stellten und allein sinnvoll, daß sie sich dorthin zurückzogen und ihren seit 1940 stark befestigten landseitigen Verteidigungsring besetzten. Das sollte auch geschehen. Der Armeechef, Generaloberst Dollmann, der Korpschef Farmbacher und Rommel, der sich am 16. Juni 1944 in dessen Gefechtsstand aufhielt, waren sich über den Rückzug der deutschen Truppen in die Festung Cherbourg einig, als ein Führerbefehl eintraf, der anordnete, daß die gegenwärtige Linie zu halten sei. Obwohl Rommel und von Rundstedt protestierten, gab Hitler nicht nach. Am nächsten Tag, an dem von Rundstedt und Rommel bei Soissons eine Besprechung mit Hitler hatten, schien es zunächst, als lenke Hitler ein, doch am Abend des 17. Juni 1944 bekräftigte er seinen Durchhaltebefehl. Am 26. Juni 1944 mußte die unter Mangel an Truppen leidende Festung Cherbourg kapitulieren. Die Amerikaner hatten den Rücken frei und konnten sich auf ihre Südfront konzentrieren, die sie in verlustreichen Kämpfen ausdehnten.

Im britischen Frontabschnitt war der Raum um die Stadt Caen Schauplatz von mehr als zwei Monaten andauernder Kämpfen der britisch-kanadischen Heeresgruppe mit der deutschen Panzergruppe West, die später in 4. Panzerarmee umbenannt wurde. Die Royal Air Force war, wie gesagt, an den Flugplätzen südlich von Caen sehr interessiert. Im Zuge der Anlandung war es den britischen Truppen fast, aber dann doch nicht gelungen, die Stadt Caen einzunehmen. Es gelang Montgomerys Heeresgruppe bis in den August hinein trotz massivem Luftwaffen- und Artillerieeinsatz nicht, durch kraftvoll und mit taktischem Geschick geführte Offensivstöße die deutsche Front zu durchbrechen. Wohl aber gelang es ihr, Geländegewinne zu erzielen, die deutsche Seite an einer Gegenoffensive zu hindern, die Mehrheit der deutschen Panzerdivisionen an der britisch-kanadischen Front zu binden und so die amerikanische Heeresgruppe unter Bradley zu entlasten, bis dieser durch die Operation Cobra vom 25. bis 31. Juli 1944 der Durchbruch nach Avranches gelang.

Den Angriff der von Afrika her berühmten 7. britischen Panzerdivision konnte die deutsche Panzerlehrdivision bei

Tilly-sur-Seulles zum Stehen bringen. Daraufhin versuchten die Briten, die deutsche Position durch eine Frontlücke westlich zu umgehen. Trotz britischen Anfangserfolgen – sie konnten die Stadt Villers-Bocage einnehmen – scheiterte die Operation. Chester Wilmot schreibt, die Panzerlehrdivision hätte in der zehntägigen Schlacht mit einer Gewandtheit und einem Kampfgeist gefochten, der an den alten Gegner aus Afrika erinnert hätte. Die Kämpfe, die sechs Tage nach der Landung, vom 12. bis 15. Juni 1944, westlich von Caen stattfanden, werden von den Briten »Operation Perch« genannt.

Vom 25. bis 29. Juni 1944, wiederum westlich von Caen, folgte die Odon-Offensive, genannt nach einem kleinen Flüßchen. Das für den 26. Juni angestrebte Ziel erreichten Montgomerys Truppen nicht. Aber die deutsche Seite war beunruhigt. Inzwischen hatte sich der kommandierende General des gerade aus Polen herantransportierten II. SS-Panzerkorps, Obergruppenführer Hausser, bei Generaloberst Dollmann, dem Oberbefehlshaber der 7. Armee, gemeldet. Die beiden Panzerdivisionen des Korps sollten den Kern einer deutschen Offensive in Richtung Bayeux bilden. Nun wurden sie in die Schlacht um den Odon hineingezogen. Hausser marschierte zu einer Gegenoffensive auf, die am 29. Juni 1944 beginnen sollte. Aber am Morgen dieses Tages verbesserte sich die Wetterlage so, daß die britische Luftwaffe sich voll entfalten konnte. Der deutsche Gegenangriff scheiterte unter hohen Verlusten, von einzelnen Teilerfolgen abgesehen.

SS-Obergruppenführer Hausser, Nachfolger des am 29. Mai verstorbenen Dollmann, schlug vor, Caen zu räumen, hatte aber mit diesem Vorschlag keinen Erfolg, obwohl er von der Panzergruppe West und der Heeresgruppe unterstützt wurde. Am 1. Juli 1944 versuchte er, den britischen Truppen den Frontvorsprung westlich von Caen wieder abzunehmen, scheiterte aber.

Am 7. Juli hatte die Royal Air Force auf die Nordvorstadt Caens 2500 Tonnen Bomben abgeworfen. Doch vier Tage später konnten die Deutschen einen direkten Angriff auf die Stadt Caen abwehren. Vom 18. bis 22. Juli 1944 stießen Montgomerys Truppen östlich von Caen im Rahmen der Operation »Goodwood« vor. Sie wurden aber dank eines aus mehreren Linien bestehenden, tief gestaffelten Verteidigungssystems unter erheblichen Verlusten zum Stehen gebracht. Das war die letzte Schlacht, an deren Vorbereitung Rommel mitwirkte. Die Operation »Totalize« folgte am 8. bis 11. August, die aus dem inzwischen von den Briten eingenommenen, völlig zerstörten Caen nach Süden zielte, aber auch noch keinen Durchbruch schaffte. Fazit war aber: Die deutschen Panzerverbände konnten jedenfalls nicht aus diesem Abschnitt herausgelöst werden, um für eine deutsche Offensive zur Verfügung zu stehen.

Die SS-Panzerdivision »Hitlerjugend« kämpfte, wie Chester Wilmot schreibt, »mit einer Zähigkeit und einem Ingrimm, wie sie während des ganzen Feldzuges nicht wieder angetroffen wurden«. Noch am 15. August konnte die von 18 000 Soldaten auf 500 Grenadiere, 15 Panzer und ein Dutzend 8,8 cm-Kanonen zusammengeschmolzene Division die Kanadier auf der letzten Höhe vor Falaise aufhalten und verhindern, daß der Kessel Mortain-Falaise geschlossen wurde. Am 4. Juli 1944 versuchten die Briten, Caen durch einen frontalen Angriff zu nehmen. Trotz massiven Widerstands, vor allem der Division »Hitlerjugend«, gelang es den Briten und Kanadiern, den Stadtkern von Caen zu erobern. Der Südteil der Stadt blieb indessen in deutscher Hand. Die Deutschen konnten die Straßen, die durch die Stadt führten, weiterhin sperren.

Hitler als Feldherr

Im Dritten Reich wurden die Verbrechen, die Angriffskriege, die Blindheit für die wahre Kriegslage und die wahre Natur des NS-Staates auch dadurch erleichtert, daß in Deutschland bis in die höchsten Stäbe und Dienststellen hinein eine unvorstellbare Uninformiertheit über die Gesamtlage herrschte, die durchaus beabsichtigt war. Die einzigen, denen gestattet war, alles zu wissen, waren Hitler und ein verhältnismäßig kleiner Teil seiner engsten Mitarbeiter. So konnten sie und seine Propaganda verunsichern und verwirren. Vor der alliierten Landung hatte Hitler versucht, in der Wehrmacht Optimismus zu verbreiten, indem er den Einsatz von Waffen ankündigte, die es gar nicht gab oder noch lange nicht geben würde. Zu Rommel sprach er von einer Atomwaffe, die ungeheuer wirksam sei, und er behauptete, 1000 Strahljäger (Düsenjäger) würden den Himmel über Frankreich von alliierten Flugzeugen säubern. Die Geschichte von der Atomwaffe war reine Erfindung, wie sich schon damals herausstellte. Die Strahljäger erschienen nie über der Normandie. Sie wurden mit wenigen Ausnahmen von den Alliierten erbeutet, ohne je eingesetzt worden zu sein, weil es an Treibstoff und an ausgebildeten Piloten fehlte.

Generaloberst Ludendorff, während des Ersten Weltkrieges neben Hindenburg der mächtigste Mann in Deutschland, hatte nach der deutschen Niederlage 1918 Kritik an Clausewitz geübt. Er zweifelte dessen These an, der Krieg sei die Fortsetzung der Politik mit anderen Mitteln. Ludendorff meinte, es sei umgekehrt. Die zentrale Figur im Kriegsfall sei der Feldherr, unter dem er sich natürlich einen Generalstabsoffizier vorstellte, dem sich der Politiker unterordnen müsse. Hitler gelang es, auch Ludendorffs These auf den Kopf zu stellen; die Funktion des Feldherrn auf sich selbst zu übertragen und sein politisches Amt als Diktator beizubehalten. Während Stalin schließlich darauf verzichtete, sich in die operative Führung einzumischen und bereit war, diese seinen Marschällen und Generalen zu überlassen, versuchte Hitler, auf allen Kriegsschauplätzen die wichtigsten Entscheidungen selber zu treffen, wie ein Schachmeister auch gegen mehrere Schachspieler anzutreten vermag. Hitler vermochte das aber nicht. Ihm und seinen militärischen Stäben, auf die er einen seltsamen Einfluß ausübte, fiel in der letzten Phase des Krieges meistens nur ein, der Truppe zu befehlen zu siegen oder zu sterben, keinen Quadratmeter Boden preiszugeben und nicht nur bis zur letzten Patrone, sondern bis zum letzten Blutstropfen zu kämpfen. Soldaten von Rang wie Feldmarschall von Manstein und Generaloberst Guderian wurden, wie man damals sagte, »kaltgestellt«, das heißt, mit keiner Führungsaufgabe mehr betraut.

Nach der alliierten Landung in der Normandie war es das schlichte Rezept Hitlers und des Oberkommandos der Wehrmacht, keinen Boden preiszugeben. Dieses Rezept hatte schon in Rußland viele Opfer gekostet. Es sprach Bände über die Kaltschnäuzigkeit, mit der Hitler mit dem Leben der Soldaten umsprang. Denn die Befolgung solcher Befehle führte zu zusätzlichen, großen und vermeidbaren deutschen Verlusten. Das wußte jeder Frontkommandeur. Durch seine unmenschliche, engstirnige und unbelehrbare Haltung, besonders auch durch seine Weigerung, die vernichtende Wirkung der alliierten Luftherrschaft anzuerkennen, verloren Hitler und seine Führungsgehilfen in der Normandie nach und nach das Vertrauen der Frontkommandeure, auch das der Waffen-SS.

Rommels Kredit hingegen wurde größer, denn er erschien in den Gefechtsständen an der Front und versuchte, Führerbefehle abzuschwächen, zu umgehen und gelegentlich nicht zu beachten. Er protestierte gegen Hitlers Befehle und forderte, daß dieser selbst nach Frankreich komme und dort mit den Frontkommandeuren spreche, um ein realistisches Bild der Lage zu gewinnen. Er selbst wußte, daß nicht nur der deutsche »Endsieg« ein gefährliches Trugbild war, sondern daß auch ein Frieden mit Bedingungen in dem Maße unwahrscheinlich wurde, in dem die Alliierten ihre Überlegenheit ausbauten und keinerlei Aussicht bestand, sie daran zu hindern. Rommel versuchte aber auch zu vermeiden, daß Hitler ihn absetzte. Er wollte Einfluß auf das weitere Geschehen behalten. Er pflegte Gespräche mit der Frage einzuleiten: Was halten Sie von der Lage? Besteht Aussicht, die Alliierten wieder ins Meer zu werfen? Die Möglichkeit, die Alliierten zu schlagen, wurde von den Kommandeuren von Tag zu Tag ungünstiger eingeschätzt. Die Untergangsstrategie des Festhaltens am Boden wurde von den Praktikern der Front für katastrophal angesehen. Jeder, der eine mehr, der andere weniger deutlich, äußerte sich kritisch zu den Befehlen des OKW.

Die Befehle Adolf Hitlers liefen darauf hinaus, daß die deutschen Truppen sich dort zum Kampf stellen sollten, wo die Wirkung der alliierten Waffen am größten war. Sie schickten Tausende in den Tod. Wären sie alle ausgeführt worden, wäre die Zahl der Toten noch weit höher gewesen. Daß diese Befehle unsinnig und mörderisch und die Niederlage unausweichlich war, erkannten auch die SS-Generäle. Bei ihren Darstellungen der Lage äußerten sie sich ebenso realistisch wie die Heeresgeneräle. Ihnen wurde von Tag zu Tag deutlicher, daß die Briten und Amerikaner nicht ins Meer geworfen werden konnten, sondern daß sie die deutsche Front durchbrechen und Frankreich erobern würden. Bereits am 17. Juni 1944 hatte der Chef des II. SS-Panzerkorps, General und Oberstgruppenführer Sepp Dietrich, Rommel gemeldet, daß seine Truppe am Verbluten sei und nirgends vorwärts komme. Am 20. Juni 1944 meldete der Oberbefehlshaber der 7. Armee,

SS-Generaloberst Hausser, daß die Front nicht zu halten sei, wenn kein Ersatz komme. Haussers Erfahrungen waren ähnlich, als er am 1. Juli 1944 versuchte, die alliierte Position in Odon zu nehmen. Er scheiterte diesmal nicht an der alliierten Luftwaffe, die bei schlechtem Flugwetter nicht eingesetzt werden konnte, sondern an dem gewaltigen alliierten Artilleriefeuer.

Rommel hielt bei seinen Gefechtsfahrten Kontakt mit seinen dahinschmelzenden Truppen. Es herrschte Übereinstimmung, daß die starren Durchhaltebefehle Hitlers dem Gegner in die Hände arbeiteten und viele erkannten, daß durch weiteres Heldentum nichts gewonnen, aber vielleicht alles verloren würde. Die Treue geriet ins Zwielicht, und der mystische Glanz des Führers verblaßte, auch für viele seiner Getreuen, vor allem in den oberen Rängen. Im Juli 1944 sprach Rommel Dietrich an und fragte: Mit wem geht Ihr, wenn ich hier Schluß mache. Dietrich antwortete: »Sie sind unser Oberbefehlshaber, wir gehen mit Ihnen!« Rommel erwähnte dieses Gespräch vor seinem Tod mehrmals im Familienkreise und äußerte sich über Dietrich weit freundlicher, als er dies 1943 nach dem Einmarsch nach Italien getan hatte. Frau Rommel und sein Sohn bestätigten Dietrich diese Äußerung Rommels durch eine eidesstattliche Erklärung vom 22. Mai 1950.

Am 10. Juni 1944 hatte Hitler seinen Durchhaltebefehl erlassen. Jeder Mann habe dort zu kämpfen und zu fallen, wo er gerade stehe. Hitler wiederholte solche Befehle immer wieder und zeigte sich gegen jedes Gegenargument resistent. Feldmarschall Hans Günther von Kluge erschien Anfang Juli 1944 als neuer OB West in Frankreich, um die Befolgung des Haltebefehls auch bei Rommel durchzusetzen. Jeder Quadratmeter sollte verteidigt, bis zum letzten Blutstropfen sollte gekämpft werden, sofern noch jemand lebte, der das tun konnte. Aber allein ein mehrere Kilometer tief gestaffeltes, auf dem

Prinzip der beweglichen Verteidigung beruhendes System bot die Aussicht, daß genügend Verteidiger die Luftangriffe und das Feuer der alliierten Schiffs- und Feldartillerie überlebten, um im Bewegungsgefecht einen Durchbruch abzuwehren. Die alliierte Luftherrschaft durch den massierten Einsatz riesiger Bomberflotten und Tausender von Jagdbombern, die ungestört tätige Schiffsartillerie der britischen und amerikanischen Marine sowie die Artillerie der alliierten Landstreitkräfte, die zwanzigmal mehr Munition verfeuerte als die deutsche, erzwang eine tief gestaffelte Gliederung der deutschen Verteidigung. Als Ouvertüre zu Montgomerys Offensive Good Wood am 18. Juli 1944 südwestlich von Caen warfen die alliierten Geschwader 12 000 Tonnen Bomben auf die deutschen Stellungen ab[12], eine der stärksten Bombardierungen in der Kriegsgeschichte. Zum Vergleich: Vom 7. bis 30. September 1940 warfen 4400 deutsche Flugzeuge 5361 Tonnen Sprengbomben auf London.

Während des Gefechtes waren die Alliierten beim Einsatz von Bombergeschwadern und Schiffsartillerie eingeschränkt wegen der Gefahr, die eigenen Soldaten zu treffen. Verluste durch »friendly fire« sind in der Normandie wiederholt eingetreten. Bei der Abwehr aus der Tiefe des Raums heraus gerät der vorderste, wegen der Bombardierungen und des Artilleriefeuers nur dünn besetzte Teil des Gefechtsfeldes zunächst einmal in den Besitz des Angreifers und bleibt dort auch, sofern nicht durch Gegenangriffe Gelände wieder zurückgewonnen wird. Deshalb konnte die deutsche Seite bis Ende Juli 1944 zwar einen Durchbruch verhindern, mußte es aber hinnehmen, daß sich der alliierte Landekopf immer mehr ausbreitete. Wenn das Opfer von Soldaten sinnlos wird, spätestens dann hat niemand mehr das Recht, es zu fordern. General Cam-

[12] Overy, Die Wurzeln des Krieges, a.a.O., S. 220

bronne, der Kommandeur der napoleonischen Garde, hat 1815 in der Schlacht von Waterloo das Kapitulationsangebot der siegreichen Gegner nicht, wie es die Fama will, mit den Worten beantwortet: »Die Garde stirbt, aber sie ergibt sich nicht«, sondern mit einem einzigen Wort »Merde!«. Dieses Wort wird seitdem umschrieben als »mot de Cambronne«.

Der Durchbruch gelang der 1. US-Armee am 27. und 28. Juli 1944 westlich von St. Lo durch die Cobra-Offensive, die eine Lücke in die deutsche Front riß. Durch die Lücke stieß die 3. amerikanische Armee unter General Patton in den französischen Raum und schickte sich an, die 7. deutsche Armee und die Panzergruppe West einzukesseln. Vorausgegangen war der Untergang der Panzerlehrdivision, die kurz zuvor von der britischen Front an die amerikanische verlegt worden war. Die US-Luftwaffe löschte mit 1500 Bombern und 1000 weiteren Kampfflugzeugen diese Division praktisch aus[13]. Der Divisionskommandeur, Generalmajor Fritz Bayerlein, hatte das Bombardement durch Zufall überlebt. Danach wies ihn ein Stabsoffizier auf den Führerbefehl hin, daß unter allen Umständen vorne gehalten werden müsse. Bayerlein antwortete: »Sie könne oben melden, der Befehl ist ausgeführt. Alle sind vorn in ihren Stellungen. Aber sie sind tot.«

Der Durchbruch und danach der Ausbruch der alliierten Truppen aus dem mit Soldaten, Waffen, Fahrzeugen und Vorräten bis zum Rand gefüllten Landekopf war zwangsläufig.[14] Zuerst war der Korridor der Amerikaner, der entlang der Westküste der Cotentin nach Avranches führte, ziemlich

[13] Overy, Die Wurzeln des Krieges, a.a.O., S. 220

[14] Bis zum 29. 7. 1944 waren mehr als 1,5 Millionen Soldaten, 332 000 Fahrzeuge und 1,6 Millionen Tonnen Vorräte gelandet worden. Wilmot, Kampf um Europa, a.a.O., S. 409

schmal, aber General Patton jagte seine Divisionen durch den Korridor und in den französischen Raum hinein. Manchmal legten Pattons Truppen am Tag über 20 Meilen zurück. So wie die deutschen Panzer seinerzeit im Jahr 1940 nach dem Durchbruch durch die französische Sommestellung fast ohne auf Widerstand zu stoßen tief in den französischen Raum vorgedrungen waren, machten es jetzt die amerikanischen Verbände.

Als sich wegen der Umfassung durch Pattons Truppen der Kessel von Mortain-Falaise zu bilden im Begriffe war, wäre es auf der deutschen Seite militärisch geboten gewesen, die eigenen Divisionen aus dem Kessel heraus und nach Osten zurückzuführen. Aber Hitler schickte fast alles, was er an deutschen Truppen zusammenkratzen konnte, in den Kessel hinein, um durch einen Angriff nach Westen den amerikanischen Durchbruch abzuriegeln. Er führte sie, um eine Formulierung von Clausewitz zu verwenden, in den »offenen Schlund des Verderbens«. Sein abenteuerlicher Plan scheiterte im alliierten Bombenhagel, Kanonen- und Geschützfeuer unter schweren deutschen Verlusten.

Daß die Deutschen die Schlacht in der Normandie und damit den Krieg verlieren würden, hatte sich eigentlich schon wenige Tage nach der Landung gezeigt. Jedenfalls ging Rommel davon aus. Aber im deutschen Heer flackerte immer wieder Hoffnung auf, die durch jeden taktischen Erfolg neu angefacht wurde. Ende Juli 1944 jedoch war nicht mehr zu übersehen: Es ging zu Ende. Die alliierten Bomber hatten in der Normandie unbedenklich französische Städte und Dörfer zerstört. Zorn und Empörung der französischen Bevölkerung waren so groß, daß sich im Juni 1944 zahlreiche junge Franzosen bei deutschen Einheiten meldeten, um freiwillig auf deutscher Seite mitzukämpfen. Schon bald würden die deutschen Städte von den französischen Flugplätzen aus zertrümmert werden. Und England und die USA würden vielleicht, wenn sie eine Chance hätten, Mitteleuropa zu besetzen, über diese Möglichkeit nachdenken.

Nach diesem Strohhalm greifend versuchte Rommel mit Unterstützung von Rundstedts bei der Besprechung in Margival am 17. Juni 1944 Hitler die Einsicht zu vermitteln, daß der Krieg verloren sei und diese Erkenntnis Folgen haben müsse. Hitler lehnte es ab, über diese Frage auch nur zu sprechen, und beantwortete seine Frage, wie er sich den weiteren Verlauf des Krieges vorstelle mit: »Kümmern Sie sich um Ihre Invasionsfront!«[15] Die Forderung Rommels, Hitler möge in die Normandie kommen, um sich dort im Gespräch mit Frontkommandeuren ein eigenes Bild über die Lage zu verschaffen, akzeptierte Hitler zunächst, kam dann aber doch nicht – im Unterschied zu Winston Churchill, der mehrmals die Normandie aufsuchte. Statt dessen versuchte Hitler, nicht gerechtfertigten Optimismus zu verbreiten – durch maßlos übertriebene Darstellungen der Wirkung der sogenannten Vergeltungswaffen, deren Abschußrampen am Pas de Calais gerade gebaut würden, sowie der Zahl von Waffen, die angeblich bereit stünden. Dieser Optimismus verflüchtigte sich jedoch rasch, als er mit der Wirklichkeit in Berührung kam.

---

[15] Wilmot, Kampf um Europa, a.a.O., S. 350 unter Hinweis auf die Aussagen von Jodl, Blumentritt und Speidel

Die Wehrmacht

Nach jedem verlorenen Krieg wäre es für den Besiegten rückblickend besser gewesen, der Krieg wäre gar nicht begonnen oder wenigstens möglichst früh verloren worden – in einer Zeit, als die Zahl seiner Opfer noch klein und die Bedingungen der Sieger noch verhältnismäßig günstig gewesen wären. Im Falle des Zweiten Weltkrieges kommt hinzu, daß ein militärischer Sieg des NS-Staates nach allem, was man heute weiß, für die Menschheit, auch für die Deutschen selbst, eine Katastrophe gewesen wäre. Denn dieser Staat hatte sich, bereits nach der Machtergreifung 1933, beschleunigt nach dem Kriegsausbruch und noch stärker beschleunigt seit den militärischen Niederlagen Ende 1942 in das Gegenteil dessen verwandelt, was man unter einem Staat versteht – sozusagen zu einem Anti- oder Gegenstaat mit in Unrecht verwandeltem Recht und einer für die Zwecke des Unrechtsstaates instrumentalisierten Moral.

Tugenden wie Mut, Fleiß und Gehorsam wurden nach wie vor hochgehalten, aber in den Dienst des Vaterlandes gestellt, ein Begriff mit sehr hohem Gefühlswert – immerhin waren für das Vaterland im Ersten Weltkrieg fast zwei Millionen deutsche Soldaten gefallen. In Wirklichkeit war »das Vaterland« damals nur noch ein anderer Name für Adolf Hitler. Der aber erkannte keine für ihn verbindliche Normen über sich an, weder staatsrechtliche noch göttliche. Er machte sich Schritt für Schritt selber zum Gott. Man merkte das anfangs nicht so ohne weiteres und man glaubte es nicht, weil es unglaublich war. Schließlich gab es keine Staatsidee mehr, die über dem Diktator stand. Die Konvention wirkte fort, die Fassade stand noch, aber der Inhalt änderte sich.

Das Ausland merkte es auch nicht so recht, sondern unterhielt diplomatische Beziehungen, nahm 1936 an den Olympi-

Erwin Rommel: »Wir haben es mit einem sehr wagemutigen und geschickten Gegner zu tun, und, ich darf dies über die Verwüstungen dieses Krieges hinweg sagen, einem großen General.« (Premierminister Winston Churchill am 27. Januar 1942 vor dem britischen Unterhaus).

Einen Tag nach der Eroberung Tobruks (Libyen) am 21. Juni 1942 ist Rommel zum Generalfeldmarschall befördert worden. Ende September überreichte ihm Hitler in der Reichskanzlei den Marschallstab.

Mit seinem Buch »Infanterie greift an« von 1937 wurde Rommel zum Bestsellerautor.

Das US-Nachrichtenmagazin »Time« 1942 mit einem Rommel-Portrait vor dem Suez-Kanal. Anfang 1943 bezeichnete Thomas Mann in einem Brief Rommels Truppen als »abgebrühte Wüstenhasen«.

Generalfeldmarschall Gerd von Rundstedt, der Oberbefehlshaber West, mit Rommel.

Generalfeldmarschall Hans Günther von Kluge, der Nachfolger Rundstedts.

Schloß La Roche-Gyon an der Seine nördlich von Paris, Hauptquartier der Heeresgruppe B, wo zwar kein Komplott geschmiedet wurde, aber Gespräche über eine Beendigung des Krieges gegen die Westmächte stattfanden. (Zeitschrift von 2005)

Landungshindernisse in der Normandie, sogenannte Rommel-Spargel.

Rommel mit General Carl-Heinrich von Stülpnagel, dem Militärbefehlshaber in Frankreich.

Rommel am Atlantik-Wall, dem größten militärischen Festungsbau seit der Chinesischen Mauer.

SS-Oberstgruppenführer Sepp Dietrich im Juli 1944 zu Rommel: »Ich gehorche nur Ihnen, was Sie auch vorhaben werden.«

Deutsche »Vorstrandshindernisse« an der Küste der Normandie.

Rommel vor einem abgestürzten Lastensegler der alliierten Invasionstruppen.

Rommel vor »Belgischen Rollböcken« an der Küste der Normandie.

Rommel vor einem deutschen Flugzeug mit Luftwaffen-Major Priller, nach dem Krieg Polizeipräsident von Nürnberg.

Rommel mit General Speidel beim Kartenstudium in der Normandie im Mai 1944.

Rommel vor einem getarnten Unterstand an der Küste der Normandie.

Rommel mit General Speidel, Admiral Ruge und Hauptmann Lang im Mai 1944.

Rommel mit SS-Obergruppenführer Hausser (links) und Fallschirmjäger-Kommandeur Meindl (rechts).

Rommel mit seinem Sohn Manfred, seiner Frau Lucie-Maria (zweite von links), Frau Kirchheim (vierte von links) und seiner Schwester Helene.

Rommels »Horch«-Dienstwagen vor seinem Haus in Herrlingen bei Ulm.

Rommels zerstörter »Horch« nach dem britischen Tieffliegerangriff am 17. Juli 1944 auf der Straße von Livarot nach Vimontiers in Nordfrankreich. Der Feldmarschall wurde dabei schwer verwundet. So brach »der einzige Pfeiler«, schreibt Ernst Jünger in seinen Tagebüchern, auf dem ein solches Unternehmen wie das Attentat des Grafen Stauffenberg am 20. Juli 1944 und ein Staatsstreich gegen Hitler »sinnvoll war«. Denn dadurch wurde das Unternehmen »der einzigen Schultern« beraubt, »denen das fürchterliche Doppelgewicht des Krieges und des Bürgerkrieges zuzutrauen war«.

Rommel im August 1944 als Rekonvaleszent nach seiner schweren Verwundung in Frankreich.

Plötzlich und unerwartet verschied nach seiner schweren Verwundung vom 17. 7. 1944 im 53. Lebensjahr mein geliebter Mann und der treueste Freund seines Sohnes, unser lieber Bruder, Schwager und Onkel

Generalfeldmarschall Erwin Rommel

Ritter des Ordens Pour le Mérite
Inhaber des Ritterkreuzes mit Eichenlaub, Schwertern und Brillanten,
des goldenen Verwundetenabzeichens und anderer hohen Auszeichnungen.

Sein Leben war Dienst am Vaterland.

In tiefer Trauer im Namen aller Angehörigen

Frau **Lucie-Maria Rommel**
Manfred Rommel, z. Zt. Luftwaffenhelfer.

Herrlingen b. Ulm, am 14. 10. 1944.

Von Beileidsbesuchen wird gebeten, Abstand zu nehmen.

O/1175

Die Todesanzeige der Familie Rommel vom 14. Oktober 1944.

* 42 Telegramm **Deutsche Reichspost**

aus Aus dem Felde 45/44 a. 16. 10. 44 15.34 Uhr

Aufgenommen: 16. 10. 44 19.00 Uhr
von: Ulm durch: Schindler
Amt Herrlingen

Übermittelt: 16.10.44 19.30
an: Herrlingen durch: Schindler

Telegramm des Führers
An Frau
Lucie Rommel
Herrlingen bei Ulm Donau.

Nehmen Sie zu dem schweren Verluste den Sie durch den Tod Ihres Gatten erlitten haben mein aufrichtiges Beileid entgegen.Der Name des Generalfeldmarschall Rommel wird für immer mit den Heldenhaften Kämpfen in Nordafrika verbunden sein.

Adolf Hitler.

Hitlers Kondolenztelegramm vom 16. Oktober 1944.

Der Trauerzug vor dem Ulmer Rathaus (im Hintergrund das Münster) am 18. Oktober 1944.

Staatsakt im Ulmer Rathaus. Am Rednerpult Gerd von Rundstedt, rechts der große Kranz Hitlers.

Rommels Sarg wird aus dem Ulmer Rathaus getragen.

Rommels Sohn Manfred und seine Witwe nach der Trauerfeier am Sarg des Feldmarschalls.

Die Beisetzung der Urne von Erwin Rommel am 18. Oktober 1944 in Herrlingen.

schen Spielen in Berlin teil und machte Hitler Zugeständnisse, auch auf militärischem Gebiet. Der massive Antisemitismus in Hitlers Reich wurde als peinlich empfunden, aber im Ganzen war man eigentlich froh, daß das von Krisen geschüttelte Deutschland sich wieder gefangen hatte. Der deutsche Adler wurde immer frecher, seitdem er das Hakenkreuz in seinen Fängen hielt, aber das schien vielen schließlich auch als ein Zeichen wachsender Gesundung.

Die vom NS-Staat Verfolgten lernten dessen wahre Natur schon früher kennen. Aber deren Meinung hatte wenig Gewicht, zumal in Deutschland, wo die zu Unzufriedenheit verleitende Meinungs- und Pressefreiheit durch Notverordnung abgeschafft und auf das Recht zur positiven Äußerung über die Regierung beschränkt worden war. Die Regierung war nicht für das Volk da, sondern das Volk für die Regierung. Es herrschte keine Freiheit der Rede, sondern es galt die Pflicht, den Mund zu halten. Die Medien sollten nicht die Wahrheit suchen und veröffentlichen, sondern dafür sorgen, daß sie nicht bekannt wird. Begründet wurde das alles mit der Behauptung, das liege im Interesse des von allen Seiten her bedrohten Volkes. Der wahre Feind war innen. Menschen, welche die Moral in einem Umfang umdeuteten, daß sie in ihr Gegenteil umschlug, Glaube, wo sich Skepsis dringend empfohlen hätte, und Skepsis dort, wo es um die Grundlagen menschlicher Existenz ging.

Ein solcher Prozeß in einem Staate mußte eine Institution besonders hart treffen, für die aus vernünftigen Gründen der Gehorsam zu den höchsten Tugenden zählt: die Streitkräfte. Das Offizier- und Unteroffizierkorps des kleinen Heeres und der kleinen Marine in der Weimarer Republik war fachlich hervorragend. Dies galt besonders für den deutschen Generalstab. Aber die hohe militärische Qualifikation, die preußische Ethik des Dienens, der Schmerz über die verlustreiche, als

Demütigung empfundene Niederlage im Ersten Weltkrieg, die Neigung zur Arroganz – all das verband sich mit einer heute kaum mehr zu begreifenden politischen Naivität. Die meisten Berufssoldaten wollten Hitler nicht, schon deshalb nicht, weil sie fürchteten, die SA könnte in die Reichswehr eingegliedert werden – oder vielleicht sogar die Reichswehr in die SA, der viermal so viele Männer angehörten wie dem Hunderttausend-Mann-Heer.

Wer es bedauert, daß Deutschland, als nach 1918 das Kaiserreich abtreten mußte, keine Räterepublik oder gar ein Sowjetstaat geworden ist, der wird logisch keinen guten Faden an den Militärs und der Reichswehr lassen, denn das Bündnis der Sozialdemokratie mit den zur Zusammenarbeit bereiten Soldaten hat die Demokratie gerettet. Halt, könnte man jetzt einwenden, auch die von Rechtsextremisten ermordeten Kommunisten Karl Liebknecht und Rosa Luxemburg wollten im Unterschied zu Lenin demokratische Strukturen erhalten, wie man in der »Roten Fahne« nachlesen kann, und der ebenfalls von einem rechtsextremen Attentäter umgebrachte revolutionäre bayerische Ministerpräsident Kurt Eisner war ein ehrenwerter Mann. Aber diese letztlich idealistisch denkenden Persönlichkeiten wären, wenn die Revolution einmal in Deutschland in Schwung gekommen wäre, von deren Gewalt weggespült worden.

Zu Hitlers Machtübernahme hat die Reichswehr, wenn überhaupt etwas, nur wenig beigetragen. Die wesentlichen Fehler hat schon die Politik gemacht. In der Weimarer Republik war es den Berufssoldaten verboten, sich politisch zu betätigen und zu wählen. Die Armee war unpolitisch. Diese Regelung war als Beschränkung ihres Handlungsspielraums gedacht. Sie war vernünftig. Als aber Hitler Anfang 1933 die Macht ergriff und er 1934 auch noch den verstorbenen Reichspräsidenten von Hindenburg als Oberbefehlshaber der Streitkräfte beerbte, wurde aus der Beschränkung auf den Gehorsam ein Beruhigungsmittel, eine Ausrede, für manche auch ein Alibi. Entband das Argument »Wir sind für die Politik nicht verantwortlich« von der Pflicht, zu beobachten, welcher Natur der Staat war und in welche Richtung sich der Staat entwickelte, dem der Soldat Gehorsam bis zum Tode zu schulden meinte? Gab es eine solche Pflicht? Für die höheren Ränge kann man das schwer verneinen, aber die Armee als so etwas wie ein Verfassungsgericht in Waffen anzusehen, erweckt doch Unbehagen. Die Tatsache bleibt freilich bestehen, daß das Dritte Reich Millionen von Menschen ermordet hat und daß diese ungeheuerliche Tat nicht oder jedenfalls nicht im tatsächlichen Ausmaß möglich gewesen wäre, wenn Deutschland nicht über eine so kriegstüchtige Wehrmacht verfügt hätte. Es geht hier nicht um Schuld, sondern um Kausalität. Alles, was im Dritten Reich noch funktioniert hat, ist irgendwie ursächlich dafür, daß Hitler seine Macht erlangen, behalten und erweitern konnte.

Heute werden die Verhältnisse ab 1933 vielfach so dargestellt, als hätte der typische deutsche Offizier von vornherein in Hitler einen Schurken und unfähigen Menschen gesehen. Sie hätten ihm aber trotzdem, moralisch entmündigt und wehrlos gemacht, durch einen leichtfertig geschworenen Eid und die preußische Verantwortungsethik, wenn auch zähneknirschend, treu gedient. Liest man Briefe aus der NS-Zeit, ergibt sich ein etwas anderes, aber plausibleres Bild, nämlich daß auch die meisten Soldaten auf Hitler hereingefallen sind, daß sie seine innenpolitischen, außenpolitischen und militärischen Scheinerfolge verblüfften, daß sie sich im Kriege mit ihm in einem Boot wähnten und daß sie durch die Hirnwäsche und Schönfärberei der Propaganda von den gravierenden Mißständen abgelenkt und zu unangebrachtem Optimismus verführt wurden.

Wäre es anders gewesen, hätten die Berufsoffiziere Hitlers Methoden, Ziele und Charakter von vornherein durchschaut und den Weg nach Auschwitz erkannt, ist nicht vorstellbar, daß sie seine Waffen geschmiedet, seine operativen Weisungen vorbereitet, seine Kriege geführt hätten und in Massen in den Tod gegangen wären. Gewiß wollten 1938 einige hohe Generale angesichts der Gefahr eines Krieges mit England und Frankreich Hitler stoppen, gegebenenfalls sogar töten, um einen Krieg zu verhindern, ein Projekt, das an Hitlers Einigung mit England und Frankreich in München über die Sudetenfrage scheiterte. OKW und OKH bereiteten die Feldzüge vor, auch den gegen die UdSSR 1941, und selbst Generalstabschef Halder meinte Ende 1941, Rußland sei besiegt. Die Offiziere auf den nachgeordneten Ebenen hatten sowieso wenig Ahnung, zumal ihnen die Lektüre der Hoßbach-Protokolle, aus denen vor Kriegsausbruch Hitlers Entschluß zum Krieg zu entnehmen war, versagt blieb.

Es ist wahr, daß fast alle, sofern sie nicht tot waren, ihre Einstellung zu Hitler grundlegend geändert haben, die einen früher, die anderen später. Aber es ist eine Selbsttäuschung zu glauben, daß das Dritte Reich vorwiegend durch Terror funktionierte. Es funktionierte vorwiegend durch Täuschung über die wahre Natur Hitlers und seines Regiments, die bis in die höchsten Stellen hinein wirkte. Dabei spielte auch Wunschdenken eine Rolle. Heute mag man einwenden, daß Hitlers wahres Wesen und Ziele leicht zu durchschauen gewesen wären. Es ist ein alter Fehler anzunehmen, daß, was später bekannt ist, schon vorher hätte erkannt werden können. Verständlicherweise wollten das später angesichts der Verbrechen des NS-Staates weder die Betroffenen noch deren Nachkommen gelten lassen. Aber es ist wahr und muß deshalb Gegenstand der historischen Betrachtung sein.

Hitlers skandalöser Antisemitismus wurde, wenn nicht sogar geteilt, abgetan mit der Volksweisheit, wo Licht ist, sei eben auch Schatten. Daß er auch mörderisch war, blieb lange Zeit verborgen. Hitlers aufsehenerregende innen- und außenpolitischen (Schein-)Erfolge wären ebenso wie die militärischen Leistungen der Wehrmacht in den ersten Kriegsjahren nicht zu erklären, wenn man davon ausgehen würde, daß die Mehrheit der Deutschen nur unter Zwang einem grundsätzlich verhaßten Regime gefolgt wäre. Das dies nicht so war, zeigt sich auch in den Feldpostbriefen vieler Soldaten, auch solcher, die sich später von der Ideologie des Dritten Reiches klar distanziert haben. Der Soldat an der Front weiß ohnehin am wenigsten von dem, worum es eigentlich geht. Der Kampf um das Überleben, die Verantwortung für die anderen und die dürftigen Informationen erweitern nicht den politischen Horizont.

Das Geheimnis von Hitlers Macht war die Verknüpfung von Organisation, Terror und Propaganda, wobei der Terror um so weniger wahrgenommen wurde, je wirksamer die Propaganda war. Je ungünstiger die Kriegslage wurde und je deutlicher sich die Katastrophe abzeichnete, desto weniger wirkte die Propaganda, desto mehr regte sich Kritik, und desto mehr mußte der Terror herhalten, um den Willen der NS-Führung durchzusetzen.

Das Dritte Reich war ein kriminelles Unternehmen. Die Abkehr von Recht und Moral steigerte sich im Krieg ins Ungeheuerliche. Die NS-Regierung bemühte sich weithin erfolgreich zu verhindern, daß die Aushöhlung des Rechts den Menschen bewußt wurde. Sie pflegte die Fassade des alten Staates, die vieles verbarg, was im Inneren stattfand. Es sollte aber nicht verschwiegen werden, daß Tausende von Staatsdienern an ihrer rechtlichen Gesinnung festhielten und es auch unter den Parteifunktionären manchen gab, der den Menschen half. In den oberen Instanzen der Verwaltung und in den hohen Stäben in der Wehrmacht wurde die Veränderung der Natur des Staates früher sichtbar. Zu Kriegsbeginn 1939 erschien es den meisten Deutschen selbstverständlich, daß hierzu Taugliche dem »Vaterland« als Soldaten dienen müssen, um eine erneute Niederlage abzuwenden, zumal die Erinnerungen an den Zusammenbruch von 1918 noch lebendig war und der Versailler Vertrag schon in der Weimarer Zeit in übertriebener Weise als Ursache aller Übel dargestellt worden war. Nach dem Überfall auf die Sowjetunion, von vielen als Präventivkrieg oder sogar als Kreuzzug zum Schutze der Werte des Abendlandes angesehen, von Hitler als Unternehmen zur Rettung des Abendlandes ausgegeben, aber in Wahrheit als Vernichtungs- und Raubkrieg geplant, steigerte sich die Furcht vor einer Niederlage in dem Maße, in dem sich die Lage an der Ostfront verschlechterte.

Die Wehrmacht pauschal zu verdammen oder sie mit der Zensorenschere aus der deutschen Geschichte herauszuschneiden, um das heikle Problem nicht ständig betrachten zu müssen, ist keine tragbare Lösung. Das entsorgte Problem würde von Zeit zu Zeit wieder auferstehen und die deutsche Gesellschaft heimsuchen. Keine Nation kann ihre Vergangenheit abschütteln, schon gar nicht, wenn sie auch die Vergangenheit anderer Nationen und Völker ist. Der Zweck des Studiums der Geschichte ist nicht Mythenproduktion und Heldenverehrung, sondern die Suche nach der Wahrheit. Die Demokratie als Staatsform der Kritik duldet selten Helden und wenn, nur kurze Zeit, und glaubt nicht an Mythen, jedenfalls nicht lange.

Ein Problem liegt in dem grundsätzlichen Beurteilungsmaßstab, der heute an die Offiziere der Wehrmacht angelegt wird. Zu unterscheiden in Offiziere, die Hitler zwar dienten, aber nichts von ihm hielten, und solche, die, jedenfalls eine Zeitlang, Hitler dienten, weil sie an seine Fähigkeiten glaubten und sein moralisch abgründiges Wesen nicht durchschauten, ist zu oberflächlich. Erstens haben wohl fast alle Offiziere jedenfalls zeitweilig Hitler positive Fähigkeiten beigemessen, zweitens läßt sich in den zentralen Stäben mit ihrem stärkeren Zufluß an Informationen leichter erkennen, was im Reich und den besetzten Gebieten geschieht, als in den Stäben der Heeresgruppen, Armeen und Armeekorps, die im Prinzip nur das erfahren, was sie unmittelbar berührt.

Wer über längere Zeiträume zu jenen wenigen Führungsgehilfen gehörte, die an Besprechungen der Gesamtlage teilnehmen durften und die Hitler fast täglich erlebten, kannten ihn naturgemäß besser als jene, die nur gelegentlich zur Beratung eines Spezialthemas im Führerhauptquartier erschienen. Allerdings hatte Hitler auf seine unmittelbare Umgebung einen ungewöhnlich großen Einfluß, dessen Gründe rätselhaft sind. Die Frontoffiziere sind immer darauf angewiesen, das zu glauben, was ihnen von oben mitgeteilt wird. Und oben fällt es naturgemäß leichter zu befehlen, den nördlichen Teil von Caen zu verteidigen, als jenen, die das nach Bombardierung durch Hunderte von Flugzeugen und starkem Artilleriebeschuß in den Steinwüsten der zertrümmerten Stadt tun sollen.

Es hat nach Hitlers Machtergreifung eigentlich keine Zeit gegeben, in der nicht eine Gruppierung von Offizieren plante, sich gegen den »Führer« aufzulehnen, ihn abzusetzen oder zu töten. Aber zur Tat gelangten diese Gedanken erst am 20. Juli 1944 durch den Grafen Stauffenberg, als die Uhr des NS-Staates fast schon abgelaufen war. Ohne diesen Anschlag des Grafen würde man über den militärischen Widerstand nicht mehr reden. In der Regel repräsentierten Generalstabsoffiziere den Widerstand, weil diese durch ihre Verwendung in hohen Stäben und durch die Verbindungen untereinander den tiefsten Einblick in die schlimmen Verhältnisse in Hitlers Reich hatten. Die Frontkommandeure hatten weithin keine Ahnung, was wirklich los war, weil sie durch die Verantwortung für eine konkrete Aufgabe voll in Anspruch genommen waren. Wenn sie gelegentlich im Führerhauptquartier waren, kamen sie gar nicht auf die Idee, daß die hohen Generalstabsoffiziere, die täglich mit Hitler Umgang hatten, in Wirklichkeit darüber philosophierten, ob und wie er getötet werden solle.

Dies trifft auch auf Rommel und dessen Zeit in Afrika zu. Er hielt von Brauchitsch und Halder für Vertraute des Obersten Befehlshabers der Wehrmacht, die ihn ständig beraten, dies war allerdings hinsichtlich der Bedeutung des afrikanischen Kriegsschauplatzes falsch. In den kleinen Kreis der Eingeweihten hatte ihn niemand aufgenommen, auch nicht, als er Kommandant des Führerhauptquartiers war. Daß die Überlegungen im militärischen Widerstand erst so spät in eine Tat mündeten, hängt auch damit zusammen, daß das Dritte Reich so gut organisiert war, daß es von innen heraus eigentlich nicht mehr beseitigt werden konnte. Die Deutschen waren in ihm einschließlich der Militärs wie in einer Rattenfalle gefangen.

Die Verhältnisse in der Reichswehr und Wehrmacht ab 1933 werden heute so dargestellt, als hätten viele Offiziere, vor allem in Generalstabspositionen, schon früh erkannt, daß es sich bei Hitler nicht um einen unbegabten Dilettanten, sondern auch um einen üblen Schurken handelte. Trotzdem hätten ihm diese Offiziere treu gedient, und zwar wegen des 1934 nach dem Tode von Reichspräsident Hindenburg leichtfertig geschworenen persönlichen Treueides und wegen der sogenannten preußischen Tugenden, besonders jener des Gehorsams. Nach 1934 habe der ordentliche Soldat dann die Faust in der Tasche geballt, sofern er die Hände nicht an der Hosennaht hatte, und zwar aus dem gesinnungsethischen Grund, Fahneneid und Gehorsam seien für einen Soldaten die höchsten Werte, oder aus dem verantwortungsethischen

Grund, es käme alles viel schlimmer, wenn man selber ausscheide und durch einen anderen ersetzt würde.

Ich halte einigermaßen zutreffende Vereinfachungen für eine beachtliche intellektuelle Leistung, aber diese hier geht zu weit. Ein solches Denken und Verhalten wäre doch nicht unbedenklich! Tatsächlich haben viele Offiziere mit Verfassungslösungen rechts von der Demokratie geliebäugelt, sofern sie sich nicht überhaupt von der Pflicht, über Politik nachzudenken, entbunden wähnten.

Auch haben die Offiziere in ihrer Mehrheit eine Zeitlang schon deshalb an Hitler geglaubt, weil ihnen nichts anderes übrig blieb. Sie meinten ihm folgen zu müssen, weil ein Sieg der deutschen Kriegsgegner schlimmer sei als seine Herrschaft (die man ja irgendwann los werde konnte). Lesen wir Briefe aus dieser Zeit, ergibt sich meistens ein plausibles Bild: daß die meisten Berufssoldaten, die einen früher und die anderen später, die einen für kurze, die anderen für längere Zeit auf Hitler hereingefallen sind. Dies geschah besonders nach der Entmachtung der SA, die vielfach als Hinwendung Hitlers zur Wehrmacht verstanden wurde.

Der Gruppenegoismus und das Standesbewußtsein waren groß, nicht nur im Heer. Die Judenverfolgung wurde nicht als Grund angesehen, um Hitlers Staat die Gefolgschaft zu verweigern. Das ist aus heutiger Sicht kaum zu verstehen. Die Notverordnung zum Schutze von Volk und Staat, die der Exekutive freie Hand gab, und das Ermächtigungsgesetz, durch das der Reichstag mit Zweidrittelmehrheit seine Rechte der Regierung Hitler übertragen hatte, wurde nach der Devise »Ordnung muß sein!« hingenommen. Die meisten Berufssoldaten waren angesichts von Hitlers Scheinerfolgen erstaunt. Das Verbot jeder Kritik an der Regierung und die Einführung der Pflicht zum Lob, die ständige Berieselung mit guten Nachrichten durch die Propaganda verführte zum Optimismus und zu einer positiven Einschätzung Hitlers, auch durch die meisten Offiziere. Der Sieg über die englischen und französischen Truppen 1940 scheint vollends den Blick für das politisch Mögliche getrübt zu haben.

1944 im Vergleich zu 1918

Rommel lernte die Kriegsmacht der Amerikaner und Briten in Nordafrika kennen, womit er die Erkenntnis, daß die westlichen Verbündeten eine Stärke erlangen würden, die alle bisherigen Vorstellungen überschreitet, anderen Generalen voraus hatte. Nach dem Überfall auf die Sowjetunion und der Kriegserklärung an die USA im Jahr 1941 war der vom NS-Regime verheißene Endsieg ohnehin eine Utopie, sofern er überhaupt jemals möglich gewesen war. Ganz deutlich war das 1943/44.

Deshalb lag nahe, ähnliche Überlegungen anzustellen wie die deutsche Oberste Heeresleitung im Frühjahr 1918. Damals hofften die deutschen Strategen, die drohende Niederlage, besonders eine bedingungslose Kapitulation, abwenden zu können, nachdem Rußland 1917 als Folge der bolschewistischen Revolution aus der Reihe der Kriegsgegner ausgeschieden war und das Gros der dort eingesetzten deutschen Truppen aus dem Osten an die Westfront verlegt werden konnte. Die 1918 mit den deutschen Frühjahrsoffensiven verknüpften Hoffnungen erfüllten sich jedoch nicht, die Oberste Heeresleitung war vielmehr gezwungen, die aussichtslose militärische Lage einzugestehen, und Deutschland mußte seine Feinde zunächst um einen Waffenstillstand und dann um einen Frieden bitten, dessen Bedingungen ziemlich hart waren.

Diese harten Bedingungen, besonders die Reparationen sind später von vielen als Ursachen dafür angesehen worden, daß Deutschland von Not und Elend betroffen wurde, besonders auch während der Weltwirtschaftskrise. In Wirklichkeit traf diese Krise andere Staaten, auch Siegerstaaten, noch härter als Deutschland mit einer Arbeitslosenquote von 19,3 Prozent im Jahre 1932. In Großbritannien lag sie bei 22,1 Prozent und in den USA bei 34 Prozent. 1938 kam es dort zu einer neuen Rezession und zu einer Arbeitslosigkeit von 26,4 Prozent.

Reichskanzler Heinrich Brüning hielt es für vorrangig, bei den Siegermächten eine Senkung der Reparationslast zu erreichen. Bis 1932 waren Reparationen von 60 Milliarden Mark an Gold- und Sachwerten gezahlt worden. Brüning veranlaßte massive Kürzungen, auch im sozialen Bereich, um den Siegern des Ersten Weltkriegs zu beweisen, daß die Reparationen nicht nur für Deutschland, sondern für alle Staaten schädlich wären. Als diese Politik, die seine Regierung höchst unpopulär machte, schließlich Erfolg hatte, war nicht mehr Heinrich Brüning, sondern Adolf Hitler Reichskanzler. Ihm kam der Erfolg zugute.

Im Jahr 1944 war die Lage um ein Vielfaches schlimmer als 1918: Vor der Öffentlichkeit geheimgehaltene Massenmorde und andere Verbrechen belasteten Deutschland schwer; ihr ganzes Ausmaß lag damals aber noch im Dunkeln. Die Kriegsschuldfrage war klar: Hitler hatte den Krieg herbeigeführt, 1939 und 1941. Er fand inzwischen nicht an einer, sondern an mehreren Fronten statt. Überall erlitten die deutschen Truppen Rückschläge. Der Vormarsch der Sowjetarmee war ebensowenig aufzuhalten wie jener der Amerikaner und Briten. Die alliierten Bomberflotten zerschlugen die Verkehrswege, die Produktion, insbesondere die Treibstoffproduktion. Immer mehr deutsche Städte sanken in Schutt und Asche.

Hitler war durch die von ihm befohlenen Verbrechen weltweit verhaßt und untragbar. Aber er war Alleinherrscher in Deutschland. In seinem Herrschaftsbereich regierte der Terror gegen jeden, der widersprach. Und wie sich schließlich herausstellte, dachte er nicht daran, zugunsten des Überlebens des deutschen Volkes zurückzutreten, sondern versuchte durch Täuschung des Volkes mit Hilfe des Volkes gegen die eigentlichen Interessen des Volkes den Krieg »bis zum letzten Blutstropfen« fortzusetzen. Es fällt leicht, einen Krieg anzufangen aber es ist schwer, ihn zu beenden. Hitler hatte alles getan, um die Schiffe zu verbrennen, die zurück zu Frieden, Demokratie, Menschlichkeit und Rechtsstaat führen konnten.

Im Sommer 1944 schien Unheil auf allem zu lasten, was die Deutschen taten, um sich nicht auf Gnade und Ungnade ergeben zu müssen, um den Krieg zu beenden, den Russen zu entkommen und Hitler loszuwerden. In der Stunde Null, der bedingungslosen Kapitulation am 8. Mai 1945, hatte dann nichts mehr Gültigkeit. Ein Neubeginn war möglich. Ein radikales Ende, ein radikaler Anfang. Politisch betrachtet war dies von Vorteil. Die Versuche, durch Legenden das wirkliche Geschehen zu vernebeln, die nach dem Ersten Weltkrieg so viel Unheil angerichtet hatten, scheiterten glücklicherweise nach dem Zweiten. Hoffentlich bleibt das so. Das aber setzt voraus, daß die Geschichte der Weimarer Zeit und des Dritten Reiches erforscht, durchdacht und verarbeitet wird. Es wäre falsch, sie in einen Giftschrank zu stellen, damit spätere Generationen nicht an sie herankommen. Die Jugend findet sie doch, zumal sie auch zur Geschichte der seinerzeitigen Sieger gehören.

Heute liegt ziemlich klar auf der Hand, was während des Dritten Reiches geschehen ist. Die Nürnberger Prozesse, die anderen Gerichtsverfahren, die Akten, die Vernehmungen von Zeugen, das alles hat zu dem Wissen über die Verhältnisse beigetragen. Damals waren die Verhältnisse ganz anders. Nicht einmal die Oberbefehlshaber, geschweige denn die übrigen Generale und Offiziere kannten die Pläne Hitlers, sofern sie nicht selber an ihrer Ausarbeitung oder an ihrem Vollzug beteiligt waren. Nach Hitlers grundsätzlichem Befehl Nr. 1 vom 11. Januar 1940 durfte niemand von einer geheimzuhaltenden Sache mehr erfahren, als er aus dienstlichen Gründen wissen mußte. Als Informationsmittel standen die manipulierten Zeitungen und der gleichgeschaltete Rundfunk zur Verfügung. Dadurch sollte unter anderem verhindert werden, daß sich die Militärs eine gemeinsame Meinung in den großen Fragen bilden konnten. Es ist erstaunlich, daß die Spitzen der Wehrmacht solch eine Abkopplung von den Informationen hingenommen haben.

Rommel pflegte in den Reden, die er in der Kriegsschule zu halten hatte, darauf hinzuweisen, daß Hitler Frontsoldat gewesen sei und den Krieg kenne. Deshalb trete er für den Frieden ein. Wenn es aber dennoch zum Krieg komme, dann müsse die Wehrmacht ihre Pflicht erfüllen. Die meisten Militärs, mit ihren konkreten Aufgaben voll beschäftigt, hielten daran fest, daß sie keine Politiker und deshalb für die Politik auch nicht verantwortlich seien. Von den nachgeordneten Soldaten und Offizieren an der Front konnte bei vernünftiger Sicht kaum erwartet werden, daß sie ihre Gräben verlassen und nach Hause ziehen, wie das russische Regimenter 1917 getan hatten. Spontan erscheinende Massenereignisse dieser Art funktionieren nur durch Agitation und Organisation. Beides konnte sich im Dritten Reich kaum entfalten. Hitlers Propaganda und Kontrollsysteme funktionierten viel besser als die im Zarenreich. Hinzu kam die Furcht vor einem Strafgericht, das die ergrimmten Sieger über Deutschland verhängen könnten und vor einer Eroberung durch die auf Befehl Hitlers überfallene Sowjetunion.

Wie verhielt es sich aber mit den höheren Rängen? Auch wenn sie sich und die Deutschen zunächst in einem Boot mit der NS-Führung wähnten, spätestens nach den Niederlagen von Stalingrad und Tunis mußten sie erkennen, daß ein Endsieg, an den zu glauben das NS-Regime bis zum 8. Mai 1945 den Deutschen zur Pflicht machte, unmöglich war. Als Grund, den Krieg fortzusetzen, blieb noch die Hoffnung auf einen Frieden mit Bedingungen. Das aber konnte nach den Bluttaten des NS-Staates nur ein Frieden mit einer anderen Regierung als der Hitlers sein. Aber, wie sich zeigte, war Hitler nicht bereit, zu gehen und den Deutschen wenigstens eine bessere Chance zu geben, ihre Familien und vielleicht auch sich selber zu retten. Wenn manchem das gelungen ist, dann ist dies nicht dank Hitler, sondern trotz Hitler geschehen.

Schließlich verschlechterte sich bis Juli 1944 die Kriegslage derart, daß die bedingungslose Kapitulation unvermeidlich wurde. Diese hätte gegen den Widerstand Hitlers oder der NS-Regierung durchgesetzt werden müssen, ein Schritt von großer Dramatik, unabhängig davon, ob sie nach Beseitigung des Diktators durch ein Attentat oder durch offene Auflehnung des Militärs gegen seine Durchhaltebefehle in Frankreich erfolgt wäre. Der Aufstand scheiterte. Je mehr sich nach der Landung der verbündeten Amerikaner und Briten in Frankreich die Kriegslage für die deutsche Seite verschlechterte, desto unrealistischer wurde die ursprünglich gehegte Hoffnung auf eine Geneigtheit der Westmächte, einen Frieden mit Bedingungen abzuschließen. Schließlich erlosch jedes Argument, den Krieg fortzusetzen, insbesondere an der Westfront, und von da an wurde der Krieg auf Hitlers Befehl auch gegen die Lebensinteressen der Deutschen geführt. Es ist fast ein Wunder, daß Deutschland das überlebt hat.

Wenn ein Endsieg unmöglich ist, würde auch der NS-Staat nicht fortbestehen, weder im Falle einer totalen Niederlage noch im Falle eines Friedens mit Bedingungen. Eine andere Regierung werde dann kommen. Aber Rommel hielt vor einer alliierten Landung keinen Aufstand gegen Hitler für machbar.

Bestand für Deutschland wirklich eine Aussicht, durch militärische Erfolge, Etablierung einer rechtsstaatlich gesinnten Regierung und Absage an den Nationalsozialismus von den Westmächten einen Frieden mit Bedingungen zu erlangen? Das läßt sich nicht eindeutig beantworten. England und die

USA hatten zwar im Januar 1943 auf der Konferenz in Casablanca vereinbart, von ihren Kriegsgegnern die bedingungslose Kapitulation zu fordern, aber der Waffenstillstandsvertrag mit Italien vom 3. September 1943 ließ diesem dennoch einige Rechte. Die künftigen Besatzungszonen in Deutschland beschlossen die Alliierten einschließlich der Sowjetunion erst im Februar 1945 in Jalta und die Ausweisung der Deutschen aus Polen und dem Sudentenland erst im Juni 1945 in Potsdam. Wie die USA und England reagiert hätten, wenn ihnen im Sommer 1944 die Besetzung Mitteleuropas angeboten worden wäre, läßt sich nicht mehr sagen. Wahrscheinlich hätten sie versucht, die Sowjetunion, welche die Hauptlast des Krieges getragen hatte, nicht völlig vor den Kopf zu stoßen und den Krieg einvernehmlich mit ihr zu beenden. So schnell können demokratische Staaten ihre Ziele nicht ändern. Das hätte wohl bedeutet, daß Teile des Reichsgebiets von der UdSSR besetzt worden wären. Vielleicht wäre es dabei mit weniger Gewalt, Elend und Mord abgegangen wie bei der Eroberung. Schwierig wäre eine Rückführung des Ostheeres nach Westen gewesen.

Die Berliner Verschwörer oder Rommel hatten nichts in der Hand, was die Alliierten irgendwie hätte binden und das deutsche Volk hätte beruhigen können. Wenn der Krieg im Sommer 1944 zu Ende gegangen wäre, hätte das zwar Millionen von Menschen das Leben gerettet, aber der einzelne, der Katastrophe entkommene Mensch hätte nicht gewußt, ob er nicht auch ohne Aufstand dem Unglück entronnen wäre. Jene aber, die das Unglück heimgesucht hätte, wären geneigt gewesen zu glauben, daß dessen Ursache der Aufstand sei. Legenden wären gebildet worden – Legenden von den Wunderwaffen zum Beispiel. Der imaginäre Dolch im Rücken der kämpfenden Front wäre wie nach 1918 wieder ausgegraben worden. Das Ostheer hätte sich vom Westheer für preisgegeben und für verraten angesehen. Rommel meinte ein paar Wochen, bevor er starb: Vielleicht hätten sich alle Verantwortlichen für eine Beendigung dieses Krieges im Sommer 1944 als Verfemte nie mehr in Deutschland zeigen können.

Der Historiker Eberhard Jäckel hat darauf aufmerksam gemacht, daß die »Haupthoffnung einiger Verschwörer, die Westmächte von der Sowjetunion zu trennen, ... keine reale Grundlage« hatte. Denn: »Amerika und England waren am Fortbestand der Allianz interessiert, weil sie die Sowjetunion bei der Begründung der Organisation der Vereinten Nationen und für die Niederringung Japans benötigten. Deutschland konnte demgegenüber keinen nennenswerten Vorteil anbieten ... Wer all dies nüchtern feststellt, darf gleichwohl nicht den Schluß daraus ziehen, es hätte zwischen einer angenommenen Kapitulation im Juli oder August 1944 und der wirklichen Kapitulation im Mai 1945 überhaupt keine Unterschiede gegeben. Die Folgen wären im Gegenteil doch sehr anders gewesen. Der Hauptunterschied hätte natürlich darin bestanden, daß der Krieg in Europa um etwa neun Monate eher zu Ende gewesen wäre. Wenn man sich vor Augen führt, welche ungeheuren Todesopfer und Zerstörungen gerade die letzten Kriegsmonate forderten, dann kann man diesen Vorteil gar nicht hoch genug einschätzen. Hier ist an vielerlei zu denken, nicht nur an die Kampfhandlungen und die Luftangriffe auf deutsche Städte; auch Warschau wäre das Schlimmste erspart geblieben, die Judenmorde hätten eher aufgehört, die Vertreibung der Ostdeutschen wäre im Sommer statt im Winter vor sich gegangen und so weiter.« (Eberhard Jäckel, Umgang mit Vergangenheit, Stuttgart 1989, S. 204)

Rommels Rolle und Vorstellungen

In der heutigen Zeit wundern sich viele darüber, weshalb sich die Wehrmacht beziehungsweise deren Generale nicht schon viel früher gegen Hitlers Herrschaft erhoben haben, denn sie hätten das, was wir Menschen von heute im nachhinein erfahren haben, von vornherein wissen können. Daß diese Schlußfolgerung problematisch ist, habe ich wiederholt demonstriert. Jedenfalls hätte sich bis Sommer 1944 kaum ein Offizier vor seine Einheit stellen können und sagen: »Mal herhören. Ab morgen früh marschieren wir nicht mehr für, sondern gegen den sogenannten Führer!« Der an Gehorsam und Disziplin ausgerichtete Soldat läßt sich nicht einfach befehlen, gegen das zu kämpfen, wofür er bislang gekämpft hatte, und für etwas, das er bislang bekämpft hatte. Friedrich Schiller stellt in »Wallensteins Tod« eindrucksvoll dar, daß der Gehorsam der Truppe gegenüber einem General, der sich gegen den obersten Kriegsherren auflehnen will, Grenzen hat. Zehn Kürassiere vom Regiment Pappenheim erscheinen vor Wallenstein. Der Gefreite, der sie führt, erklärt:

»Ein Kaiserlicher Brief kam uns zu Händen, der uns befiehlt, die Pflicht dir aufzukündigen, weil du ein Feind und Landesverräter seist. Wir aber glaubens nicht. Dein Wort soll uns genügen, daß es Verrat nicht sei, worauf du sinnst, daß du das Heer zum Feind nicht wollest führen.«

Buttler: »Graf Terzkys Regimenter reißen den kaiserlichen Adler von den Fahnen!«

Gefreiter zu den Kürassieren: »Rechts um!«

Gewiß wäre es denkbar gewesen, Hitler zu töten. Aber das eigentliche Problem wäre gewesen, sich gegen seinen Mythos durchzusetzen, gegen die von der Propaganda geschaffene Gloriole, und zwar in den ersten Stunden, Tagen und Wochen des Aufstandes in einer Nation, der die wahren Verhältnisse unbekannt waren. Es wäre kaum möglich gewesen, gleichzeitig auch die Personen zu beseitigen, die als Hitlers Nachfolger in Betracht kamen: Göring, Himmler, Goebbels. Darauf hat Rommel offenbar bei einem Gespräch mit einem der Berliner Verschwörer aufmerksam gemacht, woraus einige die Behauptung herleiteten, Rommel habe sich nur für den Fall, daß das Attentat gelingt, bereit erklärt mitzuwirken. Rommel wollte auch ohne Attentat im Westen den Krieg beenden. Dafür war es am 17. Juli 1944 hohe Zeit, denn der alliierte Durchbruch in die Tiefe des französischen Raums stand nach Rommels eigener Einschätzung unmittelbar bevor. Er hatte sich gerade um diese Zeit über seine Absichten gegenüber mehreren Personen geäußert und dabei erklärt: »Hitler muß weg!«

Der Stuttgarter Oberbürgermeister Strölin hatte Rommel im Februar 1944 in dessen Wohnung in Herrlingen aufgesucht und ihm die Besorgnisse Goerdelers sowie des früheren deutschen Außenministers Konstantin Freiherr von Neurath über die Lage und über das Regiment Hitlers vorgetragen. Hitler, sagte er, müsse verschwinden. Der Flakhelfer Manfred erinnert sich, daß sein Vater Strölin gebeten hatte, solche Äußerungen wenigstens nicht vor seinem minderjährigen Sohn zu machen. Im Auftrag Rommels nahm Generalleutnant Dr. Hans Speidel in Freudenstadt an zwei Besprechungen mit Strölin und Baron Neurath teil, und zwar am 14. April und am 27. Mai 1944.

Speidel, der langfristig dachte und nach der Sicht des Ganzen strebte, um im Blick auf das Ganze zu handeln, war seit 15. April 1944 Rommels Generalstabschef. Rommel hatte nicht einen seiner alten, ihm freundschaftlich verbundenen Führungsgehilfen in Afrika zu seinem neuen Generalstabschef ausgewählt, Generalleutnant Bayerlein oder Generalleutnant Gause, sondern sich für Speidel entschieden, der nicht nur

General, sondern auch ein erfahrener Diplomat war. Man kann davon ausgehen, daß Rommel, der nichts ohne Grund tat und die möglichen Entwicklungen abzuwägen gewohnt war, mit dieser Berufung an die Möglichkeit dachte, daß die besonderen Erfahrungen General Speidels noch benötigt würden. Rommel schätzte ihn sehr. Er war tief betroffen, als er von der Gestapo verhaftet wurde. Am 14. Oktober 1944, nach dem Gespräch mit den Sendboten Hitlers, angesichts seines eigenen unmittelbar bevorstehenden Todes sagte Rommel, man müsse sich um Frau Speidel kümmern, er fürchte, der General werde auch nicht überleben.

Wie es bei einem so komplexen Sachverhalt unvermeidlich ist, wurde bei der Suche nach der historischen Wahrheit viel behauptet, bezweifelt, verdächtigt, beschönigt. Der von David Irving geäußerte, auf verschiedene Papiere gestützte Verdacht, Speidel hätte bei seiner Vernehmung durch die Gestapo eingestanden, von der Verschwörung gegen Hitler gewußt zu haben, aber erklärt, er habe sodann pflichtgemäß seinen Oberbefehlshaber Rommel unterrichtet, ist nicht haltbar. Speidel mußte davon ausgehen, daß ihm ein solches Eingeständnis den Kopf kostet. Er hätte sich als General niemals mit dem Argument entlasten können, den Attentatsplan zwar gekannt, aber sein Wissen an höheren Ort weitergegeben und danach nichts mehr getan zu haben.

Rommel und der Widerstand brauchten das Vertrauen der Truppe, vor allem der wichtigsten Truppenführer in der Heeresgruppe B. Auf der einen Seite breitete sich die Erkenntnis aus, daß der Krieg sinnlos und verloren war. Zugleich wuchs aber auch die Furcht vor den Folgen der Niederlage. Rommel bemühte sich um Vertrauen durch frontnahe Führung, aber auch durch Gespräche über die schwerwiegenden Folgen, die Deutschland im Falle der Fortführung des verlorenen Krieges treffen mußten. Er war sich über die Reaktion Hitlers auf eine

Erhebung gegen ihn im klaren. Er erwartete nicht nur, abgesetzt zu werden, sondern rechnete auch mit Versuchen, ihn festzunehmen und nicht zuletzt mit Repressalien gegen seine Familie.

David Irvings Darstellung läuft darauf hinaus, daß Hitler Rommel aus Versehen umbringen ließ und dieser sich ebenfalls aus Versehen hat umbringen lassen. Das widerspricht den Zeugnissen der Beteiligten und den Dokumenten. Rommel wußte wohl seit Ende 1943, sicher aber seit Anfang 1944 nach dem Gespräch mit Strölin, daß es einen Zusammenschluß oppositioneller Kräfte in Deutschland gibt, der von der Wehrmacht erwartet, daß diese Hitler und die NS-Herrschaft beendet und die bereitsteht für eine neue Regierung. Rommel sollte sich nicht nur dieser Forderung anschließen, sondern sie erfüllen, indem er seine Heeresgruppe in der Auflehnung gegen Hitler hinter sich bringt. Er hielt die Kontakte zu den oppositionellen Kräften aufrecht und intensivierte sie mit Speidels Hilfe, dessen Verbindungen zu führenden Kreisen des Berliner Widerstands weit zurückreichten.

Vor der alliierten Landung, ohne einen Friedensplan der Westmächte, hielt er einen Aufstand der Wehrmacht aber nicht für durchführbar. Er war gegen ein Attentat oder, wie seine Frau es sagte, er lehnte es ab, weil es zu riskant war. Offensichtlich hielt er es für denkbar, aber keineswegs für sicher, daß Hitler selber geht, wenn ihm bewußt wird, daß der Krieg verloren ist. Deshalb versuchte er, ihn mit der Wahrheit zu konfrontieren und ihm eine Stellungnahme zum weiteren Kriegsverlauf abzuringen. Doch es war immer deutlicher geworden, daß er nicht daran dachte, dem Volk diesen Dienst zu erweisen. Der militärische Zusammenbruch stand bevor. Die Zeit drängte. Da entschloß sich Rommel, gegen Hitlers Befehl zu kapitulieren.

Seine Betrachtungen vom 15. Juli 1944 endeten mit der Forderung, aus dem verlorenen Krieg die Folgerungen zu ziehen. Kluge wollte sie unterstützen und an Hitler weiterreichen. Und er führte weitere Gespräche mit den Panzergenerälen der Heeresgruppe über die Notwendigkeit, den Krieg zu beenden. Unter dem Eindruck der hohen deutschen Verluste und der hoffnungslosen militärischen Lage zeigten sich die angesprochenen Generäle, auch die SS-Generäle Dietrich, Bittrich und Hausser, sowie der neue Chef der Panzergruppe West, der Heeresgeneral Eberbach, seinen Absichten gegenüber aufgeschlossen. Die Verbindungen Rommels zu dem Militärbefehlshaber Frankreich, von Stülpnagel, waren noch enger geworden. Den point of no return hatte Rommel am 17. Juli 1944 überschritten. Er hätte handeln müssen. Es fragt sich, ob er mit einem Attentat der Berliner Verschwörer rechnete. Von dem Attentat, das am 20. Juli 1944 Graf Stauffenberg verübt hat, wußten vorher nur sehr wenige etwas. Rommel schon deshalb nicht, weil er mit zertrümmertem Schädel im Lazarett lag, als in Berlin der Termin 20. Juli beschlossen wurde.

Nach seiner Rückkehr aus Afrika ging Rommel zunächst von der Vorstellung aus, daß Deutschland durch eine Abwehr der bevorstehenden Landung der Amerikaner und Briten auf dem europäischen Festland einen Frieden mit Bedingungen erlangen könnte, allerdings nicht mit einer NS-Regierung. Er hielt es sogar eine Zeitlang für denkbar, daß Hitler dies einsehen und zurücktreten werde, wenn ihm die Lage ohne jede Beschönigung dargestellt würde und er begreife, daß die Beendigung des Krieges im Interesse Deutschlands liege. Der Umgebung Hitlers warf Rommel vor, daß sie die Verhältnisse schön färbe und um der guten Laune des Chefs willen diesem die Wahrheit vorenthalte. Der Rücktritt Hitlers wäre gewiß der bequemste Weg gewesen, um die NS-Regierung loszuwerden und den Krieg zu beenden. Aber die Hoffnungen Rommels beruhten auf einer grundlegenden

Fehleinschätzung der Natur Hitlers. Dieser Machtmensch kam gar nicht auf die Idee, daß es etwas Wichtigeres geben könnte als ihn.

Sogar nach der Landung der Alliierten in Frankreich scheint es, daß Rommel zeitweilig noch eine Chance sah, daß Hitler einlenkt und geht. Denn er drängte ihm geradezu penetrant seine eigene, pessimistische Einschätzung der Kriegslage auf. Mit seiner Bemerkung vom Herbst 1943 gegenüber Rommel, »Nehmen Sie zur Kenntnis, mit mir schließt niemand Frieden!« hatte dieser »Führer« allerdings recht. Er war durch die von ihm befohlenen Verbrechen zu einer Figur geworden, für die es keine Zukunft mehr gab. Aber immer klarer schälte sich heraus, daß er, der den Kampf bis zum letzten Blutstropfen um jeden Fußbreit Boden forderte, nicht bereit war, sein eigenes Schicksal dem des deutschen Volkes unterzuordnen und daß er schon einen solchen Gedanken als Blasphemie ansah.

Rommel war gewohnt, mehrere Möglichkeiten zu erwägen, auch die Möglichkeit einer Auflehnung gegen das dem deutschen Volk vorbestimmte Schicksal. Es war für ihn beruhigend, daß es eine Widerstandsbewegung gab. Aber vor der Invasion erschien ihm eine Erhebung gegen Hitler aussichtslos zu sein. Trotz der schweren Niederlagen in Afrika und Stalingrad war die Erinnerung an das trügerische Hochgefühl vom Sommer und Herbst 1942 noch nicht verklungen, daß mit der Annäherung der Achsentruppen an den Nil und die Wolga auch der Sieg nahe sei. Außerdem gab es keinen Hinweis, wie nach Auffassung der Kriegsgegner der Frieden aussehen könnte.

Nachdem die alliierte Landung gelungen war, mußte Rommel einsehen, daß für einen Frieden mit Bedingungen kaum mehr eine Chance bestand und daß die bedingungslose Kapitulation unvermeidlich war. Es wurde ihm auch klar, daß eine Beendigung des Krieges und des völlig sinnlos gewordenen

Blutbades in Frankreich nur möglich war, wenn sich die militärische Führung in Frankreich gegen Hitler erhebt und kapituliert. Daß er gegen ein Attentat auf Hitler war, sagte er wohl auch den Vertretern der Verschwörer in Berlin und Paris, als er sich zur Zusammenarbeit bereit erklärte.

Für diese Meinung gab es gute Gründe. Ian Kershaw schreibt in seiner großen Hitler-Biographie, die Nachricht von dem gescheiterten Attentat habe nicht nur in Deutschland die Zustimmung für Hitler belebt, sondern auch unter den Frontsoldaten. Empörung und Wut sei selbst in Gegenden oder unter Teilen der Bevölkerung festzustellen gewesen, von denen man wußte, daß sie dem Nationalsozialismus kritisch gegenüberstanden. Kreshaw meint: »Hitlers immense Popularität, die zweifellos während der letzten zwei Jahre zurückgegangen war, konnte weiterhin zur Unterstützung des Regimes eingesetzt werden.«[16] Eine Auflehnung gegen die Fortsetzung des verlorenen und verlustreichen Krieges im Westen und Kapitulationsverhandlungen mit den Alliierten wären wohl eher akzeptiert worden, besonders von der Truppe, weil die Kapitulation nach aussichtslos gewordenem Kampf zur Vermeidung sinnloser Verluste durchaus einen Platz in der militärischen Vorstellungswelt hatte.

Rommel jedenfalls fand sich mit der Untergangsstrategie Hitlers und dem drohenden Endkampf nicht ab. Er hatte schon in Afrika sinnlose Befehle Hitlers nicht ausgeführt. Er wollte den Krieg im Westen beenden, entgegen den Befehlen Hitlers und ohne Attentat. Deshalb führte er die im übrigen doch ziemlich riskanten Gespräche mit ihm unterstellten Generalen einschließlich Sepp Dietrich über die Notwendigkeit, gegen Hitlers Willen die Kampfhandlungen in Frankreich einzustellen. In der zweiten Julihälfte war es fünf Minuten vor

---

[16] Ian Kershaw, Hitler 1936 bis 1945, Stuttgart/München. S. 912 ff.

zwölf, um vor dem Zusammenbruch der deutschen Front zu handeln. So empfanden es auch die Verschwörer in Berlin.

Erwägungen, ein Attentat auf Hitler durchzuführen, waren Rommel bekannt. Möglicherweise rechnete er am 17. Juli 1944, als seine letzte Gefechtsfahrt im Geschoßhagel der britischen Tiefflieger endete, nicht damit, daß ein Attentat tatsächlich unternommen werde. Was er, wenn ihn die Tiefflieger nicht außer Gefecht gesetzt hätten, nach dem Attentat am 20. Juli zusammen mit Kluge getan hätte, ist offen und läßt sich nicht beweisen. Nach seiner schweren Verwundung am 17. Juli 1944 war er jedenfalls handlungsunfähig. Er sagte vor seinem Tod, es hätte wohl nur erreicht werden können, daß die Westmächte in Deutschland einmarschieren, anstatt es mit Waffengewalt zu erobern. Das wäre im Vergleich zu dem, was wirklich an Schäden und Opfern zu verzeichnen war, schon viel gewesen. Er unterstellte, daß die Amerikaner und Briten daran interessiert seien, Mitteleuropa zu besetzen, bevor die Sowjetarmee dort erscheint. Er rechnete auch mit einem Konflikt zwischen England und den USA auf der einen Seite und der Sowjetunion auf der anderen, und meinte, daß dann diese die Verlierer und jene die Sieger sein würden.

Wer zwar Hitler loshaben, aber überleben oder andere nicht belasten wollte, war gut beraten, die schriftliche Darstellung seiner regimekritischen Gedanken auf das Allernotwendigste zu beschränken. Nach dem 20. Juli 1944 versuchte der NS-Staat alle jene umzubringen, die mit dem Aufstand im Zusammenhang standen oder hätte stehen können, obwohl die meisten von ihnen über Stauffenbergs Attentat am 20. Juli 1944 nicht informiert waren. Damals wurden viele Spuren verwischt. Als sicher kann gelten, daß es Rommel im Sommer 1944 für geboten hielt, den Krieg um jeden Preis zu beenden, jedenfalls im Westen, und daß er meinte, als Oberbefehlshaber der Heeresgruppe B in Auflehnung gegen Hitler die nötigen

Entscheidungen treffen zu müssen. Er rechnete damit, daß Feldmarschall von Rundstedt sich zu diesem Vorhaben positiv oder wenigstens neutral einstellt und daß Feldmarschall von Kluge mitmacht. Er hoffte offenbar, daß die Berliner Widerstandsbewegung mit Hilfe des Ersatzheeres die Macht im Reichsgebiet in die Hand bekäme.

Ordre, Contreordre, Desordre

Befehle, bis zur letzten Patrone auszuhalten, mußten nach Weisung Hitlers dahin geändert werden, daß bis zum letzten Blutstropfen gekämpft werden müßte. Als ein Feldwebel Rommel bei einem Frontbesuch meldete, daß seine Einheit bis zum letzten Tropfen kämpfen werde, war Rommel versucht zu fragen, ob er denn genügend eingekellert hätte, wenn das nicht zu makaber gewesen wäre. Hitler waren die Verluste der Front gleichgültig. Man könnte fast zur Meinung kommen, eine militärische Aktion hätte ihn um so mehr beeindruckt, je mehr Deutsche bei ihr gefallen waren. Das merkten die Kommandeure an der Normandiefront. Kein militärischer Führer, der einigermaßen bei Sinnen ist, schätzt es, wenn seine Soldaten ohne plausiblen Grund und Zweck durch Befehle höherer Stäbe in den Tod geschickt werden. Deshalb gab es im Sommer 1944 im Heer wie in der Waffen-SS eine wachsende Mißstimmung gegen Hitler und seine militärischen Führungsgehilfen. Rommel hingegen, der immer wieder bei den vorderen Stäben erschien, gewann an Vertrauen. Wer bei aller Hast und Hektik zum Nachdenken kam, wußte, daß der Krieg verloren war.

Schon am 5. Juli hatte Rommel dem neuernannten Oberbefehlshaber West, Feldmarschall Hans Günther von Kluge, und zuvor auch Hitlers militärischen Chefadjutanten, General Schmundt, »Betrachtungen« über die Lage in der Normandie vom 3. Juli 1944 zugeleitet, die Hitler und dem OKW Fehlentscheidungen vorwarfen, welche für die erfolgreiche Landung der alliierten Streitkräfte verantwortlich seien. Am 15. Juli 1944 waren die schon zitierten »Betrachtungen« gefolgt, in denen es heißt, der ungleiche Kampf gehe zu Ende. Daraus müßten die Folgerungen gezogen werden. Als Oberbefehlshaber der Heeresgruppe B fühle er sich verpflichtet, dies klar auszusprechen. Speidel berichtet, Rommel habe vor »Folgerungen« noch das Wort »politische« einfügen wollen, wovon er, Speidel, aber abgeraten habe.

Diese Darstellung Speidels wird in einem Brief vom 7. Juni 1946 bestätigt, den der Angehörige des Stabes der Heeresgruppe B, Emil Gemeinder, an seinen Kameraden Rolf Munninger gerichtet hatte (»die militärischen wie politischen Konsequenzen zu ziehen«). Jedenfalls war mit diesen Betrachtungen der Punkt, ab dem es keine Umkehr mehr gibt, überschritten. Auch hat Rommel in Briefen an seine Frau den Zusammenhang mit der Politik wiederholt erwähnt. Ob Rommel auch seine Betrachtungen vom 15. Juli 1944 wie die vom 3. Juli 1944 über Schmundt unmittelbar Hitler zugleitet hat, ist aus der Aktenlage nicht zu beantworten. Schmundt erlag seinen Verletzungen, die er am 20. Juli 1944 durch Graf Stauffenbergs Bombe erlitten hatte. Rommel wollte jedenfalls gemeinsam mit Kluge handeln, mit dem er sich inzwischen über die Lage einig war. Die Betrachtungen haben folgenden Wortlaut:

Betrachtungen von Anfang Juli

Der Oberbefehlshaber
der Heeresgruppe B
H.Qu., den 3. 7. 1944

Die Küste der Normandie, die Halbinsel Cherbourg und die Festung Cherbourg konnten aus folgenden Gründen auf die Dauer nicht gehalten werden:

1. Die in der Normandie befindlichen Besatzungskräfte waren zu schwach, zum Teil stark überaltert – z. B. 709. Div. durchschnittlich 36 –, die materielle Ausrüstung genügte modernen Anforderungen nicht, die Bevorratung an Munition war nicht ausreichend, der Ausbau der Befestigungen war im Rückstand, die Nachschublage war völlig unbefriedigend.

2. Wiederholte Anträge der Heeresgruppe B, vor allem Ende Mai, nachdem sich die Gefahr für die Normandie abgezeichnet hatte, auf Heranführung weiterer Verstärkungen wurden abgelehnt. Vor allem war beantragt worden, die 12. SS-Pz.Div. (Hitlerjugend) in den Raum Lessay – Coutances zu verlegen, um bei einer feindlichen Landung an der Ost- oder Westseite der Cotentin unverzüglich einen durchschlagenden Gegenangriff führen zu können. Bei der zu erwartenden Luftherrschaft des Gegners mußte das Heranführen der 12. SS-Pz.Div. (Hitlerjugend) aus ihrem Unterbringungsraum südlich der Seine mindestens zwei Tage in Anspruch nehmen. Zudem war mit starken Ausfällen während einem derartigen Marsch zu rechnen. Generaloberst Jodl war dies bekannt, er hatte mich kurz vor der feindlichen Invasion nochmals durch General der Infanterie Buhle fragen lassen, wie lange denn die H. J. Pz.Div. benötige, um im Kampf um die Normandie einzugreifen. Mein ständiges Drängen auf Heranführung dieser Division wurde abgelehnt und nur zugesagt, sie im Falle eines Angriffes sofort zu unterstellen.
3. Ich hatte vorgeschlagen, die Panzerlehrdivision so bereitzustellen, daß sie sowohl in der Lage gewesen wäre, in der Normandie als auch in der Bretagne rasch im Kampf um die Küste einzugreifen. Auch diesem Antrag ist nicht entsprochen worden aus Sorge, daß der Feind im Raum Paris luftlanden könnte.
4. Auf Antrag der Heeresgruppe sollten Ende Mai starke Flakkräfte vor allem dort eingesetzt werden, wo der Gegner ungehindert Tag für Tag eigene Batteriestellungen und Befestigungsanlagen mit starken Luftwaffenverbänden angriff. Auf Anregung des Komm. Generals des III. Flakkorps hatte ich vorgeschlagen, das Flakkorps geschlossen in den Raum zwischen Ornemündung und Montebourg

einzusetzen, da sich dieser Raum durch die Aktivität des Gegners als besonders bedroht abzeichnete. Dem Antrag wurde nicht entsprochen, sondern das Flakkorps wurde mit 2 von seinen 4 Regimentern beiderseits der Somme und mit einem schwachen Regiment zwischen Orne und Vire beweglich eingesetzt. Diese für die Verteidigung der Normandie unerwünschte Teilung des Flakkorps war begründet durch Betriebsstoffmangel. So blieben 2 Regimenter in der Nähe der V1-Abschußstellen, deren Schutz sie mit der Feuereröffnung übernehmen sollten.

5. Zur Verstärkung der Verteidigung in der Normandie habe ich die Heranführung der Werfer-Brigade 7 in den Raum südlich Carentan vorgeschlagen, da vorauszusehen war, daß das Heranführen von Verstärkungen im Angriffsfall große Schwierigkeiten machen würde. Auch dieser Antrag wurde nicht genehmigt und die Brigade erst nach Beginn des feindlichen Angriffs der Heeresgruppe unterstellt. Sie kam dadurch in den ersten Tagen der Invasion nicht zum Einsatz.
6. Wiederholt hatte ich angeregt, die Verminung der Seinebucht durch Marine und Luftwaffe so frühzeitig durchzuführen und auch die neuesten Minen einzusetzen, daß dem Gegner die guten Anlandemöglichkeiten gesperrt wurden. Gerade die Seinebucht eignet sich ja bei ihrer geringen Wassertiefe besonders für die Verminung. Auch dieser Anregung wurde nicht entsprochen. Erst nachdem der Gegner gelandet war, setzte die Verminung unter schwierigsten Verhältnissen ein, größtenteils aus der Luft.
7. Die Bevorratung der Truppen in der Normandie mit Munition sollte auf Befehl von Gen.Qu. im Zuge der Rückführung von Munition im O. B. West-Bereich im Mai gekürzt werden, um die freiwerdende Munition in H.M.L. und A.M.L. als Reserven auszulagern. Damit wäre die Ausstattung noch geringer geworden als sie an und für

sich schon war. Auf Antrag von General Marcks hat die Heeresgruppe erwirkt, daß diese Kürzung unterblieb.

8. Die Nachschubverhältnisse, besonders in der Normandie, wurden trotz des vorhandenen Bahnnetzes und des Seeweges vor der Invasion auf Grund des starken Bombardements der Eisenbahnanlagen bereits schwierig.
9. Nachdem es dem Feind gelungen war, auf dem Festland Fuß zu fassen, war es die Absicht der Heeresgruppe B, unter Heranziehung von Verstärkungen erst den Landekopf nördlich Carentan zu beseitigen und damit jede Gefahr für den Cotentin und die Festung Cherbourg auszuschalten, und erst in zweiter Linie den Feind zwischen Orne und Vire anzugreifen. OKW stimmte aber dieser Absicht nicht zu und befahl, den eigenen Schwerpunkt in den Ostteil an der Ornemündung zu verlegen.
10. Die 12. SS-Pz.Div. (H. J.) traf nach einem Anmarsch von ca. 120 km, nachdem sie durch Tieffliegerangriffe erhebliche Ausfälle gehabt hatte, erst am 7. 6. 9.30 Uhr mit vordersten Teilen in der Gegend nordwestlich Caen ein. Sie konnte, da die Lage einen geschlossenen Einsatz zeitlich und räumlich nicht mehr zuließ, im Angriff nicht durchziehen.

    Die Panzer-Lehr-Division hatte einen Anmarsch von 180 km zurückzulegen und traf erst am 7. 6. 13.00 Uhr mit den Anfängen an der Kampffront westlich Caen ein. Auch sie war im Vormarsch durch Tiefflieger gehemmt, Räder- und Raupenteile waren getrennt worden. Hierdurch und lagebedingt konnte ihr Angriff nicht mehr durchziehen; sie hatte Mühe sich gegen den inzwischen stark gewordenen Feind zu behaupten. Es war ihr damit leider nicht gelungen, die Verbindung mit den noch bei Bayeux kämpfenden Teilen der 352 I. D. zu bekommen und diese zu stützen.

Die 2. Panzer-Division, die aus dem Raum beiderseits der Somme (260 km Luftlinie) herangezogen wurde, traf mit den vordersten Teilen am 13. 6. ein und brauchte bis zum geschlossenen Einsatz weitere 7 Tage.

Die 3. Fallschirm-Division benötigte zum Anmarsch aus der Bretagne (250 km Luftlinie) unter ständiger Luftbedrohung zum Einsatzraum nordostwärts St. Lo 6 Tage. Der ihr befohlene Angriff auf Bayeux konnte nicht mehr erfolgen, da der Feind mit starken Kräften bereits Besitz vom Wald von Cerisy ergriffen hatte.

Die 77. Division benötigte 6 Tage, um in den Kampf im Nordteil des Cotentin mit starken Kräften eingreifen zu können.

Alle herangeführten Reserven kamen so viel zu spät, um die feindliche Anlandung durch Gegenangriff zu zerschlagen. Inzwischen hatte der Gegner wesentlich stärkere Kräfte gelandet und war, unterstützt von starken Luftwaffenverbänden und Artillerie, selbst zum Angriff übergegangen.

11. Die Unterstützung durch die eigene Luftwaffe erfolgte nicht in dem Maße, wie ursprünglich vorgesehen war. Der Feind beherrschte den Luftraum über dem Kampfgelände bis ca. 100 km hinter der Front vollkommen. Durch außergewöhnlich starke Einsätze zerschlug er die Verteidigungsanlagen im Küstenstreifen und bekämpfte sehr wirkungsvoll den Anmarsch von Reserven und die Versorgung der eigenen Truppe, insbesondere durch Zerstörung des Bahnnetzes.
12. Auch der Einsatz der Kriegsmarine erfolgte nicht in dem Ausmaße, wie ursprünglich versprochen worden war (z. B. statt 40 nur 6 U-Boote). Eine Sicherung der Seinebucht durch Vorpostenfahrzeuge bestand in der Nacht 5./6. 6. wegen des schlechten Wetters nicht. Der Einsatz der

U-Boote gegen die Landungsflotte erfolgte nur in verhältnismäßig geringem Ausmaß. Durch den feindlichen Fliegerangriff auf Le Havre am 12. 6. verlor die Marine einen großen Teil der für den Kampf gegen die Landungsflotte geeigneten Fahrzeuge.

Auch die Verminung der Seinebucht, die unmittelbar nach der Invasion einsetzte, zeigte bis heute keine fühlbaren Erfolge. Ausladungen größten Ausmaßes finden nach wie vor statt, und der tägliche Beschluß durch Schiffsartillerie »in bisher nicht bekanntem Ausmaß« (Meldung II. SS-Pz. Korps) macht der eigenen Kampffront schwer zu schaffen.

13. In den Versorgungsbetrieb war die Heeresgruppe nicht eingeschaltet, sie hatte keinen O.Qu.-Stab und hatte zunächst auch kein Weisungsrecht an O.Qu.West.

14. Die Fragen der Befehlsführung waren unbefriedigend gelöst. Die Heeresgruppe verfügte bei Beginn der Invasion nicht über die operativen Verbände der Panzergruppe West (siehe oben) und nicht über die Werferbrigade. Über das »Anweisen« des Flakkorps habe ich mich bereits in einem Antrag geäußert. Nur einheitliche straffe Wehrmachtsführung nach dem Feindbeispiel Montgomerys bürgt für den Enderfolg.

Gez. Rommel
Generalfeldmarschall.

Verteiler:

Adjutant des Führers	– 1. Ausf.
Feldmarschall v. Kluge	– 2. Ausf.
H. Gr. OB	– 3. Ausf.
Chef	– 4. Ausf.
Ia	– 5. Ausf.
KTB	– 6. Ausf.
Ia/Entwurf	– 7. Ausf.
Abschr. f. Fm Rommel	8.–10. Ausf.

Zweck der Betrachtungen

Was wollte Rommel mit seinen Betrachtungen erreichen? Es ist unwahrscheinlich, daß er damals noch an die Möglichkeit glaubte, Hitler durch Konfrontation mit der Wahrheit zur Einsicht bringen zu können, daß der Krieg beendet werden muß. Die Absicht Hitlers, das deutsche Volk in den eigenen Tod mitzunehmen, zeichnete sich ab. Die Deutschen, besonders die Frontsoldaten, vertrauten Hitler noch in ihrer großen Mehrheit. Ende Juni 1944 stellte die Psychological Warfare Division der US-Armee fest, daß 67 Prozent der deutschen Kriegsgefangenen an Hitler glaubten. Rommel wollte offenbar mit seinen Betrachtungen seinen Soldaten und der Öffentlichkeit nachweisen, daß Hitler über den tödlichen Ernst der Lage genau informiert war, aber nichts tun und nichts dulden wollte, um den Marsch in das Verderben abzubrechen.

Abschriften seiner Betrachtungen führte Rommel ständig mit sich. Sie befanden sich auch in seiner Rocktasche, als er am 14. Oktober 1944 sterben mußte. Die Offiziere, die mit seiner Tötung beauftragt waren, fanden sie bei der Durchsuchung seiner Leiche und nahmen sie an sich. Noch zu Rommels Lebzeiten, am 31. August 1944, war sein Verhalten auf einer Lagebesprechung im Führerhauptquartier erörtert worden, deren Protokoll weitgehend erhalten ist[17]. Danach sagte Hitler über Rommel: »Er hat das Schlimmste getan, was es in einem solchen Fall überhaupt für einen Soldaten geben kann: Nach anderen Auswegen gesucht als nach militärischen!«

Rommel hatte bereits im Sommer 1943, nach seiner Absetzung als Oberbefehlshaber der Heeresgruppe Afrika, seine Frau, die in der Kommandeursvilla der Kriegsschule Wiener Neustadt lebte, veranlaßt, im Blick auf die Entwicklung der

[17] Helmut Heiber, Hitlers Lagebesprechungen, Stuttgart 1962, S. 614

Kriegslage nach Württemberg umzuziehen. Er deutete an, daß Wiener Neustadt schließlich von den Russen besetzt würde. Diese Voraussage verwirklichte sich nach genau zwei Jahren. Während oder nach Rommels Aufenthalt in Italien im Zusammenhang mit der italienischen Kapitulation meldeten der Tiroler Gauleiter Franz Hofer und der Chef der Leibstandarte Adolf Hitler, SS-Oberstgruppenführer Sepp Dietrich, Rommel äußere sich pessimistisch und defaitistisch; er steckte seine Umgebung mit dieser Gesinnung an.

Was die bedrohte Normandie anbetrifft, hatte Rommel unter anderem vorgeschlagen, die 12. SS-Panzerdivision auf die Halbinsel Cotentin zu verlegen, desgleichen eine Nebelwerferbrigade (in unmittelbare Nähe des künftigen amerikanischen Landepunktes Utah), und die Panzerlehrdivision so bereitzustellen, daß sie sowohl in der Normandie wie in der Bretagne rasch hätte eingreifen können. Denn das Konzept Rommels stand und fiel mit dem Eingreifen starker deutscher Panzerverbände unmittelbar oder doch wenige Stunden nach der Landung. Das geschah nicht. Auch die vom ihm erbetene Verlegung eines Flakkorps an die Küste der Normandie und die Verminung der Seinebucht erfolgten nicht. Die deutsche Kriegsmarine wollte gegen die alliierten Landungsstreitkräfte Operationen durchführen. Was für Operationen, blieb unklar.

Die deutschen Panzerdivisionen hatten alle Hände voll zu tun, um Montgomery aufzuhalten. Am 11. Juni 1944 schrieb Rommel an seine Frau: »Lage durch feindliche Luftüberlegenheit, die alles lähmt und zerschlägt, sehr schwierig. Bin selber bisher heil durchgekommen bei all den Fahrten. Man muß aber sehr aufpassen.«

Rommels Briefe an seine Frau

Folgende Briefe schrieb Rommel während der Schlacht in der Normandie an seine Frau:

10. Juni 1944

Es ist ein harter Kampf, den die Truppe durchstehen muß. War gestern vorne und will heute wieder vor. Die feindliche Luftüberlegenheit wirkt sich sehr auf unsere Operationen aus. Dagegen ist kein Kraut gewachsen. Bald wird es wohl noch an anderer Stelle losgehen. Wir tun, was wir können.

13. Juni 1944

Die telefonische Verbindung war gestern früh herzlich schlecht, aber besser als gar nichts. Uns geht es im Abwehrkampf vor allem durch die feindliche Luftherrschaft und die schwere Schiffsartillerie nicht gut. Auch an Material ist der Feind weit überlegen. In der Luft stehen 27 000 Einsätze gegen 3500 eigene. Habe gestern dem Führer berichtet. Rundstedt machte dasselbe. Es wird Zeit, die Politik spielen zu lassen. Den nächsten, vielleicht noch schwereren Stoß erwarten wir in den kommenden Tagen an anderer Stelle. Die lang geschonten Kräfte zweier Weltmächte kommen eben jetzt zum Einsatz. Alles wird sich rasch entscheiden. Wir tun, was wir können. Oft sind meine Gedanken zu Hause mit den besten Wünschen und der Hoffnung, daß alles noch zu einem leidlichen Ende geführt werden kann.

14. Juni 1944

Schwere Abwehrkämpfe. Die gewaltige Überlegenheit der Gegner an Luftwaffe, Schiffsartillerie, Menschen und Material macht sich bemerkbar. Ob man oben die Schwere der Lage sieht und die Folgerungen zieht, scheint mir fraglich. Es spannt an Nachschub an allen Ecken.

15. Juni 1944

War gestern wieder vorn. Lage bessert sich nicht zu unseren Gunsten. Man muß sich auf Schlimmes gefaßt machen. Die Truppe – SS wie Heer – schlägt sich mit größter Tapferkeit, allein das Mißverhältnis an Kräften und Material wird von Tag zu Tag für uns ungünstiger. Die eigene Luftwaffe spielt über dem Kampfraum eine sehr, sehr bescheidene Rolle. Mir geht es soweit gut. Ich muß trotz allem den Kopf oben behalten, wenn auch viele Hoffnungen begraben werden müssen. Du kannst Dir wohl vorstellen, vor welch schweren Entschlüssen wir in der nächsten Zeit stehen und (Du) erinnerst Dich unserer Aussprache vom November 1942.

18. Juni 1944

Heute ist Gelegenheit, Dir durch einen Soldaten rasch Post zu senden. War gestern beim Führer, der zur Zeit im Westen ist. Habe ihm eingehend berichtet und über alles Klarheit geschaffen. Wenn anfänglich die Ansicht im OKW herrschte, es sei nicht gut gekämpft worden, so ist diese Ansicht nun verändert. Der Gegner selbst hat meiner Truppe das allerbeste Zeugnis ausgestellt. Natürlich wurden starke eigene Kräfte durch die ungeheure Wucht des feindlichen Bombardements und der Schiffsartillerie erdrückt, allein was noch am Leben war, kämpfte wie ein Teufel. Hätte man auf mich gehört, so wären wir am ersten Abend mit 3 Divisionen zum Gegenangriff gekommen und hätten den Angriff wahrscheinlich zurückgeschlagen. Dadurch, daß Panzerdivisionen von weither herangeholt werden mußten, traten entsetzliche Verzögerungen ein, und die Schlacht stand zeitweise sehr, sehr schief. Nun hat sich vieles wieder eingerenkt, und ich sehe mit weniger Sorgen in die Zukunft als vor 8 Tagen. Der Fernkampf hat viel Entlastung gebracht. Viele Generale sind in den wenigen Tagen gefallen, darunter Fallay gleich in der Nacht zum 6. 6. Ein rascher feindlicher Durchbruch auf Paris wird nun kaum mehr möglich sein. Viel ist (da) oder kommt heran. Der Führer war sehr herzlich und guter Stimmung. Der Ernst der Lage ist ihm klar.

23. Juni 1944

Es geht uns militärisch nicht gut, da die feindliche Luftwaffe unsere Versorgung äußerst mitnimmt, zum Teil völlig unterbindet. Kommt es zum entscheidenden Kampf, so stehen wir ohne Munition (da). Du kannst Dir meine Sorgen vorstellen. Auch Ch. wird unter diesen Umständen nicht lange gehalten werden können. Man muß sich auf Schlimmes gefaßt machen.

24. Juni 1944

Ch. wird sich kaum noch lange halten lassen, trotz des heldenmütigen Kampfs seiner Verteidiger. Mit einer gewissen Menge von Bomben und schweren Granaten kann der Feind jeden festen Platz sturmreif machen. Es ist eben ein Jammer, daß wir nicht mit gleichen Mitteln antworten können. Heute will ich vorfahren, wie beinahe täglich.

Kommandeure gegen Hitlers Befehle

Eine schon erwähnte Besonderheit der Normandie, die von Hecken und Heckendämmen durchzogene Bocagolandschaft, bot nicht nur Möglichkeiten, von der gegnerischen Luftwaffe nicht entdeckt zu werden, sondern beschränkte auch die Sichtweite bei den Bodenkämpfen stark. Es kam sogar vor, daß Panzer von aufspringender Infanterie geentert wurden. Unter diesen Umständen erwiesen sich Erfahrungen im Dschungelkrieg als nützlich, wie sie einige amerikanische und britische Offiziere und Mannschaften gesammelt hatten. Als die US-Armee erkannte, daß dieses Hecken- und Gebüschsystem den Einsatz von Panzern auf die Straßen beschränkte und beim Angriff die Geschwindigkeit erheblich verlangsamte, rüstete sie ihre Panzer kurzfristig mit sogenannten Nashörnern aus, nämlich mit vorne am Panzer befestigten Stahlzähnen, welche die Hecken durchschnitten und es den Panzern und den ihnen folgenden Schützenpanzerwagen erlaubte, die Hecken zu durchbrechen und die Straßenkreuzungen zu umgehen, an denen oft deutsche Truppen auf sie warteten. Die Ausrüstung mit diesen Messern übernahmen Werkstätten im Landekopf. Die Alliierten wußten also sehr genau, daß die Bocagelandschaft eher der deutschen Seite nützte. Auf freiem Feld wäre das deutsche Heer noch schneller von den Westmächten zerschlagen worden, als das ohnehin der Fall war, vor allem von deren Luftwaffe.

Wenn die alliierte Luftherrschaft nicht so groß gewesen wäre, wie dies Rommel vorausgesagt hatte, hätten die deutschen Truppen vielleicht noch eine Chance gehabt. Aber bei Tageslicht und gutem Wetter schoß die alliierte Luftwaffe die meisten Fahrzeuge ab, die ihre Deckung verließen. Die Panzerlehrdivision und die 12. SS-Panzerdivision erlitten bei ihrem Marsch zur Front schwere Verluste. Sie mußten erhebliche

Verspätungen und Verzögerungen hinnehmen und begegneten von vornherein einem alliierten Widerstand, den sie nicht überwinden konnten. Am 10. Juni vernichtete die alliierte Luftwaffe den Gefechtsstand der Panzergruppe West. Oberbefehlshaber Geyr von Schweppenburg überlebte verwundet, sein Stabschef, sein Ia und weitere Angehörige seines Stabes starben. Der Chef des LXXXIV. Armeekorps, in dessen Abschnitt die Landung stattgefunden hatte, der beinamputierte General Erich Marcks, fiel am 12. Juni 1944 an der Spitze einer Kampfgruppe, deren Gegenstoß er leitete, durch bei einem alliierten Tieffliegerangriff. Es ging das Gerücht, er hätte sich aufrecht stehend in seinem Wagen erschießen lassen.

Die operative Reserve, die Panzerdivisionen unter dem Oberbefehl des OB-West, Feldmarschall von Rundstedt, deren Einsatz sich Hitler vorbehalten hatte, war über Frankreich verstreut. Die 1. SS-Panzerdivision war bei Antwerpen bereitgestellt, die Panzerlehrdivision im Raum Chartres/Le Mans, die 12. SS-Panzerdivision im Raum Evreux. Am günstigsten zum Landungsraum waren noch die 12. SS-Panzerdivision und die Panzerlehrdivision stationiert. Die deutschen Truppen schlugen sich so gut wie eh und je. Auflösungserscheinungen sah man selten und dann in der Etappe. Im Regelfall beginnt eine Meuterei in den unteren Rängen und breitet sich dann nach oben aus. Hier war es anders. Viele Soldaten waren von den Erfolgsaussichten mehr überzeugt als ihre Generale, vor allem in den Panzerdivisionen, unter diesen die Angehörigen der 12. SS-Panzerdivision »Hitlerjugend«, darunter 17 Jahre alte Soldaten, 18 Jahre alte Leutnants, und ein gerade 28 Jahre alter General und Divisionskommandeur, der sogenannte »Panzermeyer«. Bei der Verteidigung von Caen gegen einen mit einem Bombardement durch 500 Flugzeuge eingeleiteten britisch-kanadischen Angriff führten die Soldaten der »Hitlerjugend«-Division eine regelrechte Fehde gegen die Kanadier, die ebenfalls wegen ihrer Härte bekannt waren. Dabei kam es auch zu Erschießungen und Mißhandlungen von Kriegsgefangenen. Der Divisionskommandeur Meyer wurde nach 1945 als Kriegsverbrecher verurteilt und büßte jahrelang eine Gefängnisstrafe in Kanada und Deutschland.

Heute wissen wir wieder, daß in unserer schnellebigen Zeit jede Art Tatenruhm nicht lange anhält, auch wenn die Sache, welcher er diente, nützlich und gut ist. Solches Pathos hatte aber damals Wirkung, besonders auf jüngere Menschen, die sich leicht täuschen lassen. Der Einsatz und das Opfer der deutschen Soldaten in der Normandie waren nicht nur vergeblich, nicht nur sinnlos, sondern wurden, als keine Schritte zur Beendigung des Krieges erfolgten, schließlich schädlich. Das sah Rommel deutlich und klar und auch eine wachsende Zahl der deutschen Kommandeure. Doch so leicht, wie dies der Theorie erscheinen mag, bekommt man einen Krieg nicht los. Rommel führte seine Heeresgruppe so, wie er es seinen Soldaten zu schulden glaubte. Aber der wahre und gefährlichste Feind des Soldaten waren nicht die Alliierten. Der Feind saß im fernen Führerhauptquartier in Rastenburg beziehungsweise auf dem Obersalzberg bei Berchtesgaden. Er hatte nicht nur mit dem von ihm befohlenen Massenmorden die Ehre seiner Soldaten befleckt, sondern er schickte sie auch, unterstützt von den seinem Einfluß verfallenen Beratern, in den Tod in einem Krieg, der von Tag zu Tag sinnloser wurde.

Den Kommandeuren in der Normandie wurde klar, daß Hitlers Befehle in der Regel neben der Sache lagen. Das Festhalten an jedem Fußbreit Boden arbeitete der alliierten Luftwaffe, Schiffsartillerie und Heeresartillerie in die Hände. Dasselbe galt für die Weigerung Hitlers, tief gestaffelte Verteidigungssysteme und taktische Rückzüge auf günstigere Stellungen zu akzeptieren. Die Befehlshaber und Kommandeure, ob Wehrmacht oder Waffen-SS, erkannten zwei Dinge:

Die Entscheidungen des Führerhauptquartiers setzten sich über die Wirklichkeit hinweg, kosteten viel Blut und waren in der Regel falsch.

Rommel sah immer deutlicher die Aufgabe auf sich zukommen, den Krieg im Westen zu beenden. Seine von Zeit zu Zeit aufkommende Hoffnung, Hitler werde, wenn ihm die wahre Lage bewußt werde, vielleicht aus eigenem Entschluß gehen, eine Hoffnung, die Feldmarschall von Kluge vor seinem Selbstmord in seinem Abschiedsbrief an Hitler vom 18. August 1944 nochmals äußern sollte, schwand dahin. Seine Kontakte mit den Widerstandskreisen hatten Rommel beeindruckt. Er hielt es für seine Pflicht, dazu beizutragen, daß das Blutvergießen aufhört, Hitler verschwindet und sein Land gerettet wird. Auch das mißlang. Eigene Interessen hat Rommel nicht verfolgt. Er hatte keine persönlichen Ambitionen mehr. Wenn Hitler ihn nicht hätte töten lassen, hätte auch er vielleicht selbst seinem Leben ein Ende gesetzt, wie das Hans Günther von Kluge und Walter Model getan haben und Carl-Heinrich von Stülpnagel versucht hat.

Der Schriftsteller Dieter Kühn geht in seiner Fiktion »Auf Hitler folgt Rommel«, die er 2010 in seinem Buch »Ich war Hitlers Schutzengel« veröffentlichte, von einer ganz anderen Situation aus: Henning von Tresckow sprengt 1943 das Führer-Flugzeug in die Luft, und Admiral Canaris informiert darüber Rommel, der sich mit Montgomery auf der Kanalinsel Guernsey trifft. Man einigt sich darauf, daß die Deutschen die Westfront öffnen und ihnen dafür »freie Hand im Osten« eingeräumt wird. Das ist, leider, nur eine literarisch-historische Fiktion, die Wirklichkeit sah 1944 nicht so günstig aus – im Gegenteil.

Rommels Warnungen und Forderungen

Rommel übersandte dem Führerhauptquartier im Juni 1944 folgende Darstellung der Lage:

»Beurteilung der Lage am 11. 6. 1944

Der bisherige Verlauf der Kämpfe in der Normandie zeigt klar die Feindabsichten

a) zwischen Orne und Vire einen tiefen Landekopf zu gewinnen als Ausgangsbasis für einen späteren Angriff mit starken Kräften in das Innere Frankreichs, wahrscheinlich in Richtung Paris;

b) die Halbinsel Cotentin abzuschneiden und so rasch wie möglich Cherbourg zu nehmen, um einen größeren leistungsfähigen Hafen zu haben. Es erscheint nach Entwicklung der Lage jedoch auch möglich, daß der Feind auf die Inbesitznahme der Halbinsel Cotentin, wenn die Kämpfe zu hart werden, verzichtet und frühzeitig den Stoß in das Innere Frankreichs unter Einsatz aller Mittel führt.

Durch den verbissenen Kampf der in den Küstenverteidigungsabschnitten eingesetzten Truppen und die sofort einsetzenden Gegenstöße der vorhandenen größeren Reserven ist der Ablauf der feindlichen Operationen trotz Einsatzes stärkster Kampfmittel wesentlich langsamer erfolgt, als der Gegner erhofft hatte. Auch scheint der Gegner mehr Kräfte einzusetzen, als ursprünglich vorgesehen war.

Geschützt durch sehr starke Luftwaffenverbände verstärkt sich der Feind an Land zusehends. Die eigene Luftwaffe und Kriegsmarine ist vor allem bei Tag nicht in der Lage, ihn hierbei wesentlich zu behindern. So wachsen seine Kräfte an Land wesentlich schneller, als unserer Front Kräfte zufließen.

Durch die Überlegenheit des Feindes in der Luft ist es nicht gelungen, das I. Panzerkorps, die Werferbrigade 7 und das Flakkorps, ferner das Korps Meindl rasch in den Raum zwischen Orne und Vire heranzuführen und zum Gegenangriff gegen den angelandeten Feind anzutreten. Werferbrigade, Flakkorps und Korps Meindl sind noch im Aufmarsch, das I. SS-Pz.Korps ist unter harten Kämpfen in die Verteidigung gedrängt. Wie Offiziere meines Stabes und ich uns wiederholt überzeugt haben, beherrscht der Feind den Luftraum über dem Kampfgelände bis ca. hundert km hinter der Front völlig, unterbindet bei Tag mit starken Bomber- und Jabo-Verbänden nahezu jeglichen Verkehr auf Straßen und im offenen Gelände. Bewegungen eigener Truppen im Gefechtsfeld bei Tag sind dadurch nahezu völlig unterbunden, während der Feind frei operieren kann. Es ist sehr schwer, den nötigen Nachschub an Munition und Betriebsstoff der Truppe zuzuführen.

Die Heeresgruppe muß sich zunächst damit begnügen, mit den nur allmählich herankommenden Kräften eine zusammenhängende Front zwischen Orne und Vire zu bilden und den Gegner anlaufen zu lassen. Es ist unter diesen Umständen leider nicht möglich, die an der Küste an vielen Stellen noch haltenden Truppen zu entsetzen. Die Heeresgruppe strebt an, die Panzerverbände baldmöglichst durch Infanterieverbände abzulösen und mit ihnen wieder bewegliche Reserven hinter der Front zu bilden.

Den Schwerpunkt der eigenen Operationen beabsichtigt die Heeresgruppe in den kommenden Tagen in den Raum Carentan-Montebourg zu verlegen, um den dort befindlichen Feind zu vernichten und die Gefahr von Cherbourg abzuwenden. Erst wenn dies gelungen ist, kann der zwischen Orne und Vire befindliche Feind angegriffen werden.

Die eigenen Operationen in der Normandie werden jedoch durch folgende Dinge außerordentlich erschwert, zum Teil sogar undurchführbar gemacht:

a) Die außerordentlich starke, zum Teil erdrückende Überlegenheit der feindlichen Luftwaffe

Die Bewegung auch kleinerer Verbände auf dem Gefechtsfeld, in Stellung gehen der Artillerie, Bereitstellung von Panzern und ähnliches, wird unverzüglich aus der Luft bis zu vernichtender Wirkung bombardiert. Truppe und Stäbe müssen sich tagsüber in bedecktem Gelände verstecken, um der dauernden Bekämpfung aus der Luft zu entgehen. In dem Kampffeld des SS-Korps war am 9. 6. der Zustand so, daß zahlreiche feindliche Jabo-Staffeln ununterbrochen über dem Gefechtsfeld kreisten und starke Bomberverbände Truppen, Ortschaften, Brücken, Straßenknotenpunkte ohne Rücksicht auf die Bevölkerung schwerstens bombardierten. Weder die eigene Flak noch die Luftwaffe scheint in der Lage zu sein, dieser lähmenden und zerstörenden Wirkung der feindlichen Luftwaffe (27 000 Einsätze an einem Tag) Einhalt zu gebieten. Die Truppen des Heeres und der Waffen-SS wehren sich so gut wie sie können mit den zur Verfügung stehenden Mitteln, allein die Munition ist knapp und nur unter schwierigsten Bedingungen zu ergänzen.

b) Die Wirkung der schweren Schiffsartillerie
Es waren bis zu 640 schwere Rohre eingesetzt. Die Wirkung dieser schnell feuernden Geschütze ist derart stark, daß ein Operieren in dem (von ihnen) beherrschten Raum weder mit Infanterie noch mit Panzerverbänden möglich ist. Trotz dieses starken Beschusses haben die Besatzungen an der Küste und die um Gegenangriff angesetzten Truppen im Raum von Montebourg ihre Stellungen mit äußerster Zähigkeit gehalten. Es ist jedoch zu erwarten, daß die feindlichen Kriegsschiffe auch weiterhin unter stärkstem Munitionseinsatz in die Kämpfe am Land, vor allem der Halbinsel Cotentin eingreifen, wenn es nicht der Marine und der Luftwaffe gelingt, sie zu vernichten.

c) Die materielle Ausstattung der Angloamerikaner mit zahlreichen neuen Waffen und Kampfmitteln ist der Ausstattung unserer Divisionen weit überlegen. Vor allem scheinen die feindlichen Panzerverbände, wie Obergruppenführer Sepp Dietrich mir gemeldet hat, den Kampf schon auf 2500 m mit größtem Munitionsaufwand und vorzüglich unterstützt durch die feindliche Luftwaffe zu führen, wie es schon bei Alamein der Fall war. Ferner tritt jetzt schon die artilleristische Überlegenheit und die besonders große Munitionsausstattung in Erscheinung.
d) Fallschirm- und Luftlandetruppen werden in solcher Masse und so wendig eingesetzt, daß sich die betroffene Truppe schwertut, sich ihrer zu erwehren. Sind die feindlichen Luftlandeverbände in von uns unbesetztes Gelände abgesprungen, so richten sie sich sofort zu Verteidigung ein und sind durch Infanterieangriffe mit Artillerieunterstützung nicht mehr zu werfen. Mit weiteren Einsätzen, vor allem in Räumen, die von uns nicht besetzt sind, ist zu rechnen. Die eigene Luftwaffe hat gegen diese Verbände leider nicht eingreifen können, wie es ursprünglich beabsichtigt war. Da der Feind mit seiner Luftwaffe, wie es sich in den letzten Tagen gezeigt hat, unsere beweglichen Verbände tagelang lähmen kann, selbst aber mit schnellen Verbänden und Luftlandetruppen operiert, wird die eigene Lage außerordentlich schwierig.

Die Truppen aller Wehrmachtsteile schlagen sich mit größter Verbissenheit und äußerster Entschlossenheit trotz des ungeheuren Materialaufwandes des Feindes.
Ich bitte dem Führer Vortrag zu halten.«

Die Bekehrung Hans Günther von Kluges

Am 31. Juli 1944 rief Feldmarschall Keitel den Oberbefehlshaber West, Feldmarschall Gerd von Rundstedt, an und fragte diesen, nachdem die vorausgegangene Lagebesprechung ein düsteres Bild gezeichnet hatte: »Was sollen wir bloß machen?« Rundstedt erwiderte darauf nach einer Version: »Macht Schluß«, nach einer anderen Version: »Macht Frieden, Ihr Idioten«. Keitel war entsetzt und begab sich zu seinem Führer, um diesen von dem ungeheuerlichen Vorgang zu unterrichten. Hitler versetzte den fast 70jährigen sofort in den Ruhestand und versah ihn mit einem handgeschriebenen Dankesbrief für treue Dienste, der freilich ziemlich kurz ausfiel.

Als Rundstedt sich von Rommel verabschiedete, erklärte er, er sei froh, daß er mit allem nichts mehr zu tun habe und künftig könne ihn Hitler »kreuzweise«.

Da Feldmarschall Hans Günther von Kluge gerade im Führerhauptquartier weilte (Marschälle sind nicht einfach da, sondern weilen!), um über seine weitere Verwendung zu sprechen, bot Hitler ihm die Nachfolge von Rundstedts an. Kluge, 1882 als Sohn eines erst 1913 geadelten Generalmajors geboren, war im Frankreichfeldzug 1940, damals Generaloberst, Oberbefehlshaber der 3. Armee gewesen, zu der Rommels 7. Panzerdivision gehörte. Offenbar schätzte er Rommel sehr, denn er schrieb zu einem Kartenwerk dieser Panzerdivision ein Vorwort, in dem er ihn über den Schellenkönig lobte.

Vorwort des Oberbefehlshabers der 4. Armee Generalfeldmarschall von Kluge

Unter den Taten des deutschen Westheeres in den Kämpfen des Mai und Juni 1940 nehmen die der 7. Panzerdivision einen besonderen Ehrenplatz ein. Kühn und zugleich besonnen geführt von ihrem schon im Weltkrieg besonders bewährten Kommandeur eilte sie von Sieg zu Sieg. Bei der Erzwingung des Maasüberganges und dem Durchstoß durch Südbelgien und die französischen Grenzbefestigungen bildete die 7. Panzerdivision im Rahmen ihres Panzerkorps bald den Stoßkeil der 4. Armee, um ihr dann in den Vorstößen auf Avesnes, Le Cateau, Cambrai und Arras weit voran zu stürmen. In der Abwehr feindlicher Panzerkräfte bei Arras bewährte sie sich ebenso wie beim Angriff auf Lille, um dann in der Durchbruchsschlacht an der Somme, den Verfolgungskämpfen bis zur Seine und der anschließenden Vernichtungsschlacht bei St. Vallery nochmals Besonderes zu leisten. Der dann auf sich allein gestellten Division brachte schließlich der Vorstoß durch die Normandie und die Eroberung von Cherbourg die Krönung ihres sechswöchigen Siegeszuges durch Belgien und Nordfrankreich.

Jeder Soldat, der die Ehre hatte, dieser Division in den geschilderten Kämpfen anzugehören, darf besonders stolz darauf sein, trug sie doch dazu bei, im Verein mit anderen Kräften der 4. Armee, die heiß ersehnte Entscheidung über den Feind zu erringen. Besonders hervorgehoben seien der persönliche Mut und die ständige Einsatzbereitschaft des Divisionskommandeurs, des Generalmajors ROMMEL, der, obgleich verwundet, immer wieder an der Spitze seiner Panzer die Division vorwärts riß. Er wird für alle Zeiten ein leuchtendes Vorbild deutscher Truppenführung sein.

AHQ. den 30. November 1940

Bereits 1943 hatte Kluge über Generalmajor Henning von Tresckow Verbindung zu Widerstandskreisen gehabt[18] – ne-

[18] u. a. Peter Hoffmann, Claus Schenk Graf von Stauffenberg und seine Brüder, Stuttgart 1992, S. 308

ben Erich von Witzleben als einziger Feldmarschall. Joachim Fest schreibt dazu in seinem Buch über den »Staatsstreich«: »Nicht von ungefähr hatte sich der Feldmarschall jedoch den Beinamen ›der kluge Hans‹ erworben, der indes weniger auf seine Klugheit als auf die Glätte und flinke Geistesgegenwart zielte, durch die er sich jeder mißlichen Lage entzog. In dem ›zähen und langwierigen Kampf‹, den Tresckow um ihn führte, stimmte er ein ums andere Mal zu und stritt im nächsten Augenblick ab, beteuerte und zeigte sich gleich darauf sprachlos über das Beteuerte, ergab sich und entglitt ... Der erste größere Erfolg Tresckows war, daß Kluge sich bereit erklärte, Goerdeler im Hauptquartier der Heeresgruppe zu empfangen. Das war nicht unbedenklich, da Goerdeler aus seinen Auffassungen nie ein Hehl gemacht hatte und nahezu jedermann wußte, was ihn so auffällig umtrieb ...

Nach einer acht Tage dauernden, abenteuerlichen Reise mit falschen ... Papieren traf Goerdeler bei der Heeresgruppe ein. Sein Enthusiasmus und seine Entschlossenheit machten großen Eindruck sowohl auf Tresckow als auch auf Kluge, und einer der Offiziere sah bei dem Feldmarschall sogar ›das Eis brechen‹. Jedenfalls traf Goerdeler mehrfach mit ihm zusammen, und gemeinsam stellten sie offenbar auch Überlegungen an, Hitler bei einem Besuch im Hauptquartier der Heeresgruppe zu verhaften. Doch noch war Goerdeler nicht nach Berlin zurückgekehrt, als (der ehemalige Generalstabschef) Beck einen vertraulichen Brief Kluges erhielt, in dem von einem ›überfallartigen Besuch‹ und möglichen ›Mißverständnissen‹ die Rede war.«

Hitler brachte es fertig, Kluge seine Sicht der Verhältnisse in Frankreich zu vermitteln und ihm einzureden, der Mißstand sei, daß Rommel die Befehle des OKW nicht ausführe. Am 1. Juli 1944 brachte eine Sondermaschine der Luftwaffe Kluge und den Panzergeneral Heinrich Eberbach nach Frankreich. Eberbach war zum neuen Oberbefehlshaber der Panzergruppe

West ernannt worden. Er war ein bewährter Panzerführer, Schwabe wie Rommel, die beiden Herren kannten sich aber noch nicht (nach dem Krieg wurde Eberbach Leiter der Evangelischen Akademie in Bad Boll).

Der Befehl des Oberkommandos der Wehrmacht lautete: Stehenbleiben, keinen Schritt mehr zurück. Am 3. Juli 1944 um 16.00 Uhr erschien Kluge in Rommels Hauptquartier und sagte diesem ziemlich ruppig: »Auch Sie müssen sich daran gewöhnen, Befehle auszuführen!« Rommel reagierte verärgert. Es gab Streit unter den Feldmarschällen. Offenbar sagte Kluge zu Rommel, dieser habe noch nie größere Verbände geführt, während Rommel Kluge darauf hinwies, daß dieser noch nie gegen Engländer und Amerikaner gekämpft hätte. Am 5. Juli schickte Rommel Kluge einen Brief, in dem er erklärte, er sei tief verletzt und ihn aufforderte, die Gründe für seine Vorwürfe zu nennen. Diesem Brief fügte Rommel seine Betrachtungen vom 3. Juli 1944 über die Gründe für die erfolgreiche alliierte Landung bei. In diesen Betrachtungen machte Rommel für den alliierten Erfolg vor allem falsche Entscheidungen Hitlers und des OKW verantwortlich. Eine Mehrfertigung erhielt Generalleutnant Schmundt, der in einem Schreiben vom 9. Juli 1944 Rommel versprach, Hitler die Betrachtungen lesen zu lassen.

Schon bei den ersten Kontakten mit den Frontkommandeuren bemerkte Kluge, daß Rommel und nicht das OKW recht hatte. Der Vorgänger General Eberbachs, General der Panzertruppen Geyr von Schweppenburg, erklärte am 5. Juli 1944, daß keine eigenen Angriffe mehr möglich seien. Der kommandierende General des II. SS-Panzerkorps, Obergruppenführer Bittrich, meinte, es sei erschütternd, daß die Meldungen von der feindlichen Luftherrschaft höheren Orts nicht in vollem Umfang geglaubt werden. Am 12. Juli 1944 kam Kluge nach La Roche-Guyon, vom Saulus zum Paulus geworden, und war mit Rommel einig.

Rommel und die Politik

Ab Herbst 1943 gab Rommel die von den meisten Berufssoldaten geteilte Meinung auf, daß er eine militärische und keine politische Aufgabe habe, als es immer deutlicher wurde, wie breit die Kluft zwischen den Vorstellungen und Taten Hitlers und den Interessen der Deutschen war. Während der Kämpfe in der Normandie äußerte er manchmal sarkastisch, nachdem wir Deutsche uns als unfähig zur Politik erwiesen hätten, wäre es am günstigsten, wenn wir als britisches Dominion weiterbestünden.

Hitler sprach gerne mit dem früheren Frontsoldaten und Infanterieoffizier Rommel, aber fast nur über militärische Dinge. Er händigte ihm in der Reichskanzlei die Ernennungsurkunde zum Generalmajor aus, forderte ihn gelegentlich auf, bei Lagebesprechungen seine Meinung zu sagen und ließ sich von ihm während des Polenfeldzuges mehrmals auf seinen Frontreisen begleiten.

Die Wertschätzung Hitlers drang nicht nach außen, sondern blieb im Familienkreise, wo sie sich durch einige Briefe äußerte, die sich die Eheleute schrieben und einen, den Rommel an seine von Hitler weniger beeindruckte Schwester Helene richtete. In seinem taktischen Lehrbuch »Infanterie greift an« steht nichts Politisches, wenn man von der Behauptung absieht, die Armee des faschistischen Italiens sei eine der modernsten der Welt. Er hatte ja später selber Gelegenheit, die Wirklichkeit kennenzulernen.

Rommel hat dann bekanntermaßen Vorbehalte gegen die militärische Spitze Italiens gehabt, die er beschuldigte, Pläne an die Briten verraten und dadurch die eigenen Soldaten dem Tod im Gefecht oder während des Transports über das Mittelmeer preisgegeben zu haben. Inzwischen weiß man, daß dieser Verdacht nicht begründet war, weil die Briten den deutschen und italienischen Code gebrochen hatten und verschlüsselte Texte lesen konnten.

Nicht nur Hitler, sondern auch Goebbels empfand für den Kriegshelden Rommel Hochachtung, wie sich aus dessen Tagebuch ergibt und aus dem Umstand, daß er ihn zweimal zu sich nach Hause einlud, als dieser in Berlin war. Mit anderen hohen Repräsentanten des NS-Regimes kam Rommel weniger gut zurecht, zum Beispiel mit Reichsleiter Martin Bormann. Nach dem Polenfeldzug, über dessen Ursachen und Hintergründe er nur lückenhaft informiert war, bat Rommel um eine Frontverwendung. Hitler gab ihm auf nachhaltige Empfehlung seines militärischen Adjutanten Rudolf Schmundt, der Rommel ebenso schätzte wie Rommel ihn, eine Panzerdivision.

Als Infanterist und Gebirgsjäger hätte er sich nach den seltsamen Maßstäben der militärischen Führung mit einer Infanterie- oder Gebirgsdivision zufrieden geben müssen. Das erfolgreiche Streben nach einer Panzerdivision nahmen Rommel einige Generale übel. Wie bei vielen menschlichen Beziehungen war auch bei den Offizieren Mißgunst im Spiele, die sich ohnehin auf den Zusammenhalt der oberen Chargen in der Wehrmacht ungünstig auswirkte.

Kapitulation entgegen Hitlers Befehl?

Rommel fuhr am 17. Juli 1944 zunächst zu den Gefechtsständen der 276. und 277. Infanteriedivisionen und besprach dort im Blick auf die bevorstehende britische Offensive im Raum Caen, wie Infanterie und Panzer zusammenwirken sollten. Dann fuhr er zum II. und schließlich zum I. SS-Panzerkorps. Er sprach auch mit dem Oberbefehlshaber der Panzergruppe West, General Eberbach. Rommel bat den General nach kurzer Begrüßung um eine ungeschminkte Beurteilung der Kriegslage. Eberbach antwortete, dem Gegner sei die Invasion gelungen, damit erlebe man das Verhängnis des Zweifrontenkrieges, der Krieg sei verloren. Man müßte aber kämpfen und den Westalliierten möglichst hohe Verluste beibringen, um sie zu einem Waffenstillstand geneigt zu machen und dann die Rote Armee vom Einbruch in Deutschland abhalten.

Rommel erklärte sich einverstanden und fragte, ob der General sich vorstellen könnte, daß der Gegner sich in irgendwelche Verhandlungen einläßt, solange Hitler an der Spitze sei? General Eberbach verneinte. Daraufhin sagte Rommel, so könne es nicht weitergehen. Hitler müsse weg. »Wir müssen ihn durch eine unserer Panzerdivisionen gefangen nehmen lassen und vor Gericht stellen. Im Westen suchen wir den Waffenstillstand.« General Eberbach fragte: »Wird es dann nicht zum Bürgerkrieg kommen, der schlimmer ist als alles andere?« Rommel erklärte, daß er zu seinem Stab müsse. Über Einzelheiten spreche man bald. »Aber ich verlasse mich auf Sie. Wir müssen in dieser Sache zusammenarbeiten.«

General Eberbach schreibt, er habe über die Aussprache mit Rommel damals mit niemand, auch nicht mit seinem Chef des Stabes gesprochen. Er wisse nicht mehr sicher, ob Rommel bei dieser Gelegenheit oder zuvor davon sprach, wodurch ihm sein Glaube an Hitler verlorenging. Er habe Hitler mit Tränen in den Augen angefleht, das deutsche Afrikakorps vor dem Untergang in Tunis zu retten. Hitler aber habe ihm gesagt, er sei durch die Überanstrengung der letzten Monate wohl nicht mehr Herr seiner Nerven, er solle sich erholen. Damals habe er, Rommel, erkannt, daß für Hitler die Menschen nichts gelten. Ob er schon mit einem klar durchdachten Plan zu ihm kam, könne er nicht sagen. Aus der Tatsache, daß Rommel zuvor mit den kommandierenden Generalen des I. und II. SS-Panzerkorps gesprochen hatte, sei zu entnehmen, daß er damals die wichtigsten Untergebenen für seine Absicht zu gewinnen suchte. Ob er, General Eberbach, von diesen Unterredungen von Rommel selbst oder von den zur Panzergruppe West gehörenden (SS-)Generalen Dietrich und Bittrich erfahren habe, könne er nicht mehr sagen.

Rommel war jedenfalls klar, daß die Beendigung des Krieges in Frankreich sehr erleichtert, wenn nicht sogar ermöglicht würde, wenn die Generale der Waffen-SS mitmachen. Deshalb bemühte er sich, die SS bei dem bevorstehenden Zusammenstoß mit Hitler auf seine Seite zu ziehen. Er meinte, daß das ihm gelungen wäre angesichts der Aussichtslosigkeit und Sinnlosigkeit weiterer Bemühungen, die Tag für Tag stärker werdenden Westalliierten zu schlagen. Wie allerdings die Reaktion der SS-Generäle auf das gescheiterte Attentat auf Hitler gewesen wäre, wenn Kluge am 20. Juli 1944 die Erhebung befohlen hätte, läßt sich nicht sagen.

Oberstgruppenführer und General der Waffen-SS, Sepp Dietrich, antwortete um diese Zeit auf die Frage eines Besuchers nach der Lage: »Junger Freund, die Lage ist beschissen. Die Amis und die Engländer sind gelandet. Wir kriegen sie nicht wieder raus. Der Krieg ist verloren!«[19] Frau Rommel und

[19] Brief von Dr. med. Herbert Eisert an Manfred Rommel vom 30. 10. 1999. Chester Wilmot erwähnt, daß Dietrich zum Kommandeur der

ihr Sohn Manfred bestätigten nach dem Krieg, der Feldmarschall habe den Eindruck gehabt, daß sich die von Dietrich geführte SS im Falle eines eigenmächtigen Friedensschlusses durch das Oberkommando der Heeresgruppe B nicht hinter Hitler, sondern hinter das Oberkommando gestellt hätte.[20]

Nachdem Rommel, nach seiner Verwundung vom 17. Juli 1944 noch immer schwer angeschlagen, im September 1944 nach Herrlingen gebracht worden war, ließ er aus sämtlichen Ausfertigungen seines Cheftagebuchs alle Seiten entfernen und umschreiben, die kritische Bemerkungen über Hitler enthielten. Darunter befanden sich auch Bemerkungen der SS-Generale Dietrich, Hausser und Bittrich. Im September 1943 hatte Rommel in Italien mit Dietrich und der Waffen-SS wegen einiger Übergriffe Streit gehabt. Bei dieser Gelegenheit hatte er erfahren, daß ihm die SS nur taktisch und nicht auch disziplinarisch unterstellt war.

Ein SS-Führer ließ willkürlich Menschen umbringen, die ihm Juden zu sein schienen. Einige andere beteiligten sich an Plünderungen in Mailand, unter anderem in einem Fachgeschäft für Briefmarken. Das Echo auf Rommels Protest war merkwürdig. Die Briefmarkenfreunde mit der SS-Rune wollten ihm durch einen Kurier ein Briefmarkenalbum zustellen, weil sie dachten – wie es Rommel formulierte – »der Alte sei verärgert, weil er nichts von der Beute abbekommen habe«.

Nach diesen Erfahrungen drängte Rommel auf ein Verfahren gegen den SS-Offizier, der die Morde befohlen hatte, und nannte die SS einen Landsknechtshaufen. Sie sei ganz anders erzogen als die Wehrmacht, betrachte sich als Elite und gehöre

---

272. Infanteriedivision auf die Frage, ob er nicht Hitler die Wahrheit sagen könnte, erwidert habe: »Wenn ich erschossen werden will, dann ist das der sicherste Weg.« Wilmot, a.a.O. S. 441

[20] Eidesstattliche Erklärung von Lucie-Maria Rommel und Manfred Rommel vom 22. 5. 1951, um die Dietrich gebeten hatte.

wieder in das Heer eingegliedert. Er trug diese Meinung 1943 sogar Hitler vor und stieß dort, wie vorauszusehen, auf Unverständnis. Auf dem Koppelschloß der Waffen-SS stand nicht wie auf dem des Heeres »Gott mit uns«, sondern »Unsere Ehre heißt Treue«. Bei feierlichen Gelegenheiten wurde das Lied angestimmt: »Wenn alle untreu werden, so bleiben wir doch treu«. Im Sommer 1944 erkannten auch die SS-Generale, daß einige Befehle Hitlers unsinnig und mörderisch waren. Bei ihren Darstellungen der Lage äußerten sie sich ebenso realistisch wie die Heeresgeneräle.

Am 20. Juni 1944 meldete der Oberbefehlshaber der 7. Armee, SS-Generaloberst Hausser, daß die Front nicht zu halten sei, wenn kein Ersatz komme. Haussers Erfahrungen waren ähnlich, als er am 1. Juli 1944 versuchte, die alliierte Position in Odon zu nehmen. Er scheiterte diesmal nicht an der alliierten Luftwaffe, die bei schlechtem Flugwetter nicht eingesetzt werden konnte, sondern an dem gewaltigen alliierten Artilleriefeuer. Rommel hielt bei seinen Gefechtsfahrten ständig Kontakt mit seinen dahinschmelzenden Truppen. Es herrschte Übereinstimmung, daß durch weiteres Heldentum nichts gewonnen, aber vielleicht alles verloren würde.

Die Treue geriet ins Zwielicht, und der mystische Glanz des Führers verblaßte, auch für einige seiner Getreuen, vor allem in den oberen Rängen. Bei den Mannschaften trugen einige die Uniform der Waffen-SS nicht freiwillig, vor allem sogenannte Volksdeutsche. Deshalb war die Zahl der Deserteure in verschiedenen SS-Regimentern besonders hoch. Doch die meisten hielten an der Treue zu Hitler fest, zu dessen Amoralität, Machthunger und Willensstärke Symptome geistiger Erkrankung hinzu kamen.

Sein ältester Gefolgsmann Sepp Dietrich zeigte in der Normandie Realismus bei der Einschätzung der Lage, Verantwortungsgefühl für die ihm unterstellte Truppe und eine Bindung an das Volk, die stärker war als die an Hitler. Rommel kam mit ihm in Frankreich viel besser aus als in Italien im Jahr 1943. Als Dietrich 1944 Rommel wieder begegnete und sich in La Roche-Guyon, im Hauptquartier der Heeresgruppe B, meldete, soll er gesagt haben: »Zu dem geh ich erst rein, nachdem ich einen Kognak getrunken habe.« Von der Waffen-SS wurde keiner der Verschwörer verraten, natürlich auch, weil man bestrebt war, daß die eigene Verstrickung nicht bekannt wurde. Heute mag es manchen erstaunen, daß Rommel den Chefs der dem Führer besonders verbundene politische Truppe seine Absichten andeutete oder sogar mitteilte. Aber ohne deren Beteiligung sah er es anscheinend kaum für möglich an, die Heeresgruppe B Hitlers Einfluß zu entziehen, sie auf die andere Seite zu bringen und zu verhindern, daß sich seine Soldaten deswegen gegenseitig umbringen.

Die Vorstellung der Berliner Widerstandsgruppe, das günstigste Mittel, um den NS-Staat zu Fall zu bringen, sei die Tötung Hitlers, war wohl richtig. Hitler hatte aber seinem politischen Dunstkreis zuzurechnende Nachfolger wie Göring, Himmler, Goebbels, Bormann, die jeweils einen eigenen Machtapparat besaßen. Wahrscheinlich hätte einer von diesen Nachfolgern nicht die Autorität gehabt, um mit entschlossen handelnden Militärs fertig zu werden. Das Risiko lag darin, daß der Anschlag scheitert – ein britischer Historiker hat ermittelt, daß 42 Attentatsversuche auf Hitler das gewünschte Ergebnis verfehlten. Die meisten Offiziere haben ihm die militärischen Mittel in die Hand gegeben, sich seinen operativen Weisungen entworfen, seine Entschlüsse durchgesetzt oder seine Feldzüge geführt weil sie meinten, daß in einigen wesentlichen Fragen Hitlers Interesse mit denen Deutschlands übereinstimmten.

Es kommt letztlich nicht nur darauf an, was einer von Hitler gedacht, sondern auch, was er für ihn und gegen ihn und seine Exzesse getan hat. Wahrscheinlich galt Hitler in seinen ersten Regierungsjahren noch als erträglich und für die schon in der Weimarer Zeit angestrebte Verstärkung der deutschen militärischen Potenz nützlich. Das änderte sich, als Hitler, ständig nach außen seine Friedensliebe beteuernd, den militärischen Führern mitteilte, daß er zum Kriege entschlossen sei und 1938 die Gefahr eines Krieges mit England und Frankreich heraufbeschwor. Das Blutbad im Westen 1914–1918 war noch gut in Erinnerung. Möglicherweise hätten einige der hohen Generale damals versucht, den Diktator beseitigen zu lassen, wenn dieser nicht wieder einmal sein Vabanque-Spiel gewonnen und 1938 in München eine vertragliche Lösung mit Frankreich und England erreicht hätte.

Krieg und Trübung des Bewußtseins

Als 1939 der Krieg ausbrach, war es die Meinung der Mehrheit des Volkes, daß man in solcher Lage zusammenhalten müsse. Wer damals gesagt hätte, was heute allgemeine und wohl begründete Überzeugung ist, daß es besser sei, den Krieg zu verlieren, als ihn mit Hitler zu gewinnen, wäre auch bei vielen Deutschen, die mit Hitler nicht übereinstimmten, auf Unverständnis gestoßen. Dies wäre natürlich nicht die Meinung von Personen gewesen, die Hitler verfolgte und mit dem Tode bedrohte: Sozialdemokraten, Kommunisten, Juden.

Den Protokollen der Lagebesprechungen und der Tischgespräche Hitlers ist nicht zu entnehmen, daß er dort die von ihm befohlene systematische Ermordung der europäischen Juden, Sinti und Roma erwähnt hätte. Gewiß waren in Deutschland einzelne Militärs, Beamte und sonstige Funktionsträger durch eigene Anschauung oder dank besonderer Informationsquellen über die Verbrechen des NS-Staates informiert. Anfang 1944 erfuhr Rommel von dem Oberbefehlshaber in Südfrankreich, Generaloberst Blaskowitz, daß in Polen deutsche Massenerschießungen stattgefunden hätten. Blaskowitz, der gegen die Massenmorde protestiert hatte, war bei Hitler in Ungnade gefallen. Als Kriegsverbrecher angeklagt nahm er sich 1948 in Nürnberg das Leben, obwohl er mit einem Freispruch rechnen konnte. Ende 1943 oder erst Anfang 1944 erfuhr Rommel von Oberbürgermeister Strölin, es werde davon gesprochen, daß Juden durch Gas ermordet würden.

Der Überfall auf die Sowjetunion, den vorzubereiten Hitler Ende 1940 befohlen hatte mit dem Ziel, den Kommunismus zu vernichten und Raum für die Deutschen zu gewinnen, erregte im Planungsstadium die hohen Militärs nicht im selben Maße wie im Jahr 1938 die Gefahr eines Krieges mit Frankreich. Heute ist das schwer zu verstehen. Aber damals führten Selbstüberschätzung, Unterschätzung der Russen, Kommunistenfurcht sowie Präventivkriegsüberlegungen und Kreuzungsvisionen zu einer seltsame Trübung des Bewußtseins, und der Vernichtungskrieg war da, der schließlich fast Deutschland vernichtet hätte. Während in Rußland 150 deutsche Divisionen eingesetzt waren, befanden sich in Libyen nur drei. Bei Beginn des Ostkrieges sagte Rommel zu Mitarbeitern seines Stabes, jetzt habe man den Zweitfrontenkrieg, den werde Deutschland verlieren. Der Gedanke an eine Niederlage quälte ihn gelegentlich: »Dann hängen sie uns auf, mit Ritterkreuz, Eichenlaub und Schwertern.« Den deutschen Vormarsch an der Ostfront verfolgte er von Afrika aus auf einer großen Karte, auf der er den Stand der Operationen eintrug, so wie er sich aus den Rundfunkmeldungen ergab. Die Operationen verliefen zunächst so günstig, daß Rommel im Spätsommer 1941 meinte, die Sowjetunion sei im Begriff zusammenzubrechen.

Dieser Illusion erlagen damals viele Militärs, nicht nur deutsche. Entscheidend dafür, daß sich Hitler bis zum 8. Mai 1945 in der Wehrmacht durchsetzen konnte, war aber, daß die Gehorsamspflicht, der jede Armee unterliegt, auch von den meisten höchstrangigen Offizieren absolut genommen wurde, also ohne Einschränkungen, verstanden wurde. In Wahrheit verwandelt sich die Pflicht zum Gehorsam bei den Spitzen der Behörden und der Streitkräfte in die Pflicht zum Ungehorsam, sobald die Person an der Spitze das Volk seines Einflusses beraubt und gegen seine Interessen handelt. Hitler hatte im übrigen derartiges in »Mein Kampf« geschrieben, worauf Strölin immer wieder hinwies. Aber er meinte mit der Person, die gegen die Interessen des Volkes handelt, natürlich nicht sich selbst, sondern andere, nämlich alle seine Gegner. Denn seine verschrobene Philosophie lief darauf hinaus, daß das Volk das Interesse haben muß, seinen Willen zu erfüllen, so daß er gegen die Interessen des Volkes gar nicht handeln könnte.

Unfall statt Verwundung

Die Verwundung Rommels wurde zunächst geheimgehalten und sodann in Presse und Rundfunk als Verkehrsunfall ausgegeben. Rommel hatte den Verdacht, daß eine Anweisung von oberster Stelle vorliege, weil man sich scheue, einen Schwerverwundeten zu beseitigen oder vor Gericht zu stellen. Allerdings taucht der Begriff »Unfall« schon unmittelbar nach dem Ereignis auf, selbst in Rommels erstem Brief nach Hause vom 24. Juli 1944, als eine Sprachregelung von oben noch nicht erfolgt sein konnte. Aber gewiß war dieses Wort willkommen. Diese Frage beschäftigte Rommel so sehr, daß er schließlich für sich das goldene Verwundetenabzeichen beantragen ließ, das er anstandslos erhielt. Er meinte, er könne jetzt wenigstens beweisen, daß er nicht als unachtsamer Fußgänger angefahren worden sei.

Es wurde immer wieder erörtert, ob Rommel von General Speidel, von General von Stülpnagel oder von Oberstleutnant von Hofacker über das Attentat informiert worden war. Rommel selbst hat das bestritten. Am 24. Juli 1944 schrieb er zum ersten Mal nach seiner Verwundung seiner Frau. In dem Brief heißt es: »Zu meinem Unfall (!) hat mich das Attentat auf den Führer besonders stark erschüttert. Man kann Gott danken, daß es so gut abgegangen ist. Kurz zuvor hatte ich noch meine Ansicht über die Lage nach oben gegeben. Um Daniel tut es mir unendlich leid, denn er war ein hervorragender Fahrer und ein pflichtgetreuer Soldat. Dir und Manfred recht herzliche Grüße und gute Wünsche.«

Der Brief ist im Unterschied zu den übrigen Briefen an seine Frau mit der Maschine geschrieben. Wahrscheinlich hatte ihn einer der Offiziere aus Rommels Stab verfaßt. Der Versuch Rommels, ihn zu unterschreiben, mißlang und endete in einem unlesbaren Kringel. Dieser Brief wurde abgefaßt in einer Situation, in der man besser schwieg, wenn man etwas wußte. Das Überleben Hitlers war für Deutschland, für die Wehrmacht und für den schwerverwundeten Rommel selber verhängnisvoll. Das dürfte diesem damals trotz seiner schweren Verwundung klar gewesen sein. Ebenso klar war ihm aber, daß Hitler zurückschlagen und Rache nehmen würde.

Von dem Attentat am 20. Juli 1944 wußte Rommel vorher nichts. Auch die von Graf Stauffenberg zunächst ins Auge gefaßten Termine für das Attentat am 11. oder am 15. Juli 1944 waren Rommel und Speidel wohl nicht bekannt. Der konkrete Entschluß, das Attentat am 20. Juli durchzuführen, wurde am 19. Juli 1944 gefaßt, zu einem Zeitpunkt, als Rommel bereits verwundet war. Es fragt sich, ob und inwieweit Speidel oder Stülpnagel oder Kluge vorher von den Berliner Verschwörern auf das bevorstehende Attentat hingewiesen worden sind. Naturgemäß konnte kein größerer Kreis aus den Personen, die dem deutschen Widerstand zuzurechnen waren, vorher in Kenntnis gesetzt werden.

Feldmarschall von Witzleben, Generaloberst Hoepner, Generaloberst von Hase und einigen zuverlässigen Offizieren wurde mit möglichst unverfänglichen Stichworten das Kommende angekündigt. Auch der Oberquartiermeister West, Oberst Finckh, erhielt am Vormittag des 20. Juli 1944 einen Hinweis auf den Umsturz. Um 14 Uhr bekam er die Nachricht, der Anschlag sei ausgeführt. Stauffenberg rief seinen Vetter von Hofacker an und sagte, Hitler sei tot und die Militärerhebung im Gange. Daraufhin gab General von Stülpnagel den Befehl, die SD-Führung in Paris zu verhaften. Dies geschah. Den mit dieser Aufgabe beauftragten Soldaten wurde gesagt, daß Hitler von der SS umgebracht und ihre Gewaltherrschaft zu befürchten sei.

Nach dem Attentat waren die noch nicht Verhafteten bemüht, Beweise verschwinden zu lassen und die Geschehnisse zu vertuschen. Die Inhaftierten wurden zum Teil gefoltert. Die Wahrheit muß heute mit Hilfe einigermaßen beweiskräftiger Bruchstücken rekonstruiert werden. Es ist so gut wie sicher, daß es in Frankreich mit Rommel über Möglichkeit und Sinnhaftigkeit eines Attentats Gespräche gegeben hatte. Schon bei dem Gespräch mit Strölin im Frühjahr 1944 in Herrlingen war hiervon die Rede gewesen. Als Rommel nach seiner Verwundung in Herrlingen eintraf, war bereits offensichtlich, daß er der Teilnahme am Aufstand verdächtigt wurde. Daß er am 3. September als Oberbefehlshaber der Heeresgruppe B abgelöst und in die »Führerreserve« versetzt wurde, war wegen seiner Verwundung noch nicht ungewöhnlich. Aber er selbst sah wohl seine Lage für bedrohlich an. Er hielt es deshalb für notwendig, sich im Familienkreis über seine eigene Rolle im Zusammenhang mit der Verschwörung zu äußern.

Er sagte, er sei gegen ein Attentat gewesen. Denn der tote Hitler könnte gefährlicher sein als der lebendige. Die Reaktion der Truppe wäre nicht berechenbar und das Risiko des Scheiterns zu groß gewesen. Jeder Schuß, der jetzt noch gegen Amerikaner und Briten abgefeuert werde, treffe uns selbst. Er hätte den Krieg im Westen beenden wollen. Dabei hätte die Truppe wohl mitgemacht. Man hätte aber wohl nur noch erreichen können, daß die Alliierten in Deutschland einmarschieren, anstatt es zu erobern. Hitler hätte die Amerikaner und Briten nicht an der Besetzung Mitteleuropas hindern können. Für ihn war der Fall klar: Rommel hatte das Attentatskonzept gekannt und nichts nach oben gemeldet. Generaloberst Alfred Jodl, als Chef des Wehrmachtsführungsamtes im OKW einer der engsten Berater Hitels, erklärte am 2. Oktober 1945 bei einer Vernehmung durch amerikanische Ermittler, die für die Anklage in den Nürnberger Verfahren arbeiteten:

»Wir fanden bei diesen Ermittlungen im Umfeld des geplanten Mordanschlags des 20. Juli heraus, daß General

Stülpnagel, Militärbefehlshaber in Frankreich, Offiziere zu Rommel gesandt hatte, um mit ihm über die Vorbereitung einer solchen Aktion zu sprechen. Der Führer fühlte sich tief getroffen durch diesen Verrat Marschall Rommels, den er hoch schätzte. Er wollte es dem deutschen Volk, in dem Rommel einen großen Namen hatte, nicht antun, daß Rommel vor Gericht gestellt wird. Er entband ihn lediglich von seinen Pflichten. Denn er war immer noch krank durch den Autounfall, bei dem er eine Kopfverletzung davongetragen hatte. Als es über jeden Zweifel hinaus bewiesen war, daß er Kenntnis von dem Mordkonzept hatte, beauftragte Hitler General Burgdorf, ihn zu besuchen und ihm zu sagen, daß, wenn er sein Leben freiwillig beendet, die Tatsache, daß er ein Verräter war, nicht veröffentlicht würde und daß das keine irgendwie gearteten Auswirkungen auf seine Familie hätte. Wenn Rommel das nicht täte, würde er vor den Volksgerichtshof gestellt.«

Feldmarschall Keitel erklärte bei seiner Vernehmung am 28. September 1945, er habe Burgdorf mit einem Papier zu Rommel geschickt, das ihn darüber informierte, daß gegen ihn ein Verfahren wegen Verrats durchgeführt würde. Er hätte auch eine schriftliche Zeugenaussage von Oberstleutnant von Hofacker mitgeschickt. Hofacker war der Verbindungsmann zwischen Stülpnagel in Paris und den Putschisten in Berlin. Die Zeugenaussage zeigte, daß Hofacker Verbindung mit Rommel aufgenommen hatte, um sein Interesse an dem geplanten Putsch gegen Hitler und seine Regierung zu wecken (20. Juli 1944). Rommel habe mit den Worten geantwortet: »Sie können auf mich zählen!« Der Führer hätte Keitel beauftragt, Rommel über diese Zeugenaussage zu informieren. Dieser beauftragte Burgdorf, Gift und eine Pistole mitzunehmen und diese für Rommel zur Verfügung zu halten. Keitel sagte, er habe nicht gewußt, daß Hofacker gehängt wurde, bevor Rommel dessen Zeugenaussage erhielt. Er habe auch nicht gewußt, daß sich General Maisel von SS-Leuten begleiten ließ, als er und Burgdorf Rommel aufsuchten.

Die Aussagen von Keitel und Jodl weisen darauf hin, daß die Erörterungen, was mit Rommel geschehen soll, auf den Umstand eingegrenzt waren, daß er jedenfalls in allgemeiner Form über die Attentatspläne durch Hofacker informiert war und es unterlassen hatte, seine Kenntnisse nach oben zu melden, um das Attentat zu verhindern. Die zur Beendigung des Krieges auffordernden Betrachtungen Rommels vom 15. Juli 1944 wurden nicht erwähnt. Auch die Gespräche Rommels mit seinen Generalen über die Kriegslage und die Beendigung des verlorenen Krieges waren im Führerhauptquartier entweder nicht bekannt, oder Hitler betrachtete es nicht als opportun, dieser Spur zu folgen, weil sie zur Erkenntnis führen mußte, daß die Generale der Normandiefront einschließlich denen der Waffen-SS mit Rommels Einschätzung der Kriegslage übereinstimmten. Ein solches Ergebnis der Ermittlungen konnte Hitler aber überhaupt nicht brauchen.

Nach einer späteren Aussage Keitels ist die Initiative zur Ermordung Rommels von Hitler selbst ausgegangen, der sich über seine Beweggründe auch im engsten Kreis ausschwieg. Reichsmarschall Göring zum Beispiel oder Großadmiral Dönitz ließ er glauben, der Feldmarschall sei seinen Verletzungen oder wirklich einem Hirnschlag erlegen. Was Himmler wußte, ist nicht bekannt. Aber er ging vorsichtig auf Distanz und ließ Frau Rommel nach der Trauerfeier durch Alfred-Ingemar Berndt vertraulich mitteilen: »Der Reichsführer SS ist nicht beteiligt, er ist aufs tiefste erschüttert.«

Bei Reichsleiter Bormann hatten kritische Äußerungen Rommels gegenüber dem Ulmer NS-Kreisleiter Wilhelm Maier vom September 1944 heftige Aktivitäten ausgelöst. Maier besprach die ihn seelisch belastenden Ausführungen Rommels mit Kollegen, darunter dem Kreisleiter Kronmüller, der sofort Bormann Meldung erstattete. Bormann schrieb am 27. September 1944 dem Reichsführer SS Heinrich Himmler, informierte diesen über den Kronmüller-Bericht und wies darauf hin, daß Rommel nach dem Zeugnis von Oberstgruppenführer Sepp Dietrich und dem Tiroler Gauleiter Hofer schon 1943 als Oberbefehlshaber in Italien bezüglich des weiteren Kriegsverlaufes pessimistisch eingestellt gewesen sei und seinen Pessimismus in seiner Umgebung verbreitet habe. Einen Tag später schrieb Bormann an Kronmüller, daß sein Bericht weitere, noch schlimmere Berichte bestätige, die bei ihm eingelaufen seien.

Vom 28. September 1944 existiert ein Aktenvermerk Bormanns an »Pg. Friedrichs«. In diesem heißt es: »Die Mitteilung Kronmüller erregte hier keinerlei Verwunderung, da sowohl der ehemalige General Stülpnagel wie der ehemalige Oberst von Hofacker, der inzwischen hingerichtete Neffe Kluges, Oberstleutnant Rathgen, und verschiedene der jetzt noch lebenden Angeklagten aussagten, Feldmarschall Rommel sei durchaus im Bilde gewesen; Rommel habe erklärt, daß er der neuen Regierung nach gelungenem Attentat zur Verfügung stehen würde. Die infamen Behauptungen Rommels, der Führer sei von frontfernen Männern umgeben, entsprechen ja auch durchaus den Unterstellungen der Stauffenberg-Clique.«

Es ist wahr, daß Rommel von den Generalen Burgdorf und Maisel am 14. Oktober 1944 vorgehalten wurde, er sei auf einer Liste der Verschwörer als Reichspräsident vorgesehen gewesen. Er sagte das, als er sich von seiner Frau verabschiedete, und fügte hinzu, er wisse davon nichts. 1952 behauptete Karl Strölin in seinen Memoiren unter dem Titel »Verräter oder Patriot?«, er habe sich mit Carl Goerdeler darauf verständigt, nach einem gelungenen Staatsstreich gegen Hitler

Rommel als Präsident vorzuschlagen, worüber aber der Feldmarschall nicht informiert wurde.

Niemand in der Familie Rommel, schon gar nicht der Feldmarschall, hätte Speidel verübelt, wenn er unter dem Zwang der Gestapohaft eine solche Aussage gemacht hätte.

Die beiden Generäle, behaupteten, Speidel habe gestanden. Aber nach Speidels Darstellung und auch nach der Überzeugung von Frau Rommel hat er den Feldmarschall nicht belastet. Im Unterschied zu den anderen, die belastende Aussagen über Rommel gemacht hatten, hätte sich Speidel durch ein solches Eingeständnis nicht entlastet, sondern zunächst einmal selber belastet, denn denklogisch mußte er das, was er über das Wissen des Feldmarschalls wußte, selber wissen. Das Eingeständnis der eigenen Mitwisserschaft wäre also eine selbstmörderische Unklugheit gewesen. Es ist an der Zeit, der im Kalten Krieg aufgekommenen Erfindung, die Aussage von Speidel – nach 1949 am Aufbau der Bundeswehr beteiligt und 1957–1963 Oberbefehlshaber der NATO-Landstreitkräfte in Mitteleuropa – sei ursächlich für Rommels Tod gewesen, nicht mehr zu verwenden. Diese Geschichte ist schlicht falsch!

Nach einer eidesstattlichen Erklärung von Generalleutnant Kirchheim vom 16. September 1947, die Generaloberst Guderian durch eine eigene eidesstattliche Erklärung vom selben Tage für richtig befunden hat, fand am 4. Oktober 1944 eine Sitzung des sogenannten »Ehrenhofs des Heeres« statt, an der außer den beiden Herren noch Feldmarschall Keitel und General der Infanterie Karl Kriebel teilnahmen. Der Vertreter der Anklage, SS-Oberstgruppenführer Kaltenbrunner, trug vor, Speidel habe, wie er selbst einräume, Kenntnis von dem geplanten Attentat am 20. Juli 1944 erhalten und Feldmarschall Rommel hierüber Meldung gemacht, dieser habe aber die Weitermeldung unterlassen. Speidel habe auch nichts weiter gemeldet. Deshalb müsse er aus dem Offizierskorps ausscheiden, damit das Volksgericht ihn aburteilen könne.

Die Generale Heinz Guderian und Heinrich Kirchheim griffen nach dem Strohhalm, der sich ihnen bot, und argumentierten, wenn Speidel das, was er wußte, Rommel gemeldet hatte, dann sei er frei von Schuld. Das Gericht beschloß offenbar »Unschuldig, aber nicht frei von Verdacht«. Im Urteil des Ehrenhofs wurde offenbar auf Anregung Guderians zum Ausdruck gebracht, daß eine Untersuchung gegen Speidel nötig sei, um in dessen eigenem Interesse jeden Schimmer eines Verdachts zu beseitigen, damit dieser in möglichst kurzer Zeit auf einen wichtigen Posten zurückkehren könne.

Es fällt auf, daß weder Keitel noch Jodl oder Bormann ein Geständnis von Speidel als Beweis dafür nennen, daß Rommel Kenntnis von Attentatsplänen hatte. Nur Kaltenbrunner behauptet das, und von seiten der Generäle Burgdorf und Maisel ist das am 14. Oktober 1944 Rommel vorgehalten worden, wenn der Sohn Rommels in seiner Erklärung vom April 1945 das, was sein Vater ihm sagte, richtig wiedergegeben hat. Aber die beiden Generale können durchaus geblufft haben, wie sie dies ja auch getan haben, indem sie fälschlich behaupteten, Rommel sei auf einer Liste der Verschwörer als Staatspräsident vorgesehen gewesen. Es ist verwunderlich, daß der Hinweis Rommels auf den verlorenen Krieg, seine ziemlich unverblümte Forderung, den Krieg im Westen zu beenden, oder gar seine Bereitschaft, aus eigener Verantwortung den Krieg zu beenden, offenbar im Ehrenhof nicht behandelt wurde.

Es ist unwahrscheinlich, daß seine Vorstellungen, über die er recht freimütig sprach, überhaupt nicht in das Führerhauptquartier gelangt sein sollen, zumal er Hitler über seine Meinung, der verlorene Krieg müsse beendet werden, nicht im Unklaren gelassen hatte. Am 21. Juli 1944, also einen Tag nach dem Attentat (!), übersandte Kluge Hitler mit einem

Begleitschreiben, das Rommel voll recht gab, dessen Betrachtungen vom 15. Juli 1944. Daß einer der Offiziere von Heer oder SS, mit denen Rommel seine Vorstellungen besprochen hatte, ihn deshalb denunziert hätte, ist unwahrscheinlich. So gut wie sicher ist aber, daß es der Bereitschaft der Deutschen, für die verlorene Sache weiterzukämpfen, einen schweren Schlag versetzt hätte, wenn Rommels Einstellung bekannt geworden wäre. Das mußte auf jeden Fall verhindert werden.

Nach der Tötung Rommels versuchte die NS-Führung nochmals, Rommel zu einer Propagandafigur zu machen, zu einem Symbol des Kampfes um jeden Meter bis zum letzten Blutstropfen, um es in der Terminologie Hitlers auszudrücken. Hierzu war jedes Mittel recht, der Staatsakt, der Tagesbefehl, die Eroica und der auf die Angehörigen und vielleicht auch auf Rundstedt ausgeübte Zwang, an dem Propagandaschauspiel mitzuwirken und den ermordeten Helden in dem mit dem Marschallstab geschmückten Sarg auf seiner letzten Fahrt zu geleiten.

Hitler verdächtigte Kluge in der folgenden Zeit, er wolle zum Feind überlaufen, mit seinen Truppen kapitulieren. Bei den Anschuldigungen, die Rommel vorgehalten wurden, trat die Frage der Konsequenzen aus dem verlorenen Krieg in den Hintergrund. Hitler wollte wohl nicht, daß dieses Thema in den oberen Führungsschichten seines zerbröckelnden Gewaltstaates Nahrung bekommt. Er konnte es sich nicht leisten, Rommel vor den Volksgerichtshof zu stellen, schon gar nicht mit dem Vorwurf, er glaube nicht an den Sieg und wolle kapitulieren.

Hitler war ein Taktiker, schlau und gewissenlos. Seine Position war nicht die eines großzügigen Tyrannen, der selbst einem Verräter einen Ausweg läßt, sondern diktiert von dem Interesse, es nicht bekannt werden zu lassen, daß Rommel den Krieg verloren gibt und Kontakte mit den Berliner Verschwörern hatte. Wenn die Beteiligung Rommels vertuscht werden sollte, mußte auch Speidel geschont werden. So ließ er Rommel dadurch umbringen, daß er ihn durch Drohungen gegen seine Familie zwang, sich vergiften zu lassen, eine Handlung, die rechtlich als Mord zu qualifizieren ist, und er nutzte dessen Tod überdies noch propagandistisch, um die Deutschen zu motivieren, an dem Marsch in ihr Verderben unverzagt teilzunehmen.

Es wird immer wieder aus einem Brief Rommels an Hitler von Anfang Oktober 1944 zitiert, den er, wie sich aus dem Wortlaut eindeutig ergibt, geschrieben hat, um seinen von der Gestapo inhaftierten Generalstabschef Hans Speidel zu retten. Dieser Brief lautet:

ROMMEL 1. Oktober 1944

Mein Führer,

Leider ist mein Gesundheitszustand noch nicht so, wie ich es mir gewünscht hätte. Der 4fache Schädelbruch, die wenig günstige Entwicklung der Lage im Westen seit meiner Verwundung, nicht zuletzt die Ablösung und Festnahme meines bisherigen Generalstabschefs Generalleutnant Speidel, von der ich nur zufällig erfuhr, haben meine Nerven weit über das Ertragbare beansprucht. Neuen Belastungen fühle ich mich nicht mehr gewachsen.

Generalleutnant Speidel wurde mir Mitte April 44 als Nachfolger Generalleutnants Gause als Chef zugeteilt. Er war von Generaloberst Zeitzler und seinem bisherigen Armeeführer General der Infanterie Wöhler hervorragend beurteilt. Kurz vor seinem Amtsantritt bei der Heeresgruppe B hatte er von Ihnen das Ritterkreuz erhalten und war zum Generalleutnant befördert worden. Im Westen erwies sich Speidel schon in den ersten Wochen als hervorragender und tüchtiger und fleißiger Generalstabschef. Er nahm den Stab fest an den

Zügel, hatte auch Verständnis für die Truppe und half mir getreulich, die Abwehrbereitschaft am Atlantikwall mit den vorhandenen Mitteln so rasch wie möglich zu vervollkommnen. Wenn ich an die Front fuhr, was beinahe täglich der Fall war, konnte ich mich darauf verlassen, daß Speidel meine Befehle, wie zuvor besprochen, an die Armeen gab und mit vorgesetzten und gleichgestellten Dienststellen alle Besprechungen in meinem Sinne führte. Die Gespräche wurden beim Stab aufgenommen und gelegentlich mir vorgelegt.

Als die Schlacht in der Normandie begann, hat sich Speidel größte Mühe gegeben, den Kampf mit dem Feind, der uns vor allem durch seine Luftüberlegenheit, seine schwere Schiffsartillerie und seine sonstige materielle Überlegenheit schwer zu schaffen machte, erfolgreich zu bestehen. Bis zum Tag meiner Verwundung (17. 7.) stand mir Speidel treu zur Seite, und auch Generalfeldmarschall von Kluge scheint mit ihm zufrieden gewesen zu sein. Ich kann mir nicht vorstellen, was zur Ablösung und Festnahme des Generalleutnants geführt haben mag. Oberstgruppenführer Sepp Dietrich und Speidel waren gute Freunde und haben sich oft getroffen.

Leider ist die Abwehrschlacht in der Normandie nicht so zu schlagen gewesen, daß der Feind schon auf dem Wasser, spätestens beim Anlanden hätte vernichtet werden können. Die Gründe habe ich in beiliegenden Betrachtungen, die ihnen wohl General der Infanterie Schmundt seinerzeit vorgetragen hat, niedergelegt.

Als Generalfeldmarschall von Kluge das Kommando im Westen übernahm, kam es bei der Heeresgruppe B in Anwesenheit meines Chefs und des Ia zu einer scharfen Auseinandersetzung. Ich habe die mir gemachten Vorwürfe nicht stillschweigend hingenommen, sondern unter 4 Augen mit Generalfeldmarschall von Kluge mich ausgesprochen und außerdem am folgenden Tag Generalfeldmarschall von Kluge um Mitteilung der Gründe der erhobenen Vorwürfe gebeten. Die erhobenen Vorwürfe wurden in einer mündlichen Besprechung zurückgenommen. Unter anderem habe ich Generalfeldmarschall von Kluge dringendst gebeten, Ihnen stets ganz offen die Lage an der Front berichten und nichts Unangenehmes zu verschweigen; denn nur so, mein Führer, wären Sie in der Lage, klar zu sehen und die richtigen Entschlüsse zu fassen. Mein letzter Bericht über die Lage ging am Tage vor meiner Verwundung an die Heeresgruppe D (?) und wurde, wie mir Kluge später sagte, mit einem Zusatz von ihm Ihnen zugesandt.

Sie mein Führer wissen, wie ich meine ganze Kraft und mein Können eingesetzt habe, sei es im Westfeldzug 1940 oder in Afrika 1941–1943 oder in Italien 1943 und wieder im Westen 1944. Mich beherrschte stets nur ein Gedanke zu kämpfen und zu siegen für Ihr neues Deutschland.

Heil mein Führer!

Gez. E. Rommel

Dieser Brief, aus dem in der Regel nur der letzte Satz erwähnt wird, bedarf der Erläuterung. Erstens hat Rommel diesen Brief nicht abgeschickt, weil er meinte, er sei nicht glaubhaft. Zweitens sollte der Brief Hitler als Herr über Leben und Tod zugunsten Speidels milde stimmen. Für den von der Gestapo in Haft genommenen Speidel wäre kaum hilfreich gewesen, wenn Rommel Hitler in dem Brief das Götzzitat entgegengesetzt hätte. Im übrigen wiederholt Rommel in dem Brief einige seiner kritischen Hinweise auf Hitlers Führungsfehler. Rommel hatte außer der Intervention zugunsten Speidels keine Veranlassung dem Mann, der Menschen, die gegen seine Untergangsstrategie waren, aufhängen ließ, irgendwelche Komplimente zu machen. Nach Rommels Tod hat seine Frau Hauptmann Hellmuth Lang, den früheren Ordonnanzoffizier des Feldmarschalls, gebeten, den Brief über SS-Oberstgruppenführer Sepp Dietrich doch noch Hitler zuzuleiten. Lang hatte dazu aber keine Gelegenheit und behielt ihn.

Kluge allein

Der Ablauf des 20. Juli 1944 im Gefechtsstand der Heeresgruppe B legt den Schluß nahe, daß dort von dem für diesen Tag geplanten Attentat jedenfalls am Morgen nichts bekannt war. Kluge hatte nach Rommels Verwundung am Abend des 19. Juli 1944 die Führung der Heeresgruppe B neben dem Oberbefehl West übernommen. Am nächsten Tag brach er früh auf und begab sich auf den Gefechtsstand der 5. Panzerarmee (die frühere Panzergruppe West), um dort mit den Oberbefehlshabern und kommandierenden Generalen Fragen der Kampfführung zu besprechen. Erst zwischen 18 und 19 Uhr kam Kluge nach La Roche-Guyon zurück. Wäre ihm der Attentatsplan bekannt gewesen, wäre er dageblieben, hätte Speidel etwas gewußt, hätte er von Kluge von der Fahrt abgehalten. Nach dem Ausfall von Rommel war Kluge die Persönlichkeit im Westen, von der alles abhing.

Während der Feldmarschall auf dem Gefechtsstand der 5. Panzerarmee die militärische Lage besprach, hatte sich im Führerhauptquartier »Wolfsschanze« und im Stab des Ersatzheeres in Berlin ein Drama abgespielt. Mit der Überzeugung, Hitler sei tot, flog Graf Stauffenberg zurück nach Berlin. Er überwand alle Widrigkeiten und traf um 16.30 Uhr im Hauptquartier des Oberbefehlshabers des Ersatzheeres, Generaloberst Friedrich Fromm, ein. Das Stichwort »Walküre«, das einen scheinbar gegen innere Unruhen gerichteten Maßnahmeplan, in Wirklichkeit aber die Erhebung gegen die NS-Regierung auslösen sollte, war durchgegeben, aber nicht mit Zustimmung des Oberbefehlshabers Fromm. Der wollte nicht mehr mitmachen, nachdem er von Keitel Hinweise auf das Überleben Hitlers erhalten hatte. Fromm wurde von den Verschwörern verhaftet, konnte sich aber befreien. Truppen begaben sich zunächst an die in dem Walküre-Befehl bezeichneten Orte. Einzelne Truppenführer wurden mißtrauisch, einige weigerten sich, den Walküre-Befehl auszuführen. Um 18.30 Uhr meldete der Rundfunk, daß Hitler lebt und eine Rede an das deutsche Volk halten werde.

In dem durch das Stichwort »Walküre« ausgelösten Befehl hieß es, der Führer sei tot. Eine gewissenlose Clique frontferner Parteiführer hätte unter Ausnutzung dieser Lage versucht, der schwer ringenden Front in den Rücken zu fallen und die Macht an sich zu reißen. Zunächst sollten die Adressaten des Befehls und die Bevölkerung demnach nicht wissen, daß die Verfasser des Befehls Hitler getötet hatten, sondern glauben, daß dem Reich eine Machtübernahme durch NS-Funktionäre drohe. Durch List sollten zunächst einmal auch jene veranlaßt werden, das von den Verschwörern Befohlene zu tun, die dazu bei Kenntnis der ganzen Wahrheit nicht bereit gewesen wären. Das war ein Plan, der in der Grundstruktur dem irgendwie genialen und am Anfang durchaus erfolgreichen Unternehmen des Hauptmanns von Köpenick verwandt war.

Aber da Hitler das Attentat überlebt hatte, war die Version von den nach der Macht greifenden Parteiführern schon am 20. Juli 1944 nicht mehr durchzuhalten. Hitler lebte und konnte auch sagen, wer ihn hatte töten wollen. Graf Stauffenberg hielt es offenbar für denkbar, den Aufstand dennoch zum Erfolg zu bringen. Er telefonierte von 18 bis 22 Uhr, bis er in einem Gespräch mit General von Stülpnagels Generalstabschef Oberst von Linstow sagte, es sei aus, die Schergen lärmten schon auf dem Flur vor seinem Amtszimmer. Offiziere aus dem Stab des Heimatheeres, die nicht in die Pläne der Aufständischen eingeweiht waren, verhafteten nach einem Schußwechsel Graf Stauffenberg und seine Mitstreiter. Der befreite Generaloberst Fromm verurteilte Oberst Graf Stauffenberg, General Olbricht, Oberst von Mertz und Stauffenbergs Adjutanten von Haeften standrechtlich zum Tode. Sie wurden noch am 20. Juli 1944 nacheinander im Hof der Berliner Bendlerstraße erschossen.

Während dies in Berlin geschah, besprach Feldmarschall von Kluge nach der Rückkehr in sein Hauptquartiert in La Roche-Guyon am Abend des 20. Juli 1944 mit Feldmarschall Sperrle, General von Stülpnagel, den Oberstleutnant von Hofacker begleitete, und Generalleutnant Speidel die Frage, was zu tun sei. Stülpnagel konnte wegen der Festnahme des SS-Sicherheitsdienstes (SD) in Paris nicht mehr zurück. Er und Hofacker beschworen Kluge, den Krieg im Westen sofort zu beenden, ja zu kapitulieren. Der Feldmarschall, der nach seiner Rückkehr von der Frontfahrt mit den Verschwörern und dem Führerhauptquartier telefoniert hatte und weitere Gespräche führte, erklärte schließlich, nach dem Scheitern des Aufstandsversuches glaube er sich der Truppe nicht mehr sicher. Er befahl Stülpnagel, den SD wieder frei zu lassen. Dies geschah. Ernst Jünger, seinerzeit Hauptmann im Stab des Militärbefehlshabers und wie Rommel Ritter des Ordens Pour le Mérite, zitiert dazu in seinem »Pariser Tagebuch« einen prominenten Franzosen: »Die Riesenschlange im Sack gehabt und wieder herausgelassen.«

Speidel schilderte diesen Tag, der mit einem Abendessen abschloß, zu dem Kluge den Militärbefehlshaber und seine Begleiter eingeladen hatte. Bei Kerzenschimmer erzählte der Feldmarschall lange von seinen Fronterlebnissen, während die Gäste das Mahl wortlos einnahmen. Noch in der Nacht wurde Stülpnagel seiner Stellung enthoben und zur Berichterstattung nach Berlin befohlen. In der Nähe von Verdun versuchte er, sich zu erschießen. Das mißlang. Er schoß sich blind. Als er sein Bewußtsein wieder erlangte, rief er den Namen »Rommel«. Der blinde Stülpnagel wurde vom Volksgerichtshof zum Tode verurteilt und starb am 30. August 1944 durch den Strang.

Wie hätte sich Rommel in dieser doch ziemlich verfahrenen Situation verhalten? Hätte er allein oder zusammen mit Kluge im Sinne der Berliner Verschwörer versucht, die Heeresgruppe Hitlers Befehlsgewalt zu entziehen, um den Krieg zu beenden? Das bisher von Rommel und auch von Kluge ins Auge gefaßte Szenario ging von einem Eingeständnis aus, daß der Krieg verloren und die Fortsetzung des Kampfes im Westen verlustreich und sinnlos sei, von einer Befehlsverweigerung gegenüber Hitler, von einem Waffenstillstand, von einer Kapitulation, also von einem Plan, der Vorgängen ähnelte, die es im Kriege bereits gegeben hatte wie in Stalingrad, in Tunesien und auf der Cotentin.

Nach dem 20. Juli 1944 waren aber die Stunden beider Feldmarschälle gezählt. Kluge besuchte Rommel im Lazarett. Dieser sagte später, Kluge hätte ihm leid getan, denn er sei bewegt und voller Zweifel gewesen, ob er richtig gehandelt hatte. Wie hätten die SS-Kommandeure auf den mißlungenen Anschlag auf Hitler reagiert, von dem bei den Gesprächen mit Rommel nicht die Rede gewesen war? Diese Fragen lassen sich nicht mehr beantworten. Jedenfalls behielten die SS-Führer offenbar Rommels Äußerungen und Absichten für sich. Selbst die leichtfertige Äußerung von Rommels Sohn, die SS hätte doch auch Schluß machen wollen, blieben ohne Folgen.

Kluge an Hitler am 21. Juli

Einen Tag nach Stauffenbergs Attentat, das Hitler mit knapper Not überlebt hatte, und nach der höchst dramatischen Besprechung mit dem schon dem Tode verfallenen General von Stülpnagel am selben Tage, gab Kluge Rommels Betrachtungen vom 15. Juli 1944 mannhaft mit einem Begleitschreiben an Hitler weiter. Die Betrachtungen und das Begleitschreiben hatten folgenden Wortlaut

Der Oberbefehlshaber H.Qu. den 15. 7. 44
der Heeresgruppe B

Betrachtungen zur Lage

Die Lage an der Front in der Normandie wird von Tag zu Tag schwieriger und nähert sich einer schweren Krise.

Die eigenen Verluste sind bei der Härte der Kämpfe, dem außerordentlichen Materialeinsatz des Gegners, vor allem an Artillerie und Panzern, und der Wirkung der den Kampfraum unumschränkt beherrschenden feindlichen Luftwaffe derart hoch, daß die Kampfkraft der Divisionen sehr rasch absinkt. Ersatz aus der Heimat kommt nur sehr spärlich und erreicht bei der schwierigen Transportlage die Front erst nach Wochen. Rund 97 000 Mann (darunter 2360 Offiziere) an Verlusten – also durchschnittlich pro Tag 2500 bis 3000 Mann – stehen bis jetzt 10 000 Mann im Ersatz gegenüber (davon sind rund 6000 eingetroffen).

Auch die materiellen Verluste der eingesetzten Truppen sind außergewöhnlich hoch und konnten bisher nur in ganz geringem Umfange ersetzt werden, z. B. von rund 225 Panzern bisher 17.

Die neu zugeführten Infanterie-Divisionen sind kampfungewohnt und bei der geringen Ausstattung an Artillerie, panzerbrechenden Waffen und Panzernahbekämpfungsmitteln nicht im Stande, feindliche Großangriffe nach mehrstündigem Trommelfeuer und starken Bombenangriffen auf die Dauer erfolgreich abzuwehren. Wie die Kämpfe gezeigt haben, wird bei dem feindlichen Materialeinsatz auch die tapferste Truppe Stück für Stück zerschlagen und verliert damit Menschen, Waffen und Kampfgelände.

Die Nachschubverhältnisse sind durch Zerstörung des Bahnnetzes, die starke Gefährdung der Straßen und Wege bis 150 km hinter die Front durch die feindliche Luftwaffe derart schwierig, daß nur das Allernotwendigste herangebracht werden kann und vor allem mit Artillerie- und Werfermunition überall äußerst gespart werden muß. Diese Verhältnisse werden sich voraussichtlich nicht bessern, da der Kolonnenraum durch Feindwirkung immer mehr absinkt und die feindliche Lufttätigkeit bei Inbetriebnahme der zahlreichen Flugplätze im Landekopf voraussichtlich noch wirkungsvoller wird.

Neue nennenswerte Kräfte können der Front in der Normandie ohne Schwächung der Front der 15. Armee am Kanal oder der Mittelmeerfront in Südfrankreich nicht zugeführt werden. Allein die Front der 7. Armee benötigt aber dringend 2 frische Divisionen, da die dort befindlichen Kräfte abgekämpft sind.

Auf der Feindseite fließen Tag für Tag neue Kräfte und Mengen von Kriegsmaterial der Front zu. Der feindliche Nachschub wird von der Luftwaffe nicht gestört. Der feindliche Druck wird immer stärker.

Unter diesen Umständen muß damit gerechnet werden, daß dem Feind in absehbarer Zeit gelingt, die dünne eigene Front, vor allem bei der 7. Armee zu durchbrechen und in die Weite des französischen Raumes zu stoßen. Auf anliegende Meldungen der 7. Armee und des II. Fallsch. Jg. Korps darf ich hinweisen. Abgesehen von örtlichen Reserven der Panzergruppe

West, die zunächst durch die Kämpfe an der Front der Panzergruppe gebunden sind und bei der feindlichen Luftherrschaft nur nachts marschieren können, stehen keine beweglichen Reserven für die Abwehr eines derartigen Durchbruches bei der 7. Armee zur Verfügung. Der Einsatz der eigenen Luftwaffe fällt wie bisher nur ganz wenig ins Gewicht.

Die Truppe kämpft allerorts heldenmütig, jedoch der ungleiche Kampf neigt dem Ende entgegen. Es ist m. E. nötig, die Folgerungen aus dieser Lage zu ziehen. Ich fühle mich verpflichtet als Oberbefehlshaber der Heeresgruppe dies klar auszusprechen.

Rommel

(Begleitbrief)

Der Oberbefehlshaber H.Qu. den 16. 7. 44
der Heeresgruppe B

An den Oberbefehlshaber West
Herrn Generalfeldmarschall v. Kluge

Unter Bezugnahme auf die mündliche Besprechung am 12. 7. übersende ich als Beitrag für eine Lage-Beurteilung anliegende »Betrachtungen«.

Gez. ROMMEL

Rommel war am 17. Juli 1944 einer sehr großen Belastung ausgesetzt. Er wußte nicht, wie die Truppe reagieren würde. Er konnte nicht voraussehen, wie die Amerikaner und Briten auf eine Kampfeinstellung der Heeresgruppe B antworten würden, besonders, ob sie die Gelegenheit, Mitteleuropa zu besetzen, nützen würden. Daß Hitler sofort die Verräter absetzen würde, war ihm klar. Er selber hatte keine Ambitionen mehr. Den Tod fürchtete er wohl nicht, den hatte er oft genug riskiert.

Feldmarschall von Kluge schrieb zu Rommels »Betrachtungen zur Lage«:

OB WEST GEHEIME KOMMANDOSACHE

Ia Nr. 5895/44 g. Kdos. 21. 7. 1944

Ich lege Ihnen hiermit einen Bericht des Generalfeldmarschalls Rommel vor, den er vor seinem Unfall mir übergab und den er mit mir durchgesprochen hat.

Ich bin jetzt etwa 14 Tage hier und durch lange Rücksprachen mit den entscheidenden Führern der hiesigen Fronten, insbesondere auch denen der SS, zu der Überzeugung gekommen, daß der Feldmarschall leider richtig sieht. Insbesondere hat meine gestrige Aussprache mit den Führern der Verbände bei Caen, abgehalten unmittelbar nach den schweren letzten Kämpfen, den traurigen Beweis geliefert, daß es tatsächlich in unserer gegenwärtigen Lage – auch der materiellen – keinen Weg gibt, wie wir der alles beherrschenden feindlichen Luftwaffe gegenüber ein Kampfverfahren finden können, das deren geradezu vernichtende Wirkung ausgleicht, ohne daß der Kampfraum aufgegeben zu werden braucht. Ganze Panzerverbände, zum Gegenstoß angesetzt, wurden von Bombenteppichen stärksten Ausmaßes erfaßt, daß sie erst nach langen Mühen, zum Teil erst nach Abschleppen, aus dem umgewühlten Erdboden herausgebracht werden konnten. Sie kamen praktisch daher zu spät.

Die psychologische Wirkung solcher mit elementarer Naturgewalt herankommenden Bombenmassen auf die kämpfende Truppe, insbesondere auf die Infanterie, ist dabei ein besonders ernst zu nehmendes Moment. Es ist dabei gleichgültig, ob ein solcher Bombenteppich gute oder schlechte Truppen faßt. Sie wird mehr oder weniger vernichtet und vor allem wird ihr Material zerschlagen. Ereignet sich das mehrere Male, dann ist die Durchhaltekraft der Truppe auf die höchste Probe gestellt. Sie bleibt zwar liegen, stirbt; aber was übrig bleibt, ist als Kämpfer nicht mehr das, was nach der Lage unbedingt gefordert werden muß. Die Truppe sieht sich mithin einer Kraft gegenüber, gegen die kein Kraut mehr gewachsen ist. Das muß sich allmählich immer stärker bemerkbar machen.

Ich kam hierher mit dem festen Willen, Ihrem Befehl zum Stehen um jeden Preis Geltung zu verschaffen. Wenn man aber erleben muß, daß dieser Preis mit der langsamen, aber sicheren Vernichtung der Truppe bezahlt werden muß – ich denke dabei an die höchstes Lob verdienende Hitlerjugenddivision –, wenn man sieht, daß die zuströmende materielle Ergänzung auf fast allen Gebieten zum Teil völlig unzureichend ist – die personelle ebenfalls – und die Kampfmittel, insbesondere Artillerie und Pak sowie deren Munition, bei weitem nicht für die geforderte Kampfführung ausreichen, mithin der Schwerpunkt des Abwehrkampfes auf dem guten Willen der braven Truppe liegt, dann ist die Sorge um die nächste Zukunft der Front nur zu berechtigt.

Ich kann melden, daß die Front durch die prachtvolle Tapferkeit der Truppe und die Willensstärke der gesamten Führung, insbesondere der unteren, bis jetzt noch gehalten hat, allerdings bei fast täglichen Geländeverlusten.

Der Augenblick ist aber trotz heißen Bemühens nahe gerückt, daß diese so belastete Front bricht. Und ist der Feind erst im freien Gelände, wird eine geregelte Führung bei der mangelhaften Beweglichkeit unserer Truppe kaum noch durchführbar sein. Ich halte mich für verpflichtet als der verantwortliche Führer dieser Front, Sie, mein Führer, auf diese Folgerungen rechtzeitig aufmerksam zu machen.

Mein letztes Wort bei der Führerbesprechung südl. Caen war: Es wird gehalten, und wenn kein Aushilfsmittel unsere Lage grundsätzlich verbessert, muß anständig auf dem Schlachtfeld gestorben werden.

1 Anlage

Der Oberbefehlshaber West
gez. v. Kluge
Generalfeldmarschall

Dieses Schreiben, auf das Kluge auch in seinem Abschiedsbrief an Hitler Bezug nimmt, ist in mehrfacher Hinsicht bemerkenswert. Erstens gibt Kluge Rommel recht, den er doch eigentlich zwingen sollte, seinen Widerstand gegen Hitlers starre Strategie aufzugeben. Zweitens bringt er den Mut auf, dies dem Diktator mitzuteilen und diesen, wie Rommel, aufzufordern, die Folgerungen zu ziehen.

Rommel meinte, der tote Hitler könnte gefährlicher sein als der lebendige. Er war ein Taktiker, ein Pragmatiker und ein Praktiker. Es mag sein, daß er grundsätzliche Vorbehalte gegen die Tötung Hitlers hatte. Aber er fühlte sich ihm nicht verpflichtet. Die rasche Folge seiner Beförderungen vom Generalmajor zum Feldmarschall in knapp drei Jahren sah er als Konsequenz aus der wachsenden Bedeutung des afrikanischen Kriegsschauplatzes an, seiner militärischen Erfolge und seines Ansehens, gerade auch bei seinen Kriegsgegnern. Die Gefahr, Hitler könnte zum Märtyrer werden, war nicht von der Hand zu weisen. Ein naheliegendes Argument gegen das Attentat war schon die Sorge vor möglichen emotionalen Reaktionen der Soldaten und der Bevölkerung zum Nachteil der Verschwörer. Solche Wirkungen konnten eintreten

- erstens wenn das Attentat scheitert,
- zweitens wenn herauskommt, daß die Verschwörer versucht hatten, die Verantwortung für das Attentat zunächst anderen anzulasten und
- drittens wenn die Verschwörer sich dazu bekennen, Hitler getötet zu haben.

Im Sommer 1944 hielt es Rommel jedenfalls angesichts der verzweifelten Kriegslage für denkbar, sich offen gegen einen Hitler zu stellen, der es ablehnt, die Folgerungen aus der Niederlage zu ziehen. Er traute sich die Rolle, die ihm dabei zukam, offenbar zu, ob zu Recht oder zu Unrecht, bleibt offen. Während er früher meinte, die Front müsse halten, damit die deutsche Seite bei Verhandlungen mit den Alliierten eine bessere Position habe, gab er diese Ansicht in einer späteren Phase auf. Denn er erklärte wiederholt während seiner letzten Wochen zu Hause in Herrlingen, im Zusammenhang mit dem alliierten Durchbruch wäre die Kapitulation der Heeresgruppe B denkbar und eine Tatsache gewesen, der Hitler nichts hätte entgegensetzen können.

Wenn Rommel erklärte, er sei gegen das Attentat gewesen, und Frau Rommel sagte, er hätte das Attentat abgelehnt, dann setzt das voraus, daß mit ihm über diese Möglichkeit gesprochen wurde. Daß dies der Fall war, dafür sprechen fast alle Indizien. Speidel bestätigt das in seinem Buch, betont aber, daß Rommel dagegen war. Es ist kaum vorstellbar, daß die Überlegung, Hitler zu töten, in Gegenwart Rommels unerwähnt blieb und daß er selbst daran nie gedacht hat. Der Gedanke lag viel zu nahe. Bereits Strölin hatte ja im Februar 1944 diese Möglichkeit angedeutet.

Männer, die dem inneren Kreis des Berliner Widerstands angehörten, sprachen mit Rommel, so der Generalquartiermeister Eduard Wagner, in dessen Auftrag Ende Juni 1944 der Oberquartiermeister im Westen, Oberst Eberhard Finckh, am 9. Juli 1944 Oberstleutnant von Hofacker, der Vetter Graf Stauffenbergs, und nicht zuletzt der Militärbefehlshaber, General Carl-Heinrich von Stülpnagel, der Typ des gebildeten Offiziers, den Rommel gut kannte, im Landhaus des Obersts Karl-Richard Koßmann in Mareil-Marly bei Paris am 15. Mai 1944. Ebenfalls im Mai 1944 erhielt Rommel von Ernst Jünger das Manuskript seiner Friedensschrift, die ihn beeindruckte und von der er sagte: »Damit läßt sich arbeiten« (sie erschien unter dem Titel »Der Friede« 1945 im Druck). Jünger, der im selben Jahr wegen »Wehrunwürdigkeit« aus dem Millitärdienst entlassen wurde, war aus philosophischen wie aus politischen Gründen gegen ein Attentat.

Während der Aufstand der Berliner Verschwörer ausgelöst wurde und scheiterte, erzielten die Truppen der Heeresgruppe B in der Schlacht gegen Montgomerys Heeresgruppe ihren letzten Abwehrerfolg. Über 500 britische und kanadische Panzer wurden abgeschossen. Der Durchbruch gelang den Briten und Kanadiern nicht. Die Verluste waren hoch. Wenige Tage später, am 31. Juli 1944, durchbrachen die US-Truppen unter Bradley die deutschen Stellungen der 7. Armee bei St. Lô, und Pattons Armee stieß tief nach Frankreich hinein. Nichts mehr konnte sie aufhalten, so, wie es Rommel in seinen Betrachtungen vom 15. Juli 1944 vorausgesagt hatte. Die deutsche Front zerbrach, aber die deutschen Divisionen kämpften weiter – in der Hoffnung, daß es einen Sinn hatte. Als Rommel später durch Generalleutnant Alfred Gause von den Vorüberlegungen für eine Offensive erfuhr – offenbar die, die später unter dem Namen »Ardennenoffensive« bekannt wurde –, meinte er: »Jeder Schuß, den wir jetzt noch im Westen abgeben, trifft uns selbst!«

Endzeit

Der militärischen Führung war das Rückgrat gebrochen. Was ihr nach der Selbsternennung Hitlers zum Oberbefehlshaber der Wehrmacht und des Heeres verblieben war, war dahin. Hitlers Macht über Volk und Soldaten war noch größer geworden. Rommel wollte sich nicht im Lazarett von den Ereignissen überrollen lassen und sich in Kriegsgefangenschaft begeben. Das hätte ihm wohl das Leben gerettet. Aber er drängte darauf, nach Herrlingen in sein Haus verlegt zu werden, obwohl er schon damals ahnen konnte, was ihm bevorstand.

Feldmarschall von Kluge zu verurteilen fiel und fällt heute leicht. Ihm gerecht zu werden, ist aber nicht so einfach. Erst nach dem gescheiterten Putsch in Berlin informiert, befand er sich in einer verzweifelten Situation. An persönlichem Mut und an der Bereitschaft zu sterben, fehlte es ihm nicht. Sein Ende und die Niederlage der deutschen Truppen in der Normandie geben den Stoff her für eine klassische Tragödie. Der mißtrauische Hitler sandte am 6. August 1944 Generalmajor Walther Buhle zur Überwachung in Kluges Hauptquartier.

Am 15. August 1944 fiel Kluges Funkwagen aus. Hitler hatte den Verdacht, er habe sich zu den Alliierten begeben. Als er zwei Tage später in sein Hauptquartier zurückkehrte, war sein Nachfolger, Feldmarschall Walter Model, schon dort und überbrachte ihm Hitlers Befehl, nach Deutschland zurückzukehren. Vom Zweifel gequält, tötete Kluge am 19. August 1944 sich selbst, nachdem auf Befehl Hitlers in der Normandie bei Mortain-Falaise die deutschen Panzerdivisionen und Teile der übrigen Truppen einschließlich bespannter Artillerie in das Verderben marschiert waren. Bei dieser Operation selber den Tod auf dem Schlachtfeld zu finden, blieb ihm versagt, obwohl er sich rücksichtslos dem alliierten Feuer aussetzte. Einen Tag zuvor hatte er an Hitler geschrieben:

Letzter Brief des Feldmarschall von Kluge an Hitler

Oberbefehlshaber West
H.Qu., den 18. 8. 1944
Mein Führer!

Ihre gestern mir durch Feldm. Model übergebene Willensäußerung enthebt mich vom Kommando des Ob. West u. der Heeresgruppe B. Der ersichtliche Grund ist der Mißerfolg der zum Stoß auf Avranches angesetzten Panzerverbände und die dadurch entstandene Unmöglichkeit, die Lücke zum Meer zu schließen. Meine »Schuld« als verantwortlicher Führer ist damit festgestellt.

Gestatten Sie, mein Führer, in aller Ehrerbietung hierzu Stellung zu nehmen. Wenn Sie diese Zeilen, die ich über Oberstgr. Sepp Dietrich, den ich als unbestechlichen, tapferen Mann in diesen schweren Wochen kennen- und schätzengelernt habe, Ihnen zukommen lasse, erhalten, bin ich nicht mehr. Ich kann diesen Vorwurf, das Schicksal des Westens durch falsche Maßnahmen besiegelt zu haben, nicht tragen, habe auch keine Mittel, mich zu verteidigen. Ich ziehe mithin die Konsequenzen und begebe mich dahin, wo schon Tausende meiner Kameraden sind. Den Tod habe ich nie gefürchtet. Das Leben hat für mich, der ich auch als Kriegsverbrecher auf der Auslieferungsliste stehe, keine Bedeutung mehr.

Zur Schuldfrage selbst lassen Sie mich folgendes sagen:

1. Die Pz.Verbände waren in ihrer Angriffskraft durch die vorausgegangenen Kämpfe viel zu schwach, um den Erfolg zu gewähren. Selbst wenn es durch geschicktere Maßnahmen gelungen wäre, ihre Stoßkraft zu erhöhen, wären sie niemals bis zum Meer gekommen, trotz gewisser ihnen

zuzubilligender Anfangserfolge. Die einzige Division, die in ihrer Stoßkraft als einigermaßen normal bezeichnet werden konnte, war die 2. Panzerdivision. Ihre Erfolge können aber nicht als Maßstab für die Beurteilung der anderen Panzerdivisionen herangezogen werden.

2. Selbst wenn man unterstellt, daß Avranches erreicht werden konnte, war damit wohl die Lücke geschlossen, aber die Gefahr für die H.Gr. keineswegs gebannt, höchstens zeitlich hinausgeschoben. Ein weiteres Verstoßen unserer Pz.Div. nach Norden, wie befohlen, ein Sichanschließen der übrigen eigenen Kräfte im Angriff, um so die Gesamtlage entscheidend zu beeinflussen, war *völlig* ausgeschlossen. Jeder, der den tatsächlichen Zustand der eigenen Truppe, insbesondere den der eigenen Inf.Div. kannte, wird mir ohne weiteres recht geben. Ihr Befehl, der das forderte, ging mithin von einer Grundlage aus, die nicht bestand. Ich hatte beim Lesen dieses entscheidenden Befehls sofort die Auffassung, daß hier etwas verlangt wird, das vor der Geschichte als eine Operation festgelegt werden sollte, die großartig und kühn bis zum äußersten, leider aber praktisch nicht durchführbar war und damit die Schuld ohne weiteres auf den verantwortlichen Heerführer wälzen müßte.

Ich tat alles bis zur Grenze meiner Kraft, um Ihrem Willen Geltung zu verschaffen. Ich gebe auch zu, daß es besser gewesen wäre, noch einen Tag mit dem Beginn des Angriffes zu warten. Aber grundsätzlich geändert hätte das nichts. Dieses ist meine felsenfeste Überzeugung, mit der ich ins Grab gehe, denn die Lage war schon viel zu weit fortgeschritten, um hierzu noch etwas ändern zu können. Es waren bereits zu starke Kräfte in der Südflanke der H.Gr., die auch bei Schließen der Lücke von Avranches ohne weiteres durch die Luft versorgt werden könnten und weiteren Zuzug aus den in die Bretagne hineingeflossenen Kräfte erhalten konnten. Die eigentliche eigene Verteidigungsfront war schon so geschwächt, daß ihr Halten auf die Dauer nicht mehr zu erwarten stand, besonders dann nicht, wenn jetzt der Zustrom neuer amerik.-engl. Verbände sich unmittelbar gegen sie richtete und nicht mehr durch die Avrancheslücke nach Süden floß. Wenn ich dem Vorschlag des Pz.Führers und der 7. Armee auf schnelles Zupacken zustimmte, trotz tatsächlicher Bedenken, so geschah es, weil wir alle die Haltekraft der Nordfront dieser Armee genau kannten und ihr nicht mehr viel zutrauten, von der südlich umfassenden des Feindes ganz abgesehen. Es kam also darauf an, schnell zu handeln, da auch die Luftlage dazu zwang. Angesichts dieser Luftlage, die einen Tageskampf fast gänzlich ausschloß, waren die Aussichten auf den erhofften Erfolg gleichfalls ganz gering. Und das Hochdruckwetter blieb bis auf den heutigen Tag.

Auf Grund dieser Tatsachen bleibe ich bei meiner Behauptung, daß die Erfolgsaussichten nicht gegeben waren, im Gegenteil, die befohlenen Angriffe mußten zwangsläufig die Gesamtlage der Heeresgruppe entscheidend verschlechtern. Und so ist es denn auch gekommen.

3. Das Westheer ist schließlich in personeller und materieller Beziehung fast auf sich alleine gestellt gewesen. Die Notlage im Osten zwang dazu. Das rapide Absinken der Panzerzahlen aber und das der Pz.-Abwehrwaffen, wie die mangelhafte Ausstattung mit Werfern bei den vielen sogenannten bodenständigen Divisionen schuf weiter die Lage, wie sie heute, aufs äußerste verschärft durch die Verluste im Kessel, tatsächlich festgestellt werden muß.

Ich komme durch mein gespanntes Verhältnis zu dem neuen Chef des Generalstabes, der in mir seinen Feind sieht, an diesen nicht heran und so fehlten mir die Möglichkeiten, für den Westen die Unterstützung hinsichtlich Panzern zu erhalten, die notwendig war. Das alles war entscheidend für die Entwicklung der Gesamtlage.

Mein Führer, ich glaube für mich in Anspruch nehmen zu dürfen, daß ich das letzte meiner Kraft hergab, um der Lage gerecht zu werden. Zu meinem Zusatzschreiben zu der Denkschrift Feldmarschall Rommels, die ich Ihnen s. Zt. übersandte, wies ich bereits auf die mögliche Entwicklung der Lage hin. Wir beide, Rommel und ich, und wohl alle Führer hier im Westen, die den Kampf mit den das Material beherrschenden Engl.-Amerik. kannten, sahen die jetzt eingetretene Entwicklung voraus. Wir sind nicht gehört worden. Unsere Auffassungen waren nicht vom Pessimismus diktiert, sondern von der nüchternen Erkenntnis der Dinge. Ich weiß es nicht, ob der überall bewährte Feldmarschall Model die Lage noch meistern wird. Ich wünsche es ihm von Herzen. Sollte es aber nicht der Fall sein und Ihre neuen heiß ersehnten Kampfmittel, insbes. die der Luftwaffe, nicht durchschlagen, dann, mein Führer, entschließen Sie sich, den Krieg zu beenden. Das dt. Volk hat so namenlos gelitten, daß es Zeit ist, dem Greuel ein Ende zu machen.

Es muß Wege geben, dies zu erreichen und vor allem zu erreichen, daß das Reich nicht dem Bolschewismus verfällt. Die Haltung eines Teils der im Osten gefangenen Offiziere ist mir stets ein Rätsel geblieben. Mein Führer, ich habe stets Ihre Größe, Ihre Haltung in diesem gigantischen Kampf und Ihren eisernen Willen, sich und den Nationalsozialismus zu erhalten, bewundert. Wenn das Schicksal stärker ist als Ihr Wille und Ihr Genie, so ist das Fügung. Sie haben einen ehrlichen, ganz großen Kampf gekämpft. Die Geschichte wird Ihnen das bescheinigen. Zeigen Sie nun auch die Größe, die notwendig sein wird, wenn es gilt, einen aussichtslosen Kampf zu beenden.

Ich scheide von Ihnen, mein Führer, der ich Ihnen innerlich näher stand, als Sie vielleicht geahnt, in dem Bewußtsein, meine Pflicht bis zum äußersten getan zu haben.

Heil mein Führer!

(gez.) v. Kluge

Auch Model tötete sich einen Tag nach Hitlers 56. Geburtstag im April 1945 im Ruhrkessel selbst. Die dunkelste Seite dieses düsteren Kapitels war das Schicksal der Truppe. Der Versuch, den amerikanischen Durchbruch abzuriegeln, endete in einem furchtbaren Blutbad, als die alliierte Luftwaffe voll zur Entfaltung kam und demonstrierte, was von einer Bewegungsschlacht in Frankreich zu halten war. Tausende von Gefallenen, toten Pferden und überall zerstörte und brennende Fahrzeuge. Es war heiß. Nach einem amerikanischen Bericht schwebte ein durchringender Geruch über dem Leichenfeld. Der Geruch war so stark, daß er amerikanischen Piloten mehrere hundert Fuß über dem Boden zu schaffen machte.

Warum wurde Feldmarschall von Rundstedt, Senior der deutschen Marschälle und der Generalstabsoffiziere, Vorsitzender des »Ehrenhofes des Heeres«? Dessen Aufgabe war es, wie schon dargelegt, herauszufinden, welcher Soldat zu den Verschwörern zählte, diesen aus der Wehrmacht auszustoßen und dem Volksgerichtshof zu überantworten. Zu den Motiven, das fatale Amt anzunehmen, gehört sicherlich die Hoffnung, einzelnen Kameraden helfen zu können. Doch Rundstedt und die Beisitzer konnten nicht verhindern, daß Feldmarschall von Witzleben, Generaloberst Hoepner, General von Stülpnagel und viele andere aus der Wehrmacht ausgestoßen, durch den Volksgerichtshof zum Tode durch den Strang verurteilt und hingerichtet wurden.

Am 6. September 1944 wurde Rundstedt wieder Oberbefehlshaber West. In dieser Eigenschaft hielt er als Vertreter

Hitlers am 17. Oktober 1944 im Ulmer Rathaus bei einem Staatsakt für den ermordeten Rommel die Totenrede. Der stockend vorgetragene Text schien ihm fremd zu sein, dachten sich einige Trauergäste. Über Rommel sagte er im Jargon der damaligen Zeit: »Sein Herz gehörte dem Führer!« Er erklärte nach dem Kriege, er hätte nicht gewußt, wie Rommel gestorben sei. Vorgefahren war er in einem »Horch«, über dessen Kühler eine Zeltbahn mit Tarnmuster gespannt war.

Wesentlich für Rommels Entschluß, sich vergiften zu lassen, war nicht nur die Drohung, andernfalls die üblichen Maßnahmen gegen seine Familie zu ergreifen, sondern auch seine Sorge, es könnten weitere Ermittlungen in seiner Heeresgruppe erfolgen. Er sagte zu seinem Ordonnanzoffizier, der ihm vorschlug, Widerstand zu leisten, er könne jetzt niemand mehr etwas befehlen, und »er lasse sich von dem nicht aufhängen«. Hätte Rommel sich für eine Verhandlung vor dem Volksgerichtshof entschieden, wäre er heimlich umgebracht worden. Denn Hitler konnte sich nicht leisten, ihn öffentlich als Verräter verurteilen zu lassen. Keitel sagte in Nürnberg, Rommel habe sich selber verurteilt.

Hitler ließ den Ermordeten noch eine Zeitlang die Rolle des bis zum letzten Blutstropfen kämpfenden Soldaten spielen, obwohl Rommel gerade eine solche Entwicklung verhindern wollte – ein pompöser Tagesbefehl und seitenlange Sonderveröffentlichungen in den Illustrierten sind hierfür makabre Beispiele. Heinrich Doose, ein SS-Hauptscharführer, der Fahrer des Wagens, in dem Rommel starb, schilderte nach dem Krieg, daß er am 14. Oktober 1944 200 Meter vom Ortsrand von Herrlingen bei einem Steinbruch anhalten und mit General Maisel, im Heerespersonalamt für Ehrenangelegenheiten der Offiziere zuständig, aussteigen mußte.

Generalleutnant Burgdorf, als Nachfolger des am 1. Oktober verstorbenen Schmundt Hitlers neuer Wehrmachtsadjutant und Chef des Heerespersonalamts, und der Feldmarschall blieben im Wagen. Als Doose und Maisel nach fünf bis zehn Minuten zurückgerufen wurden, sah Doose Rommel hinten im Wagen sitzen, »offenbar im Sterben, besinnungslos, in sich zusammengesunken, schluchzend, nicht röchelnd oder stöhnend, sondern schluchzend.« Marschallstab und Mütze lagen am Boden des Wagens. Doose richtete Rommel auf und setzte ihm auch die Mütze wieder auf.

Die Verpflichtung der Deutschen

Rede bei der Gedenkfeier für die Widerstandskämpfer zum 46. Jahrestag des fehlgeschlagenen Attentats auf Adolf Hitler am 20. Juli 1944

Berlin-Plötzensee, am 20 Juli 1984

Wir Deutschen haben den Frauen und Männern, die gegen Hitler und seinen Ungeist gekämpft und die in diesem Kampf ihr Leben verloren haben, zu danken. Ohne sie wären die Siegermächte möglicherweise nicht bereit gewesen, uns trotz aller Verbrechen, die der Nationalsozialismus in unserem Namen begangen hat, so bald nach dem Kriege die Hand zu einem Neubeginn in der Familie der Völker zu reichen.

Aber wir schulden diesen Frauen und Männern mehr als Dank. Wir ehren ihr Andenken nur dann, wenn wir die Kenntnis von dieser schrecklichen Zeit weitergeben an die Generationen, die nach uns kommen, wenn wir Lehren aus dieser Zeit ziehen, wenn wir die parlamentarische Demokratie, die uns Gottes Gnade nach dem großen Kriege geschenkt hat, auch in schwerer Zeit lebendig halten und wenn wir redlich nach jenem Reich der Gerechtigkeit, der Freiheit und der Menschlichkeit streben, auf das die geistigen Führer des Widerstands gegen Hitler gehofft haben. Möge die Kraft, die ihnen das moralische Prinzip gegeben hat, auch die erfüllen, die heute Verantwortung tragen.

Lehren aus der Vergangenheit zu ziehen, erfordert, an die Möglichkeit des Fortschritts in der Geschichte zu glauben. Leopold von Ranke meinte in der Mitte des 19. Jahrhunderts, es sei zwar im Bereich der materiellen Interessen ein unbedingter Fortschritt anzunehmen, nicht aber in moralischer

Hinsicht. Und es wäre ungerecht, wenn eine Generation nur die Trägerin der nachfolgenden sei, Gott aber könne nicht ungerecht sein. Deshalb sei jede Epoche unmittelbar zu Gott, und ihr Wert beruhe gar nicht auf dem, was aus ihr hervorgehe, sondern in ihrem eigenen Selbst.

Die Zeit, in der Adolf Hitler Reichskanzler und Diktator war, hat uns gezeigt, wie weit sich eine Epoche von Gott entfernen kann und daß jedenfalls Rückschritt möglich ist. Wo es Rückschritt gibt, muß es aber auch Fortschritt geben. Hegel, der sowohl zu den Ursachen der preußischen Staatsphilosophie als auch zu den Ursachen des Marxismus gehört, war fortschrittsgläubig. Aber er glaubte an den Fortschritt in der Geschichte weniger wegen der Einsichtsfähigkeit der Menschen als wegen der Mechanik der Vernunft, die, Satz und Gegensatz versöhnend, immer höher steigen müsse, bis der Geist das Ziel der Geschichte erreiche.

Was die Menschen anlangt, war Hegel skeptisch. In seiner *Philosophie der Geschichte* steht das bekannte Wort: »Was die Erfahrung aber und die Geschichte lehren, ist dieses, daß Völker und Regierungen niemals etwas aus der Geschichte gelernt und nach Lehren, die aus ihr zu ziehen gewesen wären, gehandelt haben.

Nun, ich glaube, Hegel hat die Menschen unterschätzt, im Guten, aber auch im Bösen. Das Dritte Reich zeigt, wie schrecklich sich Menschen verirren können und wie weit sie abkommen können vom Wege der Werte, aber es zeigt auch, in der Person derjenigen, an die wir heute denken, wie hoch sich Menschen erheben und wie sie alles opfern können aus Treue zum moralischen Prinzip.

Es ist für uns Deutsche, für unsere Kultur und für unsere Zukunft entscheidend, ob wir imstande sind, aus der Geschichte zu lernen. Dazu genügt es nicht, sich von ihr zu distanzieren und im übrigen so weiterzumachen, als ob nichts gewesen wäre. Ich gehe davon aus, daß heute ein anständiger Mensch, der weiß, was in der nationalsozialistischen Zeit geschehen ist, nichts Gutes an Hitlers Reich findet. Hitler hat auf alles, was die Menschheit für gut hält, mit Verachtung herabgeblickt. Gewiß, er hat moralisiert, er hat seinen Gegnern das vorgeworfen, was er selbst tausendfach begangen hat. Moral war ihm Mittel zum Zweck. Er hatte eine Art Gegenmoral. Sein Gott war der Gott der Stärkeren, wie er es einmal betont hat, die Schwächeren zählten für ihn nicht. Mitleid empfand er wohl als menschliches Laster. Eine Verpflichtung zur Wahrheit kannte er nicht. Was er eigentlich wollte, ob er überhaupt Ziele hatte, die über sein Leben hinausreichten, das bleibt im Dunkeln. Er war auch kein Patriot, denn im letzten Akt des von ihm inszenierten Weltschauspiels wollte er die Deutschen dazu bringen, den eigenen Untergang herbeizuführen. Ein in der Geschichte fast einmaliger Fall der Selbstvergötzung. Als er sich in Berlin selbst tötete, bereute er nichts. Es blieb bei seinem unbegreiflichen Haß gegen die Juden. Sein Testament, im Britischen Kriegsmuseum aufbewahrt, legt hiervon Zeugnis ab.

Aus der Vergangenheit lernen heißt, die Geschichte des Dritten Reiches und seine Vorgeschichte so zu sehen, wie sie wirklich gewesen ist, und der Versuchung zu widerstehen, sie aus Gründen politischer Opportunität umzufärben. Nur rückhaltlose Ehrlichkeit gegenüber uns selbst kann uns von dieser schrecklichen Last befreien.

Es ist heute, im Besitze des Wissens von den Untaten des Dritten Reiches, leicht, über die, die von Hitler verführt, getäuscht oder eingeschüchtert wurden, die blindgeschlagen waren von seiner Propaganda, den Stab zu brechen. Die Jüngeren sollten sich vor Augen halten, daß die, die damals lebten, die gleichen Menschen waren wie die, die heute leben, nicht besser und nicht schlechter. Aber die Zeitumstände waren anders, und die Menschheit hatte eine schreckliche Erfahrung noch nicht gemacht.

Es ist schwer, sich heute vorzustellen, wie es damals, vor 1933, gewesen ist:

- Die Verzweiflung der Arbeitslosen, die auf Unterstützungsleistungen angewiesen waren, im Vergleich zu denen unsere heutigen Sozialleistungen fast als Luxus erscheinen,
- der verletzte Nationalstolz,
- der Schmerz über die Niederlage,
- die Hoffnung der einen auf Umsturz,
- die panische Furcht der anderen vor einer Revolution und
- der sich ausbreitende Zweifel an der Handlungsfähigkeit des demokratischen Staates.

Die Angst vor dem Chaos – nach Goethe erträgt der Deutsche ohnehin eher Unrecht als Unordnung –, die Sehnsucht nach einem rettenden Ereignis, die deutsche Neigung zur Illusion, zum Wegträumen der Realität ist oft stärker als die praktische Vernunft, wie die Geschichte zeigt. Die realen Angstvorstellungen der damaligen Zeit, die Furcht, die Werte könnten zerstört werden von der Entgöttlichung der Welt: »Gott ist eine Mutmaßung, aber ich will, daß euer Mutmaßen nicht weiter reicht als euer schaffender Wille«, »Könntet ihr einen Gott schaffen? So schweigt mir doch von allen Göttern. Wohl aber könntet ihr den Übermenschen schaffen« – Nietzsche, *Zarathustra*. Auch er, Nietzsche, der Kämpfer gegen den Antisemitismus, die nationale Herzenskrätze, die deutsche Selbstüberhebung, auch er mißbraucht von den Nationalsozialisten und Völkischen, die den Unmenschen als Übermenschen ausgegeben haben.

Seit 1930 konnten sich die Demokraten nicht mehr einigen. Die Demokratie als Präsidialrepublik, der alte, müde Reichspräsident, der, unterstützt von Präsidialkabinetten, mit Notverordnungen regierte. Hitler übernahm keine Macht. Die

Ohnmacht machte ihn möglich. Viele konnten sich wohl gar nicht mehr vorstellen, was Staatsmacht bedeutete, wenn sie einem Entschlossenen und Rücksichtslosen in die Hände fiel.

Gewiß lagen die Ursachen dafür, daß Hitler 1933 möglich wurde, weit zurück. Ursächlich ist aus juristischer Sicht ein Ereignis, das nicht fortgedacht werden könnte, ohne daß der Erfolg entfällt. Der Erste Weltkrieg war ursächlich, der Versailler Vertrag, der Nationalismus und die verblasene völkische Romantik, der Marxismus und die Revolutionsfurcht, die unausgebildete politische Kultur, besonders das gestörte Verhältnis zur Toleranz, die Wirtschaftslage, sozialpolitische Fehler, der blinde Glaube an den Staat und dann der Respekt vor dem förmlichen Recht, unabhängig von seinem Inhalt, die beißende Kritik vieler Intellektueller an der Weimarer Republik – alles in allem eine schier unüberschaubare Verknüpfung von Ursachen.

Aber der Nachweis der Ursächlichkeit ist noch kein Nachweis der Schuld, und man sollte als Nachgeborener mit Schuldzuweisungen an mittelbare Ursachen vorsichtig sein. Vor allem müßte die nachkommende Generation sich davor hüten, aus der großen Fülle der Ursachen, die sich, je weiter wir in der Geschichte zurückgehen, mehr und mehr im Grauschleier der großen Zahlen verlieren, diejenigen auszusuchen, die heute in eine ideologische Schablone passen, und sie allein für maßgeblich zu erklären.

Wer aus der Geschichte etwas lernen möchte, muß sich um Objektivität mühen. Die deutsche Geschichte dieses Jahrhunderts ist zu ernst, um als Theaterfundus herzuhalten, mit dessen Hilfe vordergründig politische Absichten kostümiert werden.

Die Geschichte des Dritten Reiches beschreibt einen Zustand, der eintreten kann,

– wenn Meinungsfreiheit und Organisationsfreiheit beseitigt werden,

- wenn die Grundrechte nicht respektiert werden,
- wenn das Volk nicht frei wählen darf,
- wenn die Rechtsprechung nicht unabhängig ist,
- wenn der Staat die Gesetze nicht beachtet oder sie gar selber in den Dienst des Unrechts stellt, und
- wenn Kunst, Wissenschaft und Medien ihrer kritischen Aufgaben beraubt und zu Dienern der Staatsmacht degradiert werden.

Schon die Verordnung des Reichspräsidenten zum Schutz von Volk und Staat vom 28. Februar 1933 setzte zahlreiche Grundrechte außer Kraft und gab Hitler weitgehende Vollmachten. Das Ermächtigungsgesetz vom 24. März, vom Reichstag ohne Beteiligung der KPD und gegen die Stimmen der SPD beschlossen, vollendete die Katastrophe: Hitler war Diktator.

Während 1931 und 1932 außer den Verordnungen kaum mehr Gesetze, sondern nur noch Notverordnungen im Gesetzblatt erschienen sind – ein Zeichen für die Ohnmacht des Reichstages –, wurden 1933 von April bis Dezember über 200 Gesetze erlassen, was freilich vom Verfahren her nicht schwierig war, denn Hitler brauchte kein Parlament mehr, sondern faktisch nur noch seine eigene Unterschrift.

Vom ersten Tage der Hitlerschen Herrschaft an geschah in aller Öffentlichkeit schreckliches Unrecht. Die Verfolgung politischer Gegner und – besonders perfide und beschämend – die Diskriminierung, Demütigung, Enteignung, Entrechtung, Vertreibung und Mißhandlung der jüdischen Menschen, die sich schließlich während des Krieges bis zur geheimgehaltenen Ermordung steigern sollte.

Was Menschen, die das Glück hatten, in einem Lande aufzuwachsen, in dem die Presse, die Künste und die Wissenschaften frei sind, sich nicht vorstellen können, ist die Wirkung der Hitlerschen Propaganda. Kurz nach Hitlers Machtübernahme gab es mit einem Schlage nur noch positive Nachrichten in den Zeitungen, im Funk und in den Wochenschauen. Nichts Kritisches mehr in der Kunst, überall Optimismus, alles hell. Nur die Gegner der Regierung wurden schwarz gefärbt. Die Propaganda des Dritten Reiches war ein wirksames Beruhigungs- und Verdrängungsmittel. Selbst dort, wo das Unrecht öffentlich stattfand, gelang es der Propaganda immer wieder, von ihm abzulenken. Hitler bekämpfte seine Gegner mit allen Mitteln. Aber in erster Linie wollte er verführen, täuschen. Dort, wo dies nicht möglich war, wollte er ablenken, lähmen und korrumpieren und, wenn nötig, einschüchtern. Er wollte Anhänger, vertrauende oder wenigstens resignierende, und wenn dies nicht gelang, furchtsame Untertanen.

Ich glaube nicht, daß eine Revolution gegen Hitler irgendwann eine sogenannte Massenbasis gehabt hätte. Auch dic Angehörigen der Widerstandsbewegung glaubten dies nicht. Um so mehr ehrt es sie, daß sie sich trotz der tödlichen Gefahren zusammenfanden und nach Auswegen suchten. Ob die Hoffnung vieler, insbesondere auch Oberbürgermeister Goerdelers, die Wehrmacht könne Hitler beseitigen, realistisch war, darüber mögen die Historiker urteilen. Gewiß war es nicht chancenlos, den Versuch eines Umsturzes im Juli 1944 zu wagen. Wäre er gelungen, hätte er Millionen das Leben gerettet. Ehre und Respekt für diejenigen, die damals nicht nur ihr eigenes Leben, sondern auch das ihrer Familien aufs Spiel setzten, um den Tyrannen zu beseitigen.

Von ihrer inneren Verfassung her war die Wehrmacht wohl wenig tauglich als Instrument einer Revolution, besonders nachdem der Krieg begonnen hatte. Der Weg zu der Erkenntnis, daß es besser wäre, diesen Krieg zu verlieren, als ihn unter Hitler zu gewinnen, erforderte die Loslösung von Traditionen und Überlieferungen, die tief wurzelten. Es gab nur wenige

Soldaten, die frühzeitig den Dingen auf den Grund sahen. Die meisten wollten zunächst im Kriege siegen, dann den Krieg nicht verlieren, ihn schließlich nicht ganz verlieren, ihn nicht bedingungslos verlieren und ihn nicht so verlieren, daß die Russen, die Hitler neben den Polen von all seinen Kriegsgegnern am meisten beleidigt hatte, den Großteil Deutschlands besetzten.

Man glaubte, mit Hitler in einem Boot zu sein, und mit dem Wissen um die Untaten Hitlers wuchs die Furcht vor der Rache der Gegner. So erzeugte ein Unheil das andere, wie oft in dieser Welt.

Nach dem 20. Juli wußte Hitler mit teuflischer Intelligenz Generäle dazu zu bringen, ihre eigenen Kameraden aus dem Heer auszustoßen und dem Volksgerichtshof Freislers zu überantworten. Die schmähliche Behandlung der Soldaten, die am 20. Juli beteiligt waren, führte zu keiner solidarischen Reaktion der übrigen, sie waren verwirrt und eingeschüchtert. Die meisten von ihnen hätten dem Tod im Felde ins Auge gesehen, aber die Vorstellung, degradiert und gehängt zu werden und die Familie ins Konzentrationslager verwiesen zu sehen, ertrugen sie nicht. Hitler kannte die Menschen, und er handelte mit der Sicherheit des Amoralisten.

Was sind die Lehren aus dieser Vergangenheit? Die Beantwortung der Frage erfordert angesichts der Größe der Katastrophe den Verzicht auf Vordergründigkeit. Es schmerzt zu beobachten, wie leichtfertig Verhältnisse in unserem demokratischen Rechtsstaat gelegentlich mit denen des Dritten Reichs gleichgesetzt werden.

Das Wichtigste, was erkannt werden muß, ist, daß unsere Demokratie das Gegenteil der Hitlerschen Diktatur ist und daß das Verhältnis dieser Demokratie zur Diktatur gleichbedeutend ist mit dem Verhältnis von gut zu schlecht. Der Schluß, so viele Menschen seien Hitler gehorsam gewesen, seien ihm in Treue und voll Vertrauen gefolgt, und deshalb sei es heute notwendig, der Demokratie nicht gehorsam zu sein, ihr keine Treue zuzuwenden, dieser Schluß ist vordergründig, falsch und verhängnisvoll. Das Gegenteil ist richtig. Die Demokratie als Gegenbild der Diktatur ist eine Sache, für die sich der Einsatz lohnt.

Ist eine Diktatur einmal eingerichtet und bedient sie sich rücksichtslos der modernen Macht- und Propagandamittel, ist es einem Volk fast unmöglich, sich aus eigener Kraft von ihr zu befreien. Das tragische Schicksal der Mitglieder der Widerstandsbewegung legt hierfür Zeugnis ab.

Es kommt darauf an, die Voraussetzungen dafür, daß eine Diktatur nicht entstehen kann, dadurch immer wieder neu zu schaffen, daß die Auflösung der demokratischen und rechtsstaatlichen Ordnungen verhindert wird, denn solche Auflösungsvorgänge sind der beste Nährboden für Gewaltherrschaften.

Was das unschuldige Blut, das im Dritten Reich millionenfach geflossen ist, was das Opfer der Widerstandskämpfer von uns fordert, ist, daß wir am freiheitlichen und sozialen demokratischen Rechtsstaat festhalten, auch und gerade in kritischen Zeiten, unabhängig davon, wie groß die Unzulänglichkeit einzelner politischer Maßnahmen auch sein mag.

Wenn wir dies tun, dann erweisen wir nicht nur den Opfern die Ehre, sondern erfüllen auch eine Verpflichtung, die uns Deutschen in besonderem Maß durch die schreckliche Geschichte des 20. Jahrhunderts auferlegt ist.

Carl Goerdeler zum Gedächtnis

Rede zum 100. Geburtstag des Kanzlerkandidaten des deutschen Widerstands und ehemaligen Leipziger Oberbürgermeister vor dem Hauptausschuß des Deutschen Städtetags

Heidelberg, am 5. März 1985

Carl Friedrich Goerdeler ist am 31. Juli 1884 in Schneidemühl (in der damals preußischen Provinz Posen, heute polnisch) geboren worden. Er wurde am 2. Februar 1945 in Berlin als Haupt der deutschen Widerstandsbewegung durch die nationalsozialistischen Machthaber hingerichtet. Hitler rächte sich noch an dem Toten. Ein Grab wurde ihm nicht gegönnt. Dr. Carl Goerdeler, Oberbürgermeister von Leipzig, war einer der profiliertesten deutschen Kommunalpolitiker. Wir sind stolz auf ihn, und wir wünschen, daß das Vorbild, welches dieser aufrechte Mann uns gegeben hat, auch die, die nach uns kommen, in die Zukunft begleitet.

Ich muß auch Fritz Goerdeler erwähnen. Er war ebenfalls Kommunalpolitiker – bis 1933, als er wegen der Nationalsozialisten aus seinem Amt ausscheiden mußte, Bürgermeister der Stadt Marienwerder (Westpreußen, heute polnisch) und später Stadtkämmerer in Königsberg. Er hat den Widerstand seines Bruders von Anfang an unterstützt und ihm bis zum Tode die Treue gehalten. Er wurde am 1. März 1945 hingerichtet.

Im Lärm der Gegenwart hat die Stimme der Geschichte es nicht leicht, sich Gehör zu verschaffen. Darin liegt Gefahr, denn das amerikanische Wort ist schon richtig: »Wer aus der Geschichte nicht lernt, ist dazu verurteilt, sie zu wiederholen.« Die Vergangenheit ist sicher, die Zukunft unsicher. Aber aus der Vergangenheit führen Leitlinien in die Zukunft, die uns auf den rechten Weg helfen, wenn wir sie beachten. Die Vergangenheit enthält beides: Böses, Schreckliches und Entmutigendes, aber auch Gutes, Erhabenes und Hoffnungsvolles.

Das Leben und Wirken von Carl Goerdeler gehört der zweiten Kategorie an; es sollte uns in diesem Jahrhundert voll Blut und Bosheit gerade deshalb wertvoll sein, denn die Kraft, das Leben in rechter Weise zu meistern, gewinnt der Mensch selten aus allgemeinen Lehrsätzen, aber häufig aus dem Beispiel bedeutender Frauen und Männer. Carl Goerdeler war ein bedeutender Mann, ich sage: »Er war ein großer Mann«, und ich sage das im Bewußtsein, wie vorsichtig in der Bewertung von Menschen mit dem Wort »groß« umgegangen werden sollte. Groß waren seine Ziele: Wiederherstellung des Anstandes und des Rechtsstaats, Beseitigung der nationalsozialistischen Regierung, Verhinderung des Krieges im Lebensinteresse der Völker, nach Ausbruch des Krieges baldmöglicher Frieden im Interesse aller. Groß war seine Glaubensstärke, und groß waren sein Mut und seine Treue.

Wäre er erfolgreich gewesen in seiner Zeit und in seiner Welt, hätte er sein Ziel erreicht, für das er sein Leben, seinen Namen und seine Ehre einsetzte, Millionen von Unschuldigen wären nicht gemordet worden, Millionen von Soldaten wären nicht gefallen, den Menschen fiele es nicht so schwer, den Menschen zu vertrauen, wie dies der Fall ist, seitdem die nationalsozialistische Zeit demonstriert hat, wie unmenschlich Menschen sein können. Die Städte wären nicht zerstört worden, Deutschland wäre nicht geteilt, wir lebten in einer anderen Welt. Goerdelers Leben und sein Sterben waren auch in einer Zeit millionenfachen Todes eine Tragödie. Es ist eine Tragödie, wenn das Gute trotz allen Bemühens vergeblich bleibt und in der Welt der Dinge scheitert. Aber es lebt dennoch fort, wenn es die Herzen der Nachgeborenen erreicht.

Ein Mann wie Carl Goerdeler kann nicht mit der Elle heutiger politischer Verhältnisse gemessen werden. Ihn zu beurteilen erfordert Distanz und die große Dimension. Hegel schreibt in seiner *Philosophie der Geschichte*, in der Weltgeschichte habe nicht die formelle Tapferkeit, nicht das sogenannte Verdienst, sondern der Wert der Sache über den Ruhm zu entscheiden. Hier stehen Carl Goerdeler und mit ihm alle, die den Widerstand gegen Hitler wagten, glänzend da. Hegel wendet sich aber an gleicher Stelle auch gegen die Schulmeisterei in der Geschichtsschreibung, gegen die schulmeisterliche Kritik an der Leidenschaft, mit der bedeutende Männer selbstgesetzte Aufgaben erfüllen, und gegen die Selbstgerechtigkeit des Schulmeisters, der sich für einen vortrefflicheren Menschen hält, weil er solche Leidenschaften nicht besitzt und zum Beweis anführt, daß er Asien nicht erobere, den Darius Porus nicht besiege, sondern wohl lebe und leben lasse. Diesen Text empfehle ich jedem, der über Geschichte schreibt, zur vorherigen Lektüre.

Der Philosoph Theodor Litt hat in einem Brief an Ricarda Huch vom 23. Februar 1947 Goerdeler beschrieben. Er hat ihn charakterisiert als einen Menschen des leidenschaftlichen politischen Wollens. Er sei ein Beispiel dafür, daß in der Seele eines Menschen ein starker politischer Wille, auch der von diesem Willen nicht abtrennbare Ehrgeiz, leben könne, ohne daß deshalb der sittliche Charakter jene Schädigungen zu erleiden brauche, die man meist als untrennbar von der politischen Praxis meint ansehen zu müssen. In Goerdeler habe nicht das geringste von gewöhnlichem Ehrgeiz und Strebertum gelebt, sonst wäre es ihm leichter geworden, 1933 den Anschluß an die Bewegung zu finden. Aber in Wahrheit habe er vom ersten Augenblick an mit absoluter Sicherheit gewußt, daß er mit der zur Macht aufgestiegenen Clique nicht das mindeste gemein habe. Zu seinem Wesen habe eine leidenschaftliche Abneigung gegen alles, was unredlich, unsauber, unwahrhaftig ist, gehört. Freilich habe er, weil er selber ein klar denkender, rechtlich urteilender, geradlinig wollender Mensch war, auch von seinen Mitmenschen angenommen, daß, soweit nicht Selbstsucht oder böser Wille im Wege stehen, es auch bei ihnen nur der verständigen Aufklärung und der wohlmeinenden sittlichen Belehrung bedürfe, um sie von Irrtümern abzubringen und auf den rechten Weg zu führen. Selbst ein durch und durch undämonischer Mensch, habe er um das Dämonische nicht gewußt. Er meinte, daß eine wahrheitsgetreue Aufdeckung des wirklichen Geschehens genügen werde, um allen die Binde von den Augen zu nehmen und ein allgemeines, erlösendes Erwachen herbeizuführen.

So ist Carl Goerdeler vielen, die ihn kannten, in Erinnerung geblieben, so tritt er uns aus den zahlreichen Schriften, die er hinterlassen hat und in denen er mit rückhaltloser Offenheit das, was er dachte, zu Papier gebracht hat, entgegen – bis in die letzten Monate seines Lebens, in denen er, bereits in den Händen des Todfeindes, das sichere eigene Ende vor Augen, seine Gedanken niederschrieb, zum Teil im Auftrag seiner Kerkermeister: eine Kritik am Verwaltungsaufbau zum Beispiel und Gedanken zur Neuordnung der Selbstverwaltung, alles in seiner präzisen, bildkräftigen Sprache, ein ergreifender Vorgang. Ohne seinen Glauben an das Gute und Vernünftige im Menschen hätte er wahrscheinlich nicht die Kraft gehabt, den Widerstand gegen den in Deutschland fast allmächtigen Tyrannen zu seiner Lebensaufgabe zu machen, und hätte wohl nicht das Wesentliche an Hitler so klar erkannt, daß es sich nämlich bei ihm um einen Menschen mit ins Gegenteil verkehrter Moral handelte und daß seine Herrschaft ein moralisches Verhängnis war – möglich geworden, weil mit der Teilung der Arbeit auch eine Teilung der Moral stattgefunden hatte mit der Folge, daß zu viele die Verantwortung für das

Ganze dem Staat, also dem Diktator Adolf Hitler, glaubten überlassen zu können. Die deutsche Selbstverwaltung kann heute noch stolz darauf sein, daß eine Persönlichkeit wie Carl Goerdeler von der kommunalen Tätigkeit geprägt wurde.

Sein Biograph Gerhard Ritter schreibt, daß auf dem Gebiet der Kommunalverwaltung und Kommunalpolitik seine eigentliche Begabung gelegen habe. Er war seit 1912 Kommunalbeamter: zunächst Beigeordneter in Solingen, dann Beigeordneter und später Zweiter Bürgermeister in Königsberg und 1930 bis 1936 Oberbürgermeister in Leipzig – ein Amt, das ihm ans Herz gewachsen war, das er aber aufgab, weil er die rechtswidrigen Eingriffe der NSDAP in seinen Aufgabenbereich nicht ertragen wollte. Anlaß für sein Ausscheiden war bekanntlich die gegen seinen Willen in seiner Abwesenheit erfolgte Entfernung des Mendelssohn-Denkmals in Leipzig.

Bereits in seiner Königsberger Zeit war er Mitglied des Personal- und Verkehrsausschusses des Preußischen und Deutschen Städtetages, später stellvertretender Vorsitzender des Arbeitgeberverbands deutscher Gemeinde- und Kommunalverbände. 1930 war er im Vorstand des Deutschen Städtetags, und im Dezember 1932 wurde er in den engeren Vorstand berufen. Ritter bezeichnet ihn als Typus des guten Oberbürgermeisters: zwischen staatlichem Verwaltungsjuristen und großindustriellem Betriebsführer. Sparsam, versiert auf den Gebieten der Finanzen und der Wirtschaft, ein überzeugter Anhänger der Marktwirtschaft, korrekt, dynamisch, tolerant, wurde für ihn die Zusammenarbeit zwischen Regierenden und Regierten zur Selbstverständlichkeit. Er kritisierte freilich scharf das Dreschen von leerem Stroh und die ewige Wiederholung immer der gleichen Parteiphrasen und äußerte, daß von programmatischen Erklärungen und Beschlüssen weder ein Fürsorgeempfänger satt noch ein Kind erzogen, noch die Straßenbahn in Bewegung gesetzt, noch ein Konzert intoniert werde, sondern hier heiße es, Kopf und Muskeln zu unmittelbar fruchtbarer Arbeit anzuspannen.

Er trat bis zum Schluß mit Nachdruck für den Grundsatz möglichst großer Freiheit der kommunalen Selbstverwaltung ein, für eine Aufsicht, die auf Prüfung der Gesetzmäßigkeit kommunalen Handelns beschränkt ist, und für eine Zuständigkeitsvermutung zugunsten der Kommune. Freilich kämpfte er auch entschieden um eine Stärkung der Position des Bürgermeisters gegenüber dem Rat – ein Bestreben, das dem heutigen Zeitgeist zuwider läuft, für das man aber im Blick auf die schrecklichen Probleme der Städte in den zwanziger und dreißiger Jahren Verständnis haben muß und das auch die geheime Sehnsucht so manches heutigen Oberbürgermeisters ist.

Im sicheren Port eines wohlgeordneten und wohlhabenden demokratischen Staatswesens, in voller Kenntnis dessen, was 1933 bis 1945 geschehen ist, fällt es uns heute schwer, die Zeit um 1933 so zu sehen, wie sie sich damals dem Zeitgenossen darstellte – als der schreckliche Weg, den Hitler schließlich einschlug, noch im Dunkel der Zukunft verborgen war. Die Weimarer Demokratie war gescheitert, gewiß wegen des Ansturms ihrer innenpolitischen Feinde – an ihrer Spitze die Nationalsozialisten –, wegen der Gleichgültigkeit der Siegernationen des Ersten Weltkriegs, aber auch wegen der Uneinigkeit und Unsicherheit der Demokraten; auch von ihnen träumte so mancher von einer anderen Republik. Das Vertrauen in die parlamentarische Regierungsform war tief erschüttert, und es ist kein Wunder, daß bei dieser Sachlage auch der Gedanke auftauchte, eine ständische Verfassung könnte den Rahmen für eine Politik abgeben, in der Anstand, Vernunft und Effektivität sich durchsetzten. Daß dem überwiegenden Teil der Verschwörer nicht die sofortige Einführung einer parlamentarischen Demokratie im Sinne des Grundgesetzes vorschwebte, erklärt sich im übrigen auch aus der damaligen Notsituation.

Wenn ein Staatsstreich gegen Hitler überhaupt gelungen wäre, hätte die nächste Schwierigkeit darin bestanden, den Verschwörern die Macht zu erhalten und inmitten des Krieges die zu erwartende, im günstigsten Fall nur politische Gegenoffensive der hitlertreuen Kräfte und ihrer verwirrten Gefolgschaft durchzustehen und abzuwehren. In der Tat ist in der Bundesrepublik nach dem Kriege die Demokratie erst nach einer Zwischenphase eingeführt worden, in der die uneingeschränkte Macht bei den Militärregierungen lag. So konnten Bedingungen entstehen, unter denen sich die der Demokratie feindlichen Kräfte so zurückbildeten, daß sie keine ernsthafte Gefahr mehr bedeuteten. Die Nachgeborenen sollten verstehen lernen, daß die Verschwörer dem Gedanken, wie man Hitler und die NS-Herrschaft zunächst einmal losbekomme, Vorrang vor allen anderen Überlegungen einräumen mußten und daß sie sich nicht mit all den Fragen beschäftigt haben, die uns heute wichtig erscheinen.

Goerdeler war ein Konservativer, vielleicht würde Erhard Eppler heute sagen, ein Wertkonservativer, denn der entscheidende Prüfstein in der Beurteilung und Verurteilung des Nationalsozialismus war für ihn die christliche Wertordnung. Carl Goerdeler ließ sich ebensowenig wie sein Bruder Fritz, der wegen seiner Weigerung, der NSDAP beizutreten, sein Amt als Bürgermeister von Marienwerder verlor, von der nationalsozialistischen Regierung korrumpieren. Der NS-Staat zeigte sich an beiden Männern, die einen hervorragenden Ruf hatten, interessiert, aber beide versagten sich ihm von vornherein. Mit einem bewundernswerten Blick für das Wesentliche erkannte Goerdeler, daß es mit Hitler keine Kompromisse gab, weil der Kompromiß die Preisgabe der moralischen Position entweder gar nicht oder nur ganz aufgeben kann.

Hitler war nicht irgendein Gewaltherrscher, der gegen Moral und Gesetz verstößt. Das Problem lag tiefer. Eine Analyse der hitlerschen Position führt zum Ergebnis, daß der Staat nach seiner Auffassung überhaupt keiner Moral unterworfen ist, sondern selbst die Moral schafft und daß, da Hitler der Staat ist, die Moral ihm zu dienen hat, was darauf hinaus läuft, daß für ihn die Moral nichts anderes war als ein Propagandamittel. Während Kritiker der geltenden Moral dies meist im Namen der Wahrheit tun, war auch die Wahrheit für Hitler nur ein Instrument, das sich beliebig anwenden oder nicht anwenden ließ. Er war für viele nicht zu durchschauen, obwohl vom ersten Tag seiner Herrschaft an in aller Öffentlichkeit schreckliches Unrecht geschah. Aber die Propaganda des Dritten Reiches war ein wirksames Beruhigungs- und Verdrängungsmittel, selbst dort, wo Unrecht und Ungereimtes öffentlich stattfand, gelang es ihr immer wieder, davon abzulenken. Und so gewann Hitler bei vielen bald den Ruf, ein Wundertäter zu sein, und seine durch wachsende Schulden finanzierte, dem Fiasko zusteuernde Ausgabenpolitik beeindruckte im In- und auch im Ausland.

Goerdeler hat den ganzen Mechanismus schnell durchschaut. Er folgerte sehr rasch aus Hitlers Kreditpolitik, daß der Krieg für diesen nicht letztes Hilfsmittel, sondern Ziel sein mußte. Die Korrumpierung des Staates durch den Nationalsozialismus erregte und bewegte ihn, dessen ganzer Lebensplan auf hohen ethischen Forderungen an sich selbst aufgebaut war. Die Schwäche der Minister zerrütte Anstand, Selbstachtung und Disziplin im Beamtenkörper, schreibt er im sogenannten politischen Testament vom 1. Dezember 1937, in dem es weiter heißt, daß selbst der beste Nationalsozialist nicht wisse, was der Nationalsozialismus sei, und daß somit die Pflicht der Richter und Beamten, das Gesetz nationalsozialistich auszulegen, die völlige Rechtsunsicherheit bedeute.

Dieses System sei dazu verurteilt, sich schließlich selbst zu verzehren, denn: Wer alles fressen will, frißt zuletzt sich selbst. So ist es ja schließlich auch gekommen, aber um den Preis welcher Katastrophe! In einem Brief an einen amerikanischen Politiker vom 1. Oktober 1938 schreibt Goerdeler: Hitler ist entschlossen, das Christentum zu zerstören, er kann nicht ertragen, daß Christus unser sittliches Leben lenkt. Er möchte der alleinige Herr des ganzen menschlichen Lebens sein. Deutlicher und kürzer läßt sich das Wesentliche über Hitler nicht sagen.

Goerdeler hatte eine preußische Staatsgesinnung. Für ihn war der Staat kein Selbstzweck, sondern ein Mittel, Ordnung des Lebens und Wohlfahrt der Bürger zu ermöglichen, und für ihn unterstand der Staat vor allem dem göttlichen Gesetz. Er glaubte freilich, daß das Gute sich von selbst durchsetzen werde, ganz im Sinne der Schilderung, die Theodor Litt von seiner Persönlichkeit gegeben hat. Er rechnete damit, daß die gequälte und in ihrer tiefsten Würde verletzte menschliche Natur sich eines Tages furchtbar aufbäumen werde, und in dem Entwurf eines Briefes an Feldmarschall von Kluge vom 25. Juli 1943 meinte er noch: »Wenn man die Wahrheit sagen kann, ist der Spuk vorbei.« Er wollte im Rundfunk das deutsche Volk über die wahre Natur des Nationalsozialismus aufklären und war sich offensichtlich des Erfolgs sicher, aber, wie die Geschichte zeigt, genügt es meist nicht, die Wahrheit auszusprechen, sie muß auch geglaubt werden. Die Chance, geglaubt zu werden, hat sie aber vor allem, wenn sie bequem ist, und das war die Wahrheit über den Nationalsozialismus gewiß nicht.

Vor dem Krieg versuchte Goerdeler, die Briten davon zu überzeugen, daß Nachgiebigkeit dem Friedlosen gegenüber den Frieden nicht erhält, sondern gefährdet. Er ermutigte in Deutschland Offiziere zum Staatsstreich, um den drohenden

Krieg abzuwenden. Im Ausland und im Inneren Deutschlands äußerte er sich mündlich wie schriftlich mit großem Mut, und in der Tat, er ließ sich niemals entmutigen. Ob die Wehrmacht zum Instrument einer Revolution getaugt hätte, besonders, nachdem der Krieg begonnen hatte, ist fraglich. Die Erziehung der Militärs zu unpolitischen Soldaten, die der Politik Gehorsam schuldeten – eine staatspolitische Notwendigkeit in der Weimarer Republik –, erwies sich als verhängnisvoll unter Hitler, so wie alles Positive – Gehorsam, Fleiß, Zuverlässigkeit, Tapferkeit – im Dienste des Negativen selbst negativ wurde. Es war auch nicht zu verhindern, daß die nationalsozialistische Propaganda und auch die außenpolitischen und militärischen Erfolge Hitlers immer größere Wirkung auf die Soldaten zeitigten. Es gab nur wenige, die frühzeitig den Dingen auf den Grund sahen.

Das grausame Ringen mit der Sowjetunion auf den russischen Schlachtfeldern beherrschte das Denken vieler Militärs. Solange keine zweite Front durch die Amerikaner und Briten errichtet war, glaubten viele, mit Hitler in einem Boot zu sitzen, und mit dem Wissen um seine Untaten wuchs die Furcht vor der Rache seiner Gegner. Nietzsche, dieser Kenner der menschlichen Seele, schreibt, daß im öffentlichen Bewußtsein alle Dinge, für die Opfer gebracht werden, an Wert gewinnen. Letzteres erklärte, weshalb Kriege, die wider Willen des Volkes begonnen wurden, mit Begeisterung fortgeführt werden, sobald erst Opfer gebracht sind. Nun, an der Begeisterung fehlte es. Aber es besteht kein Zweifel an einem Zusammenhang zwischen der Zahl der Opfer für eine Sache und der mangelnden Einsichtsfähigkeit in die Fragwürdigkeit der Sache. So wirkt ein seltsamer Automatismus, der immer tiefer in die Katastrophe hineinzieht. Der Versuch Goerdelers und des Widerstands, die hitlersche Gewaltherrschaft aus eigener deutscher Kraft zu stürzen und an ihre Stelle wieder einen

Rechtsstaat treten zu lassen, in dem der Anstand, ein von Goerdeler häufig gebrauchtes Wort, regiert, der ist gescheitert.

Während die hitlersche Macht überall zusammenbrach, Armeen zerschlagen wurden, die Städte in Trümmern sanken, der militärische Gegner immer tiefer ins Reichsgebiet eindrang, funktionierte die nationalsozialistische Verwaltungs- und Justizmaschinerie bis zum letzten Tag. So starben auch Carl und Fritz Goerdeler. Ihnen und anderen Mitgliedern des Widerstands danken wir es, daß unser Volk trotz allem, was unter Hitler geschehen war, wieder in die Gemeinschaft freier Nationen aufgenommen wurde und Freundschaft mit den Kriegsgegner schließen konnte. So durchkreuzten sie noch nach ihrem Tode den Plan Adolf Hitlers, das deutsche Volk mit sich in den Abgrund zu ziehen und ihm den Rückweg zu Frieden und Freiheit, Glück und Recht für immer zu versperren.

Was schulden wir Carl Goerdeler und den anderen Opfern des deutschen Widerstands? Wir schulden ihnen, daß wir aus der Geschichte lernen, daß wir mit ganzer Kraft am demokratischen Rechts- und Sozialstaat festhalten und es nie wieder zulassen, daß das freiheitliche Staatswesen in Frage gestellt wird.

Günther Eich hat nach dem Krieg geschrieben: »Tut das Unnütze, singt die Lieder, die man aus eurem Mund nicht erwartet. Seid unbequem, seid Sand, nicht das Öl im Getriebe der Welt.« Dieses Wort wurde bei vielen Abitursfeiern deklamiert. Aber die negative Position gegenüber Unrechtsstaaten, Diktaturen, totalitären Mächten setzt die positive Einstellung gegenüber dem demokratischen Rechtsstaat zwingend voraus. Es wäre eine Tragödie, wenn von den Frauen und Männern des Widerstands, die gegen Hitler kämpften, die für eine bessere Welt eintraten, nichts anderes gelernt würde als blinde Verneinung. Das wäre die falsche Lehre.

Eugen Gerstenmaier hat darauf hingewiesen, daß es trotz Versuchen von Goerdeler zu keiner formulierten Regierungserklärung der Opposition gegen Hitler gekommen sei, daß aber die wichtigste Hinterlassenschaft doch die Tatsache war, daß sich im deutschen Widerstand zum ersten Mal seit den Freiheitskriegen politische Grundströme in unserem Volke so miteinander verbunden haben, daß darauf eine längerfristige freundschaftliche – darf man sagen brüderliche? – Zusammenarbeit hätte gestellt werden können.

Haben wir von dieser Möglichkeit Gebrauch gemacht, hat sich im Umgang der demokratischen Parteien miteinander ein Stil, oder wie man heute gerne sagt, eine politische Kultur herausgebildet, die dem Opfer der Frauen und Männer des Widerstands angemessen wäre? Wir sollten über diese Frage nachdenken, denn eine Demokratie hat nicht um so eher Bestand, je stärker die sie tragenden Parteien zerstritten sind, sondern sie lebt im Gegenteil von den Gemeinsamkeiten in fundamentalen Fragen. Auch Goerdeler mußte sich um Gemeinsamkeit zwischen allen politischen Gruppen bemühen. Er sah dies als eine Frage des Überlebens der Deutschen an und schrieb: »Die einzige Spaltung, die es in Deutschland geben darf, ist die zwischen anständig und unanständig.«

Und sein Biograph Gerhard Ritter stellte fest: »In den sittlich religiösen Überzeugungen der deutschen Widerstandsbewegung erschienen die Ideale eines neuen, besseren Deutschlands und eines neuen, besseren Europas, deren innerer Wert den Tod ihrer Träger überdauert.« Daß diese Ideale lebendig bleiben, dazu wollen wir beitragen, denn das schulden wir Carl und Fritz Goerdeler und den Opfern der deutschen Widerstandsbewegung.

Register

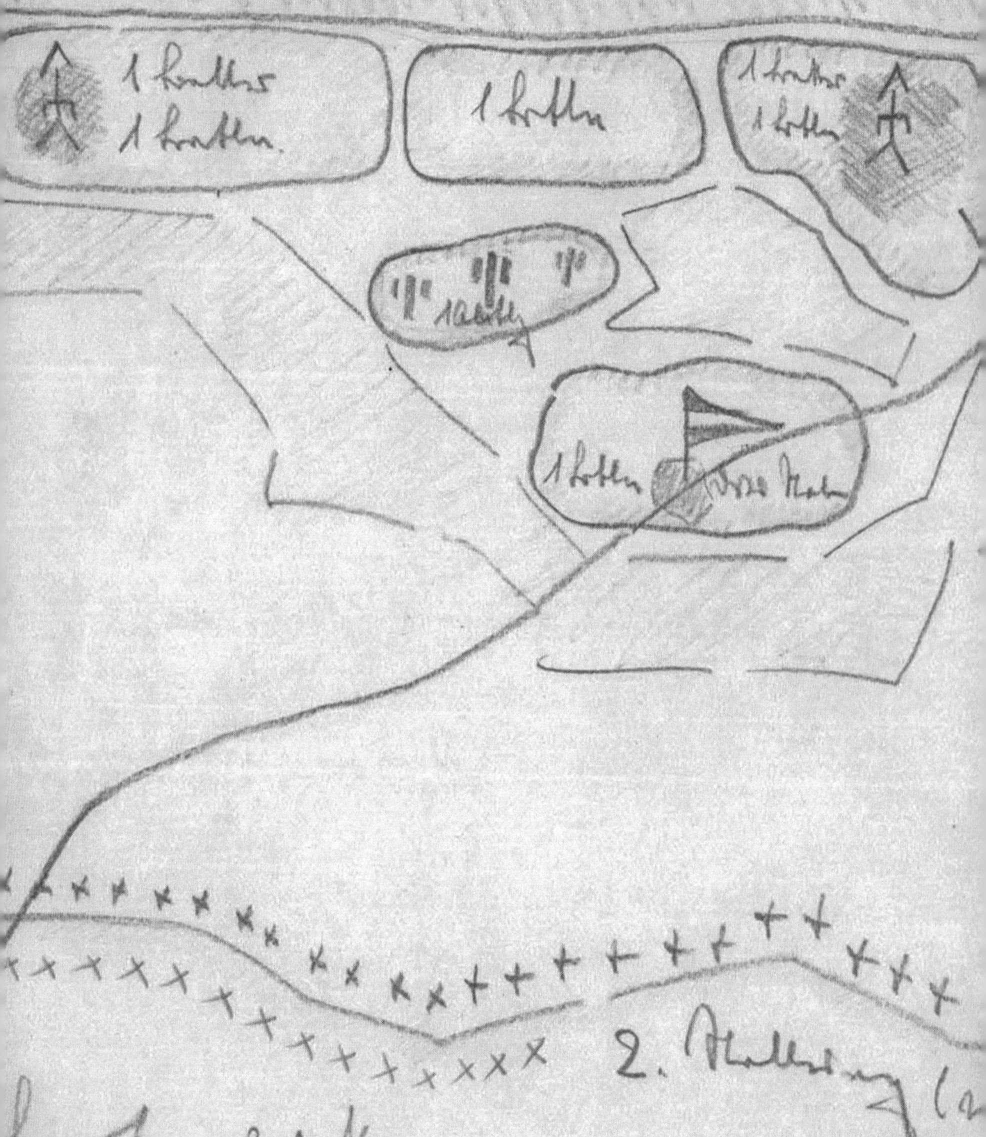

[illegible] 30 km

[illegible] 8-10 km

[illegible] 150 000 (= 5 [illegible]